어휘가 문해력이다

중학 **3**학년 **1**학기

교과서 어휘

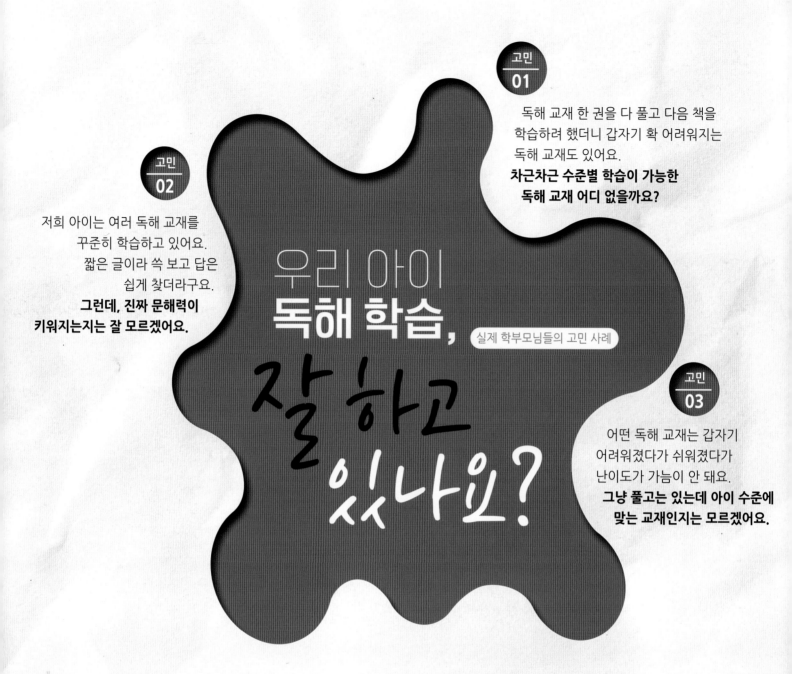

고민 01

독해 교재 한 권을 다 풀고 다음 책을 학습하려 했더니 갑자기 확 어려워지는 독해 교재도 있어요. **차근차근 수준별 학습이 가능한 독해 교재 어디 없을까요?**

고민 02

저희 아이는 여러 독해 교재를 꾸준히 학습하고 있어요. 짧은 글이라 쓱 보고 답은 쉽게 찾더라구요. **그런데, 진짜 문해력이 키워지는지는 잘 모르겠어요.**

우리 아이 독해 학습,
실제 학부모님들의 고민 사례

잘 하고 있나요?

고민 03

어떤 독해 교재는 갑자기 어려워졌다가 쉬워졌다가 난이도가 가늠이 안 돼요. **그냥 풀고는 있는데 아이 수준에 맞는 교재인지는 모르겠어요.**

국어 독해, 이제 **특허받은 ERI로 해결**하세요!

EBS · 전국 문해력 전문가 · 이화여대 산학협력단이 공동 개발한 과학적 독해 지수 'ERI 지수' 최초 적용! 진짜 수준별 독해 학습을 만나 보세요.

* ERI(EBS Reading Index) 지수는 글의 수준을 체계화한 수치로, 글의 난이도를 낱말, 문장, 배경지식 수준에 따라 산출하였습니다.

당신의 문해력

ERI 독해가
문해력
이다

3단계 기본/심화
초등 3~4학년 권장

4단계 기본/심화
초등 4~5학년 권장

5단계 기본/심화
초등 5~6학년 권장

6단계 기본/심화
초등 6학년~
중학 1학년 권장

7단계 기본/심화
중학 1~2학년 권장

어휘가 문해력 이다

중학 3학년 1학기

교과서 어휘

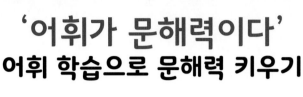

교과서 내용을 이해하지 못하는 우리 아이?
평생을 살아가는 힘, '문해력'을 키워 주세요!

'어휘가 문해력이다'
어휘 학습으로 문해력 키우기

교과서 학습 진도에 따라
과목별(국어/사회 · 역사/수학/과학) · 학기별(1학기/2학기)로 어휘 학습이 가능합니다.

교과 학습을 위한 필수 개념어를 단원별로 선별하여 단원의 핵심 내용을 이해하도록 구성하였습니다.
교과 학습 전 예습 교재로, 교과 학습 후 복습 교재로 활용할 수 있도록 필수 개념어를 엄선하여
수록하였습니다.

교과 어휘를 학년별 2권, 한 학기별 4주 학습으로
단기간에 어휘 학습이 가능합니다.

한 학기에 380여 개의 중요 단어를 공부할 수 있습니다.
쉬운 뜻풀이와 교과서 내용을 담은 다양한 예문을 수록하여 학교 공부에 직접적으로 도움을 주고자
하였습니다.
해당 학기에 학습해야 할 중요 단어를 모두 모아 한 번에 살펴볼 수 있고, 국어사전에서 단어를 찾는
시간과 노력을 줄일 수 있습니다.

관용어, 속담, 한자 성어, 한자, 영문법 어휘 학습까지 가능합니다.

글의 맥락을 이해하고 응용하는 데 도움이 되는 관용어, 속담, 한자 성어뿐만 아니라 중학 교육용
필수 한자, 중학 영문법 필수 어휘 학습까지 놓치지 않도록 구성하였습니다.

확인 문제와 주간 어휘력 테스트를 통해 학습한 어휘를 점검할 수 있습니다.

뜻풀이와 예문을 통해 학습한 어휘를 교과 어휘별로 바로바로 점검할 수 있도록 다양한 유형의
확인 문제를 수록하였습니다.
한 주 동안 학습한 어휘를 종합적으로 점검할 수 있는 주간 어휘력 테스트를 수록하였습니다.

효율적인 교재 구성으로 자학자습 및 가정 학습이 가능합니다.

학습한 어휘를 해당 교재에서 쉽게 찾아볼 수 있도록 과목별로 '찾아보기' 코너를 구성하였습니다.
'정답과 해설'은 축소한 본교재에 정답과 자세한 해설을 실어 스스로 공부할 수 있도록 하였습니다.

EBS 〈당신의 문해력〉 교재 시리즈는 약속합니다.

교과서를 잘 읽고 더 나아가 많은 책과 온갖 글을 읽는 능력을 갖출 수 있도록
문해력을 이루는 핵심 분야별, 학습 단계별 교재를 준비하였습니다.
한 권 5회×4주 학습으로 아이의 공부하는 힘,
평생을 살아가는 힘을 EBS와 함께 키울 수 있습니다.

어휘가 문해력이다

어휘 실력이 교과서를 읽고 이해할 수 있는지를 결정하는 척도입니다.
〈어휘가 문해력이다〉는 교과서 진도를 나가기 전에 꼭 예습해야 하는 교재입니다.
20일이면 한 학기 교과서 필수 어휘를 완성할 수 있습니다.
교과서 수록 필수 어휘들을 교과서 진도에 맞춰
날짜별, 과목별로 공부하세요.

쓰기가 문해력이다

쓰기는 자기 생각을 표현하는 미래 역량입니다.
서술형, 논술형 평가의 비중은 점점 커지고 있습니다.
객관식과 단답형만으로는 아이들의 생각과 미래를 살펴볼 수 없기 때문입니다.
막막한 쓰기 공부. 이제 단어와 문장부터 하나씩 써 보며 차근차근 학습하는
〈쓰기가 문해력이다〉와 함께 쓰기 지구력을 키워 보세요.

ERI 독해가 문해력이다

독해를 잘하려면 체계적이고 객관적인 단계별 공부가 필수입니다.
기계적으로 읽고 문제만 푸는 독해 학습은 체격만 키우고 체력은 미달인 아이를 만듭니다.
〈ERI 독해가 문해력이다〉는 특허받은 독해 지수 산출 프로그램을 적용하여 글의 난이도를
체계화하였습니다.
단어 · 문장 · 배경지식 수준에 따라 설계된 단계별 독해 학습을 시작하세요.

배경지식이 문해력이다

배경지식은 문해력의 중요한 뿌리입니다.
하루 두 장, 교과서의 핵심 개념을 글과 재미있는 삽화로 익히고 한눈에 정리할 수 있습니다.
시간이 부족하여 다양한 책을 읽지 못하더라도 교과서의 중요 지식만큼은 놓치지 않도록
〈배경지식이 문해력이다〉로 학습하세요.

디지털독해가 문해력이다

디지털독해력은 다양한 디지털 매체 속 정보를 읽어 내는 힘입니다.
아이들이 접하는 디지털 매체는 매일 수많은 정보를 만들어 내기 때문에
디지털 매체의 정보를 판단하는 문해력은 현대 사회의 필수 능력입니다.
〈디지털독해가 문해력이다〉로 교과서 내용을 중심으로 디지털 매체 속 정보를 확인하고
다양한 과제를 해결해 보세요.

이 책의 구성과 특징

1

교과서 어휘 국어/사회·역사/수학/과학

한자 어휘, 영문법 어휘

과목별·단원별로 교과서 속 주요 개념 어휘와 관련 어휘로 교과 어휘 강화!

중학 교육용 필수 한자, 연관 한자어로 한자 어휘 강화! 중학 영문법 필수 어휘로 영어 독해 강화!

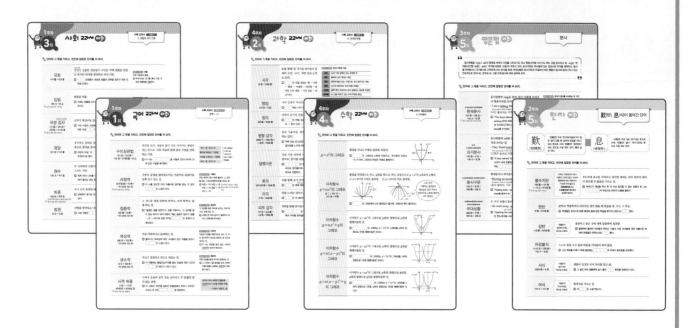

- 여러 출판사의 교과서 속 핵심 어휘를 엄선하여 교과목 특성에 맞게 뜻과 예문을 이해하기 쉽게 제시했어요.
- 어휘를 이해하는 데 도움이 되는 그림 및 사진 자료를 제시했어요.
- 대표 한자 어휘와 연관된 한자 성어, 영문법 필수 어휘에 적합한 예문을 제시했어요.

2

확인 문제

교과서(국어/사회·역사/수학/과학) 어휘, 한자 어휘, 영문법 어휘 학습을 점검할 수 있는 다양한 유형의 확인 문제 수록!

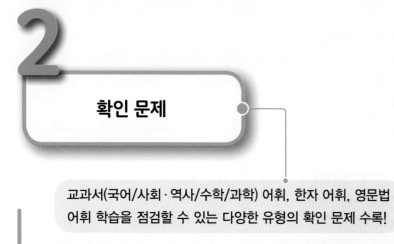

3

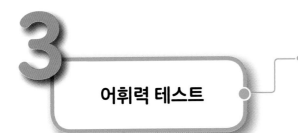

어휘력 테스트

한 주 동안 학습한 교과서 어휘, 한자 어휘, 영문법 어휘를 종합적으로 점검할 수 있는 어휘력 테스트 수록!

다양한 유형의
어휘 문제로
한 주 마무리!

찾아보기

학습한 어휘를 찾아보기 쉽게 교과목별
ㄱ, ㄴ, ㄷ … 순서로 정리했어요.

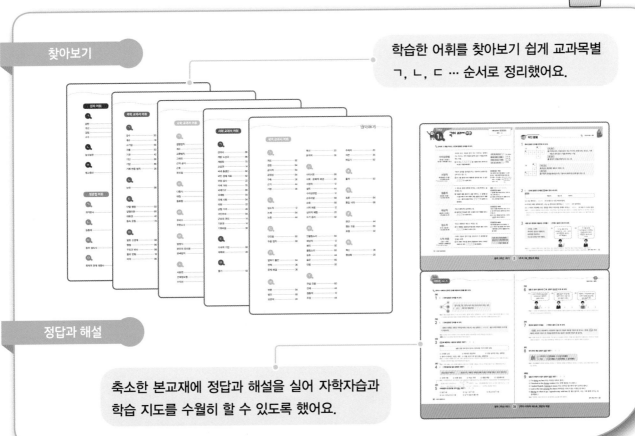

정답과 해설

축소한 본교재에 정답과 해설을 실어 자학자습과
학습 지도를 수월히 할 수 있도록 했어요.

✎ 『어휘가 문해력이다』에 수록된 모든 어휘는 중학 3학년 1학기 국어, 사회, 수학, 과학 교과서에 실려 있습니다.

✎ 교과서 연계 목록을 살펴보면 과목별 교과서의 단원명에 따라 학습할 교재의 쪽을 한눈에 파악할 수 있습니다.

✎ 교과서 진도 순서에 맞춰 교재에서 해당하는 학습 회를 찾아 효율적으로 공부해 보세요!

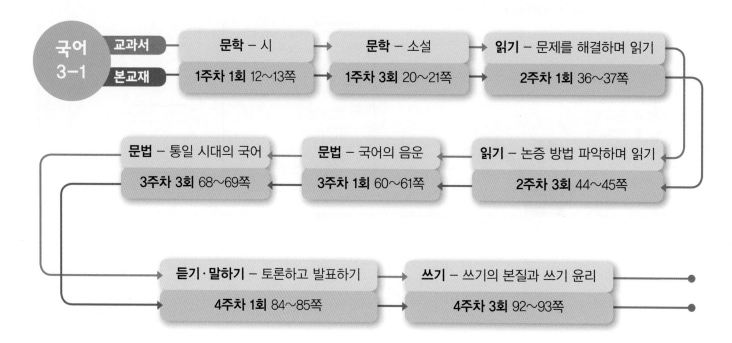

국어 3-1

교과서	문학 – 시	문학 – 소설	읽기 – 문제를 해결하며 읽기
본교재	1주차 1회 12~13쪽	1주차 3회 20~21쪽	2주차 1회 36~37쪽

문법 – 통일 시대의 국어	문법 – 국어의 음운	읽기 – 논증 방법 파악하며 읽기
3주차 3회 68~69쪽	3주차 1회 60~61쪽	2주차 3회 44~45쪽

듣기·말하기 – 토론하고 발표하기	쓰기 – 쓰기의 본질과 쓰기 윤리
4주차 1회 84~85쪽	4주차 3회 92~93쪽

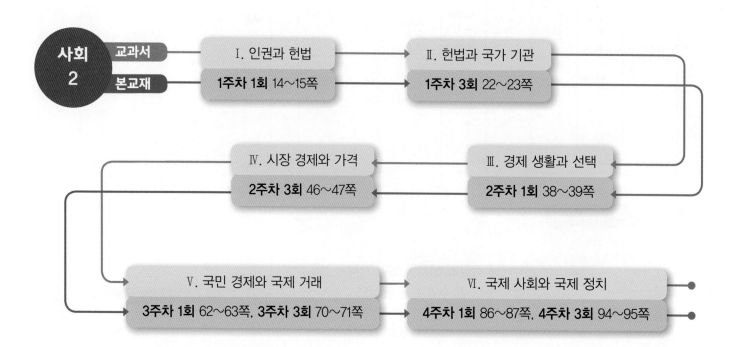

사회 2

교과서	Ⅰ. 인권과 헌법	Ⅱ. 헌법과 국가 기관
본교재	1주차 1회 14~15쪽	1주차 3회 22~23쪽

Ⅳ. 시장 경제와 가격	Ⅲ. 경제 생활과 선택
2주차 3회 46~47쪽	2주차 1회 38~39쪽

Ⅴ. 국민 경제와 국제 거래	Ⅵ. 국제 사회와 국제 정치
3주차 1회 62~63쪽, 3주차 3회 70~71쪽	4주차 1회 86~87쪽, 4주차 3회 94~95쪽

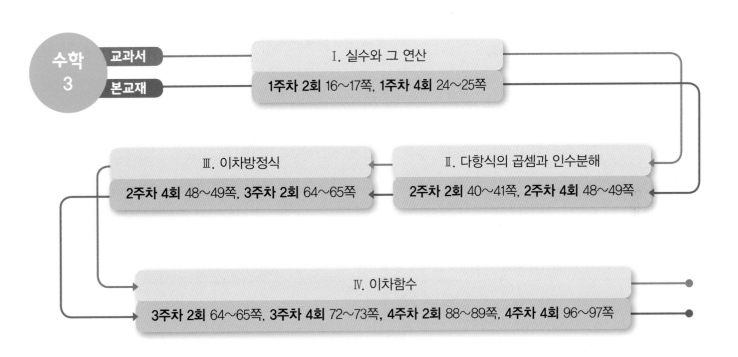

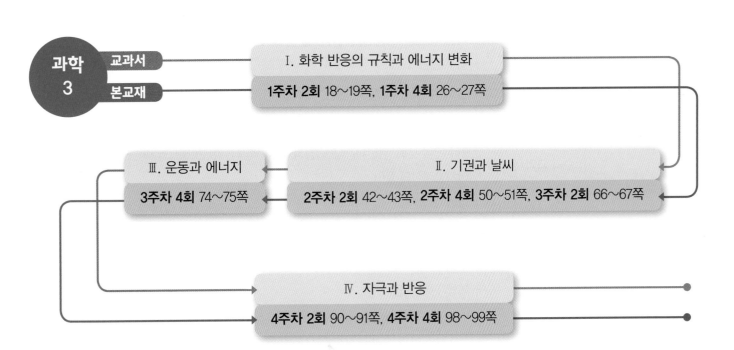

이 책의 차례

1주차 어휘 미리 보기

한 주 동안 공부할 어휘들이야. 쓱 한번 훑어볼까?

1회 학습 계획일 ◯월 ◯일

국어 교과서 어휘	사회 교과서 어휘
수미상관법	인권
서정적	헌법
점층적	기본권
애상적	청구권
냉소적	진정
시적 허용	근로의 권리
	교섭권

2회 학습 계획일 ◯월 ◯일

수학 교과서 어휘	과학 교과서 어휘
제곱근	분자
근호	원자
정수	물리 변화
유리수	화학 변화
유한소수	화학 반응
무한소수	화학식
순환소수	화학 반응식
	계수

3회 학습 계획일 ◯월 ◯일

국어 교과서 어휘	사회 교과서 어휘
심미적 체험	국회
형상화	입법
사회·문화적 배경	국정 감사
복선	정당
보편적	원수
주체적	비준
	법원

4회 학습 계획일 ◯월 ◯일

수학 교과서 어휘	과학 교과서 어휘
무리수	질량
실수	앙금 생성 반응
수직선	질량 보존 법칙
절댓값	일정 성분비 법칙
분모의 유리화	기체 반응 법칙
제곱근표	발열 반응
	흡열 반응

5회 학습 계획일 ◯월 ◯일

한자 어휘	영문법 어휘
조변석개	종속 접속사
개선	등위 접속사
사필귀정	시간 접속사
정곡	이유 접속사
정월	

어휘력 테스트

2주차 어휘 학습으로 가 보자!

✏️ 단어와 그 뜻을 익히고, 빈칸에 알맞은 단어를 써 보자.

수미상관법

머리 首 + 꼬리 尾 +
서로 相 + 관계할 關 + 법 法

머리와 꼬리, 처음과 끝이 서로 이어지는 방법이라는 뜻으로, 시의 처음과 끝에 같은 구절을 반복하는 기법.

예 이 시는 ▢▢▢▢ 을 사용해 1연과 마지막 연에 같은 구절을 배치했다.

나의 / 꽃 그리고 비	1연, 4연에서 '나의 / 꽃 그리고 비'라는 구절이 반복됨.
꽃으로 피어난 / 그리움	
비처럼 스며드는 / 아련함	
나의 / 꽃 그리고 비	

서정적

풀 抒(펼 敍) + 뜻 情 +
~한 상태로 되는 的
👉 '的'의 대표 뜻은 '과녁'임.

사람의 감정을 불러일으키는 기분이나 분위기를 듬뿍 담고 있는 것.

예 이 시를 읽으면 마치 아름다운 음악을 듣는 것 같은 ▢▢▢ 인 느낌이 든다.

플러스 개념어 **-적(的)**
주로 한자어 명사 뒤에 붙어서 '그 성격을 띠는', '그에 관계된'의 뜻을 더하는 말.
예 서정 + -적, 낙천 + -적 '낙천적은 인생이나 사물을 즐겁고 좋은 주관 + -적, 본능 + -적 것으로 생각하는 국가 + -적 것임.

점층적

점점 漸 + 층 層 +
~한 상태로 되는 的

그 정도를 점점 강하게 하거나, 크게 하거나, 높게 하는 것.

예 "슬픔은 샘물 같았다가, 강을 이루더니, 그 깊이를 알 수 없는 바다가 되어 버렸다."에는 슬픔의 정도가 '샘물 → 강 → 바다'로 점점 커지는 ▢▢▢ 인 표현이 사용되었다.

플러스 개념어 **점강적**
그 정도를 점점 약하게 하거나, 작게 하거나, 낮게 하는 것.
예 시련은 큰 바위 같다가, 돌멩이가 되더니, 모래처럼 부서졌다.

애상적

슬플 哀 + 다칠 傷 +
~한 상태로 되는 的

가슴 아파하거나 슬퍼하는 것.

예 돌아가신 부모님에 대한 그리움이 담긴 작품을 읽으니 ▢▢▢ 인 느낌이 든다.

플러스 개념어 **낙관적**
세상과 인생을 희망적으로 보는 것. 또는 일 따위가 앞으로 잘되어 갈 것으로 여기는 것.
예 이 시는 희망을 잃지 않는 시인의 낙관적인 의지가 엿보인다.

냉소적

찰 冷 + 웃을 笑 +
~한 상태로 되는 的

차갑고 쌀쌀맞은 태도로 비웃는 것.

예 이 작품에는 물질만능주의를 좇는 현실에 대한 시인의 ▢▢▢ 인 태도가 나타나 있다.

플러스 개념어 **예찬적**
어떤 대상을 좋게 여기며 찬양하는 것.
예 그 시인은 시골 풍경을 보며 자연의 아름다움을 노래하는 예찬적인 태도를 지녔다.

시적 허용

시 詩 + ~의 的
허락할 許 + 받아들일 容
👉 '容'의 대표 뜻은 '얼굴'임.

시에서 운율과 말의 맛을 살리려고 쓴 문법에 맞지 않는 표현.

예 이 시에서 '하얀'을 일부러 맞춤법에서 벗어나 '하이얀'이라고 쓴 것은 ▢▢ ▢▢ 에 해당한다.

아이야 우리 식탁엔 은쟁반에
하이얀 모시 수건을 마련해 두렴
– 이육사 「청포도」 중

확인 문제

1 뜻에 알맞은 단어를 빈칸에 써 보자.

(1)

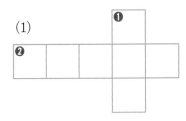

> 가로 열쇠
>
> ❷ 머리와 꼬리, 처음과 끝이 서로 이어지는 방법이라는 뜻으로, 시의 처음과 끝에 같은 구절을 반복하는 기법.
>
> 세로 열쇠
>
> ❶ 세상과 인생을 희망적으로 보는 것.

(2)

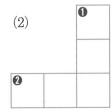

> 가로 열쇠
>
> ❷ 차갑고 쌀쌀맞은 태도로 비웃는 것.
>
> 세로 열쇠
>
> ❶ 사람의 감정을 불러일으키는 기분이나 분위기를 듬뿍 담고 있는 것.

2 ( ) 안에 알맞은 단어를 보기 에서 찾아 써 보자.

> 보기
>
> 예찬적   냉소적   낙관적

(1) 그는 깔보듯 (   )인 눈빛으로 나를 바라보았다.

(2) 현실은 때론 냉혹하지만, 나는 늘 잘되리라 생각하는 (   )인 성격이다.

(3) 그 시인의 작품에는 모든 생명을 귀하고 아름다운 존재로 여기는 (   )인 태도가 드러나 있다.

3 시를 읽고 문장에 어울리는 단어를 ( ) 안에서 골라 ○표 해 보자.

> 그리움, 그것은
> 작디작은 점으로 박혔다가,
> 나무만큼 자라더니
> 어느새 산처럼 커져 버렸다.

(1)
> 이 시는 점점 커지는 그리움을 '점 → 나무 → 산과 같이 (점층적 , 점강적)으로 표현했어.

(2)
> 이 시를 읽으면 누군가를 몹시 그리워하는 마음에 공감이 되면서 (애상적 , 냉소적)으로 느껴져.

사회 교과서 어휘

✎ 단어와 그 뜻을 익히고, 빈칸에 알맞은 단어를 써 보자.

인권
사람 人 + 권리 權
🖱 '權'의 대표 뜻은 '권세'임.

인간으로서 가지는 권리. 인간이 마땅히 누려야 할 기본적인 권리.

예 인간은 누구나 존중받아야 할 권리인 [   ]을 가지고 있다.

플러스 개념어 **천부인권**
인간이 태어나면서 하늘로부터 받은 권리.

헌법
법 憲 + 법 法

국민의 기본 인권을 밝혀 정하고, 국가를 어떻게 통치, 조직, 운영할지 정하는 나라 최고의 법.

예 우리나라는 [   ]에 국민의 기본 인권을 규정해 보장하고 있다.

플러스 개념어 **법률**
국회에서 결정해 만든, 헌법 아래 단계의 법.

기본권
기초 基 + 근본 本 + 권리 權
🖱 '基'의 대표 뜻은 '터'임.

헌법을 바탕으로 누릴 수 있는 국민의 기본적인 권리.

예 우리 헌법은 자유권, 평등권, 참정권, 사회권 등을 [   ]으로 보장하고 있다.

청구권
청할 請 + 구할 求 + 권리 權

기본권을 지키기 위해 국가에 대해 일정한 행위를 요구할 수 있는 권리.

예 공항 근처 주민들은 국가를 상대로 항공기 소음 피해를 보상하라고 요구하는 [   ]을 행사할 수 있다.

진정
말할 陳 + 사정 情
🖱 '陳'의 대표 뜻은 '베풀다', '情'의 대표 뜻은 '뜻'임.

국가 기관에 자신의 사정을 말하고 어떤 조치를 취해 줄 것을 바라는 일.

예 국가 인권 위원회에 한 기관의 장애인 차별 금지를 요구하는 [   ]이 접수되었다.

동음이의어
• **진정**(참 眞 + 뜻 情): 참된 마음.
예 이번 선거에서는 나라와 국민을 위해 진정으로 일할 사람을 뽑고 싶다.
• **진정**(누를 鎭 + 고요할 靜): 소란 또는 격렬히 일어난 감정 등을 가라앉힘.
예 눈물이 나 마음이 쉽게 진정되지 않았다.

근로의 권리
부지런할 勤 + 일할 勞 + ~의 권리 權 + 이로울 利

일할 기회와 인간다운 삶의 보장을 요구할 권리.

예 우리 헌법은 근로자의 이로움과 권리를 향상하기 위해 [   ]의 [   ]를 보장하고 있다.

동의어 **노동권**
근로의 권리를 노동권이라고도 함.

교섭권
서로 交 + 간섭할 涉 + 권리 權
🖱 '交'의 대표 뜻은 '사귀다', '涉'의 대표 뜻은 '건너다'임.

근로자들이 일하는 조건에 관해 사용자와 협상할 수 있는 권리.

예 근로자들은 노동 환경을 개선하기 위해 노동조합을 통해 회사와 협상하는 단체 [   ]을 가지고 있다.

플러스 개념어 **파업**
단체 교섭이 원만히 이루어지지 않을 때 근로자들이 하던 일을 집단적으로 중지하는 일.

확인 문제

1 뜻에 알맞은 단어를 글자판에서 찾아 묶어 보자.(단어는 가로, 세로, 대각선 방향에서 찾기)

법	정	간	청	외	교
동	초	인	토	구	섭
기	본	권	리	천	권
파	업	태	문	부	형

❶ 헌법을 바탕으로 누릴 수 있는 국민의 기본적인 권리.
❷ 인간으로서 가지는 권리. 인간이 마땅히 누려야 할 기본적인 권리.
❸ 근로자들이 노동조합을 통해 일하는 조건에 관해 사용자와 협상할 수 있는 권리. 단체 ○○○.
❹ 기본권을 지키기 위해 국가에 대해 일정한 행위를 요구할 수 있는 권리.
❺ 단체 교섭이 원만히 이루어지지 않을 때 근로자들이 하던 일을 집단적으로 중지하는 일.

2 밑줄 친 '진정' 중 보기의 뜻으로 쓰인 것에 ○표 해 보자.

보기
진정: 국가 기관에 자신의 사정을 말하고 어떤 조치를 취해 줄 것을 바라는 일.

(1) 결혼식에 와 주셔서 진정 고맙습니다. ( )

(2) 마을 입구의 도로가 너무 좁아서 시청에 도로를 넓혀 달라는 진정을 냈어. ( )

(3) 왜 화를 내는지 진정을 좀 하고 차근차근 말해 봐. ( )

3 문장에 어울리는 단어를 ( ) 안에서 골라 ○표 해 보자.

(1) 근로자들은 사용자와 의견 차를 좁히려고 단체 (행동권 , 교섭권)을 행사했으나 협상에 실패했다.

(2) 선거에 당선된 대통령은 우리나라 최고의 법인 (법률 , 헌법)에 따라 나라를 이끌어 갈 것을 선서한다.

(3) 자유권, 평등권, 참정권, 사회권, 청구권 등의 (기본권 , 천부인권)은 결코 침해되어서는 안 되는 중요한 권리이다.

수학 교과서 어휘

✏️ 단어와 그 뜻을 익히고, 빈칸에 알맞은 단어를 써 보자.

제곱근
제곱 + 뿌리 根

$$x^2 = a$$
어떤 수 x를 제곱하여 a가 될 때, x를 a의 제곱근이라고 함.

예 $2^2 = 4$, $(-2)^2 = 4$이므로 4의 [　　　]은 2와 −2이다.

플러스 개념어 양의 제곱근, 음의 제곱근
양수 a의 제곱근 중에서 양수인 것을 '양의 제곱근', 음수인 것을 '음의 제곱근'이라 하고, 기호를 사용하여 각각 $\sqrt{a}$, $-\sqrt{a}$로 나타냄.

근호
뿌리 根 + 부호 號

제곱근의 기호. ($\sqrt{}$)

예 제곱근을 나타내기 위해 [　　　]를 사용하고, 이 기호를 '제곱근' 또는 '루트'라고 읽는다.

정수
가지런할 整 + 셈 數

분수처럼 쪼개지지 않은 그대로의 수로, 양의 정수, 0, 음의 정수를 통틀어 부르는 말.

예 0은 양의 [　　　]도 아니고 음의 [　　　]도 아닌 수이다.

플러스 개념어
• 양의 정수: 자연수에 양의 부호 ＋를 붙인 수. 1, 2, 3 따위.
• 음의 정수: 자연수에 음의 부호 −를 붙인 수. −3, −2, −1 따위.

유리수
있을 有 + 이치 理 + 셈 數
☞ '理'의 대표 뜻은 '다스리다'임.

두 정수의 비로 나타낼 수 있는 수로, 분수로 나타낼 수 있는 수. 양의 유리수, 0, 음의 유리수를 통틀어 부르는 말.

예 $-\sqrt{36}$은 근호 안의 수를 6의 제곱으로 나타낼 수 있으므로 [　　　]이다.

플러스 개념어
• 양의 유리수: 분자, 분모가 모두 자연수인 분수에 양의 부호 ＋를 붙인 수.
• 음의 유리수: 분자, 분모가 모두 자연수인 분수에 음의 부호 −를 붙인 수.

유한소수
있을 有 + 끝 限 +
작을 小 + 셈 數

끝이 있는 소수로, 소수점 아래에 0이 아닌 숫자가 개수의 끝이 있는 소수.

예 0.123451234512345와 같이 소수점 아래의 자릿수가 끝이 나는 소수는 [　　　　]이다.

무한소수
없을 無 + 끝 限 +
작을 小 + 셈 數

끝이 없는 소수로, 소수점 아래의 0이 아닌 숫자가 끝이 없는 소수.

예 소수점 아래의 자릿수가 끝이 없이 이어지는 소수 0.23415674908…은 [　　　　]이다.

순환소수
돌 循 + 고리 環 +
작을 小 + 셈 數

무한소수 중에서 소수점 아래의 어떤 자리에서부터 일정한 숫자의 배열이 끝없이 되풀이되는 소수.

예 소수점 아래의 수가 일정한 규칙으로 끝없이 되풀이되는 무한소수 1.232323…은 [　　] [　　]이다.
되풀이되는 마디의 첫째와 마지막 숫자 위에 점을 찍어 $1.\dot{2}\dot{3}$으로 나타냄.

확인 문제

1 ( ) 안에 알맞은 단어를 [보기]에서 찾아 써 보자.

> **보기**
>
> 근호   제곱근

(1) 어떤 수 x를 제곱하여 양수 a가 될 때, x는 a의 (   )이다.

(2) 3의 (   )을/를 (   )($\sqrt{}$)을/를 사용하여 나타내면 $\pm\sqrt{3}$이다.

2 빈칸에 알맞은 단어를 [보기]의 글자를 조합해 써 보자. (같은 글자가 2번 쓰일 수 있음.)

> **보기**
>
> 무   순   유   한   환

(1) 소수점 아래에 0이 아닌 숫자가 끝이 없는 소수 1.323435…는 ☐☐ 소수이다.

(2) 소수점 아래에 0이 아닌 숫자가 개수의 끝이 있는 소수 3.732109는 ☐☐ 소수이다.

(3) 소수점 아래의 어떤 자리에서부터 일정한 숫자의 배열이 끝없이 되풀이되는 무한소수 $0.0\dot{2}3\dot{4}$는 ☐☐ 소수이다.

3 설명이 알맞으면 ○표, 알맞지 <u>않으면</u> ✕표를 따라가며 선을 긋고, 도착한 곳의 기호를 써 보자.

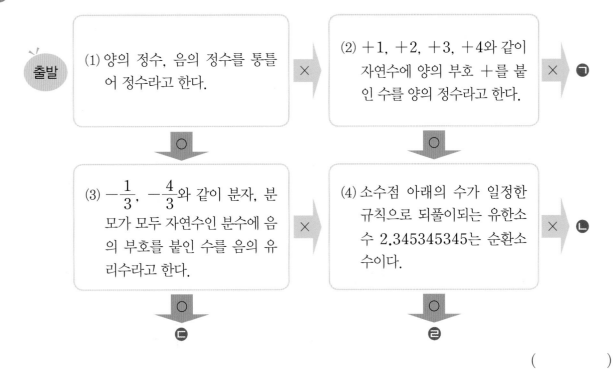

출발

(1) 양의 정수, 음의 정수를 통틀어 정수라고 한다. →✕→ (2) $+1$, $+2$, $+3$, $+4$와 같이 자연수에 양의 부호 $+$를 붙인 수를 양의 정수라고 한다. →✕→ ㉠

↓○   ↓○

(3) $-\dfrac{1}{3}$, $-\dfrac{4}{3}$와 같이 분자, 분모가 모두 자연수인 분수에 음의 부호를 붙인 수를 음의 유리수라고 한다. →✕→ (4) 소수점 아래의 수가 일정한 규칙으로 되풀이되는 유한소수 2.345345345는 순환소수이다. →✕→ ㉡

↓○   ↓○

㉢   ㉣

(   )

과학 교과서 어휘

✏️ 단어와 그 뜻을 익히고, 빈칸에 알맞은 단어를 써 보자.

분자 나눌 分 + 아들 子	독립된 입자로 존재하며 물질의 성질을 나타내는 가장 작은 입자. 예 물 ☐☐는 수소 원자 2개와 산소 원자 1개로 이루어져 있다. ▲ 물 분자 모형
원자 근원 原 + 아들 子	원소를 이루는 가장 작은 물질의 단위 입자. 예 구리를 이루는 성분은 구리 원소이고, 구리를 이루는 입자 하나 하나는 구리 ☐☐이다. 플러스 개념어 **원소** 모든 물질을 이루는 기본적인 성분.
물리 변화 물건 物 + 이치 理 + 변할 變 + 될 化 🔖 '理'의 대표 뜻은 '다스리다'임.	물질의 고유한 성질은 변하지 않으면서 크기, 상태, 모양 등이 바뀌는 변화. 예 종이를 접거나 자르거나 유리컵이 깨지는 것은 ☐☐ ☐☐ 현상의 예이다.
화학 변화 될 化 + 배울 學 + 변할 變 + 될 化	물질이 반응하여 처음과 전혀 다른 새로운 물질이 생성되는 변화. 예 철이 녹스는 것은 ☐☐ ☐☐의 예이다.
화학 반응 될 化 + 배울 學 + 돌이킬 反 + 응할 應	화학 변화가 일어나 전혀 다른 성질의 새로운 물질로 변하는 반응. 예 ☐☐ ☐☐ 전후에 원자의 배열은 달라지지만 원자의 종류는 변하지 않는다.
화학식 될 化 + 배울 學 + 법 式	물질을 이루는 성분 원소의 원소 기호와 숫자를 이용하여 물질을 표현한 것. 예 물을 H_2O로 나타낸 것을 ☐☐☐이라고 한다.
화학 반응식 될 化 + 배울 學 + 돌이킬 反 + 응할 應 + 법 式	화학 반응이 일어나기 전의 물질.　화학 반응을 통해 생긴 물질. 화학 반응을 반응물질과 생성물질의 화학식과 기호를 사용하여 나타낸 식. 질소 : 수소 : 암모니아 1 : 3 : 2 $N_2 + 3H_2 \longrightarrow 2NH_3$ 예 ☐☐ ☐☐☐을 나타낼 때 반응물질은 화살표의 왼쪽에, 생성물질은 화살표의 오른쪽에 쓰고, 반응물질과 생성물질 사이는 +로 연결한다.
계수 관련 있을 係 + 셈 數 🔖 '係'의 대표 뜻은 '매다'임.	화학 반응식에서 화학식 앞에 있는 숫자. 예 화학 반응식에서 ☐☐ 비는 반응물질과 생성물질의 분자 수의 비와 같다.

확인 문제

1 문장에 알맞은 단어를 ( ) 안에서 골라 ○표 해 보자.

(1) 독립된 입자로 존재하며 물질의 성질을 나타내는 가장 작은 입자를 (분자 , 원자)라고 하고, 원소를 이루는 가장 작은 물질의 단위 입자를 (분자 , 원자)라고 한다.

(2) 물질의 고유한 성질은 변하지 않으면서 크기, 상태, 모양 등이 바뀌는 변화를 (물리, 화학) 변화라고 하고, 물질이 반응하여 처음과 전혀 다른 새로운 물질이 생성되는 변화를 (물리, 화학) 변화라고 한다.

2 뜻에 알맞은 단어를 보기의 글자를 조합해 써 보자. (같은 글자가 여러 번 쓰일 수 있음.)

보기
| 반 | 변 | 식 | 응 | 학 | 화 |

(1) 물질이 반응하여 처음과 전혀 다른 새로운 물질이 생성되는 변화.

(2) 물질을 이루는 성분 원소의 원소 기호와 숫자를 이용하여 물질을 표현한 것.

(3) 화학 반응을 반응물질과 생성물질의 화학식과 기호를 사용하여 나타낸 식.

3 ( ) 안에 알맞은 단어를 보기에서 찾아 써 보자.

보기
계수   화학식   물리 변화   화학 변화

(1) 암모니아를 NH_3로 나타낸 것을 ( )(이)라고 한다.

(2) 가을이 되면 단풍이 들거나, 흰 설탕을 가열하면 갈색으로 변하는 현상은 ( )의 예이다.

(3) 공기 중의 수증기가 응결하여 구름이 생성되는 과정 등 기상 현상에서 일어나는 상태 변화는 ( )의 예이다.

(4) 화학 반응식의 ( )을/를 맞추는 것은 반응 전후 원자가 새로 생기거나 없어지지 않으므로 화살표 양쪽에 있는 원자의 종류와 개수가 같아야 하기 때문이다.

국어 교과서 어휘

✏️ 단어와 그 뜻을 익히고, 빈칸에 알맞은 단어를 써 보자.

아름다움을 살펴 찾으려는 것.
심미적 체험
살필 審 + 아름다울 美 +
~한 상태로 되는 的 +
몸 體 + 시험 驗
🐭 '的'의 대표 뜻은 '과녁'임.

문학 작품을 읽으며 그 내용과 표현을 두고 아름다움 따위를 느끼거나 생각함.
예 소설을 읽은 뒤 그 내용과 표현에 대한 ☐☐ 체험을 바탕으로 의견을 나누는 활동을 했다.

플러스 개념어 수용
감상의 기초로, 문학 작품 등을 감성으로 받아들여 즐김.
예 문학 작품을 읽고 나서 그것을 수용하는 과정은 사람마다 다르다.

형상화
모양 形 + 모양 象 + 될 化
🐭 '象'의 대표 뜻은 '코끼리'임.

형체가 분명하지 않은 것을 형상으로 분명하게 나타냄. 특히 어떤 소재를 예술적으로 새롭게, 구체적으로 만들어 내는 것을 의미함.
예 고전 문학에서는 선비들의 절개를 '대나무'나 '매화'로 ☐☐☐ 하고는 한다.

플러스 개념어 형상
사물의 생긴 모양이나 상태.
예 이 조각품은 새의 형상을 본떠 만들었다.

사회·문화적 배경
모일 社 + 모일 會
학문 文 + 될 化 + ~의 的 +
뒤 背 + 경치 景
🐭 '文'의 대표 뜻은 '글', '背'의 대표 뜻은 '등',
'景'의 대표 뜻은 '볕'임.

어떤 시대나 지역의 사상, 풍습, 제도, 문화, 생활 환경 등 그 전반적인 모습.
예 이 소설은 유교를 중시하던 조선 시대를 ☐☐·☐☐☐☐☐으로 사건이 전개되고 있다.

플러스 개념어 시대적 배경
문학 작품에서 인물이 행동하거나 사건이 벌어지는 그 시대에 특징이 되는 환경.

복선
감출 伏 + 실마리 線
🐭 '伏'의 대표 뜻은 '엎드리다',
'線'의 대표 뜻은 '줄'임.

앞으로 일어날 사건을 독자가 미리 짐작할 수 있게 하는 것.
예 이 소설에는 결말을 예상할 수 있게 하는 여러 ☐☐이 깔려 있다.

플러스 개념어 암시
문학 작품에서 뜻하는 바를 간접적으로 드러내는 표현 방법.
예 그 인물이 손을 떠는 것은 불안한 심리를 암시하는 것이다.

보편적
넓을 普 + 두루 遍 +
~한 상태로 되는 的

모든 것에 두루 통하거나 해당되는 것.
예 소설 속 인물이 사회에 대응하는 방식은 보통의 사람들이 따르는 ☐☐☐인 규범에서 벗어나기도 한다.

플러스 개념어
• 일반적: 일부에 한정되지 않고 전체에 걸치는 것.
• 전형적: 어떤 부류의 특징을 가장 잘 나타내는 것.

주체적
주인 主 + 몸 體 +
~한 상태로 되는 的

어떤 일을 하는 데 자유롭고 자기 스스로 하려는 성질이 있는 것.
예 책에서 얻은 정보를 그대로 받아들일 것이 아니라 ☐☐☐으로 판단하는 자세가 필요하다.

플러스 개념어 능동적
다른 것에 이끌리지 않고 스스로 일으키거나 움직이는 것.

확인 문제

1 뜻에 알맞은 단어를 빈칸에 써 보자.

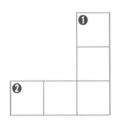

가로 열쇠
❷ 어떤 일을 하는 데 자유롭고 자기 스스로 하려는 성질이 있는 것.

세로 열쇠
❶ 모든 것에 두루 통하거나 해당되는 것.

2 문장에 알맞은 말을 ( ) 안에서 골라 ○표 해 보자.

(1) 사물의 생긴 모양이나 상태를 (추상 , 형상)이라고 한다.

(2) 이 작품 속 주인공은 자신이 마음먹은 대로 행동하는 (주체적 , 의존적)인 성격을 지녔다.

(3) 어떤 시대나 지역의 사상, 풍습, 제도, 문화, 생활 환경 등 그 전반적인 모습을 (시간적 , 사회·문화적) 배경이라고 한다.

3 ( ) 안에 알맞은 단어를 보기에서 찾아 써 보자.

보기

복선   수용   형상화

(1)
소설에서 그릇이나 유리가 깨지는 것은 불길한 사건의 ( )인 경우가 많아.

(2)
문학 작품에서는 냉혹한 현실이나 시련을 '눈'이나 '비바람' 등으로 ( )하기도 해.

(3)
그 작가의 세계관은 독특하고 신선하지만 난 그것을 그대로 ( )할 생각은 없어.

사회 교과서 어휘

✏️ 단어와 그 뜻을 익히고, 빈칸에 알맞은 단어를 써 보자.

국회 나라 國 + 모일 會	국회 의원 국민이 선출한 대표들이 국민을 위해 법률을 만들고 국가의 의사를 결정하는 국가 기관. 예 [　　] 의원들이 새로운 법률과 정책을 정하기 위해 국회에 모였다.	플러스 개념어 **선출** 여럿 가운데서 뽑음. 예 우리나라는 선거를 통해 국회 의원과 대통령을 선출한다.
입법 세울 立 + 법 法 ↪ '立'의 대표 뜻은 '서다'임.	법률을 만듦. 예 국회는 법률을 만드는 [　　] 기관이자 국민의 대표 기관이다.	플러스 개념어 **사법** 법을 해석하고 적용해 판단함으로써 다툼을 해결하는 국가 작용.
국정 감사 나라 國 + 정치 政 + 살필 監 + 조사할 査 ↪ '監'의 대표 뜻은 '보다'임. 감독하고 검사함.	국회가 행정부를 감독하고 검사하는 일. 예 시의 사업자 선정에 대한 의혹이 커지자, 비리를 밝히기 위한 국정 [　　] 가 진행되었다.	플러스 개념어 **감찰** 감사원이 공적인 일에서 그릇된 점이 없는지 조사하거나 감독하는 일. 예 감사원은 공무원들의 비리를 조사하는 감찰 업무를 맡는다.
정당 정치 政 + 무리 黨	정치적인 권력을 잡고 이상을 실현하기 위해 정치적으로 생각을 같이하는 사람들이 조직한 단체. 예 여당과 야당, 두 [　　] 은 이번 선거에 여러 후보들을 추천하기로 했다.	플러스 개념어 • **여당**: 현재 정치적인 권력을 잡고 있는 정당. • **야당**: 현재 정치적인 권력을 잡고 있지 않은 정당.
원수 으뜸 元 + 머리 首	한 나라에서 으뜸가는 권력을 지니면서 나라를 다스리는 사람. 예 세계 여러 나라를 대표하는 국가 [　　] 들이 우리나라에서 열리는 정상 회의에 참석했다.	플러스 개념어 **수반** 행정부의 가장 높은 자리에 있는 사람, 즉 대통령을 가리킴. 예 대통령은 행정부 수반의 자격을 가지고 있다.
비준 비답 批 + 준할 准 상소에 대해 임금이 내리던 답을 뜻함. ↪ '批'의 대표 뜻은 '비평하다'임.	국가 간의 조약에 대해 마지막으로 확인·동의하는 일. 예 남북한이 맺기로 한 이번 조약은 모든 절차를 거치고 마지막으로 대통령의 [　　] 만이 남아 있다.	
법원 법 法 + 집 院	사법을 맡아보는 나라의 기관. 예 사법 작용은 [　　] 의 재판을 통해서 이루어진다.	

1 단어의 뜻을 보기에서 찾아 사다리를 타고 내려간 곳에 기호를 써 보자.

> **보기**
> ㉠ 의회에서 법률을 만듦.
> ㉡ 사법을 맡아보는 나라의 기관.
> ㉢ 국회가 행정부를 감독하고 검사하는 일.
> ㉣ 한 나라에서 으뜸가는 권력을 지니면서 나라를 다스리는 사람.

법원 입법 국정 감사 원수

2 빈칸에 알맞은 단어를 써 보자.

현재 정치적인 권력을 잡고 있는 정당.

현재 정치적인 권력을 잡고 있지 않은 정당.

3 문장에 어울리는 단어를 ( ) 안에서 골라 ○표 해 보자.

(1) 내일은 국회 의원을 (선출 , 국정 감사)하는 날이다.

(2) 국회에서 법률을 만들기 위한 (사법 , 입법) 절차가 시작되었다.

(3) 이번 조약은 대통령의 (동의 , 비준)이/가 완료되어 내년 1월부터 적용된다고 한다.

(4) 여당과 야당의 의원들이 (국회 , 법원)에서 새로운 주요 정책에 대해 의논하고 있다.

수학 교과서 어휘

✏️ 단어와 그 뜻을 익히고, 빈칸에 알맞은 단어를 써 보자.

무리수 없을 無 + 이치 理 + 셈 數	유리수가 아닌 수로, 순환하지 않는 무한소수. 예 원주율 3.141592…는 순환하지 않는 무한소수로 ☐☐ 이다.

실수
실제 實 + 셈 數
'實'의 대표 뜻은 '열매'임.

유리수와 무리수를 통틀어 부르는 말.

예 수직선은 ☐☐ 에 대응하는 점으로 완전히 메울 수 있다.

$$실수 \begin{cases} 유리수 \begin{cases} 정수 \begin{cases} 양의 정수(자연수): 1, 2, 3\cdots \\ 0 \\ 음의 정수: -1, -2, -3\cdots \end{cases} \\ 정수가 아닌 유리수: \frac{1}{3}, -\frac{1}{2}, 0.\dot{5}, 1.\dot{6}\dot{7}\cdots \\ \quad\text{유한소수, 순환소수} \end{cases} \\ 무리수(순환하지 않는 무한소수): \sqrt{2}, -\sqrt{5}, \pi\cdots \end{cases}$$

(실수: 유리수 / 무리수 / 정수 / 자연수 벤다이어그램)

수직선
셈 數 + 곧을 直 + 줄 線

수를 나타내는 곧은 선으로, 직선 위에 기준이 되는 점을 원점 O로 정하고, 그 점의 양쪽에 일정한 간격으로 점을 잡아 오른쪽은 양수, 왼쪽은 음수를 차례로 대응시킨 직선.

0을 나타내는 점

O 원점
−3 −2 −1 0 +1 +2 +3

예 ☐☐☐ 에서 0을 기준으로 왼쪽은 음의 실수, 오른쪽은 양의 실수가 있다.

절댓값
더없을 絶 + 대할 對 + 값
'絶'의 대표 뜻은 '끊다'임.

수직선 위에서 어떤 수를 나타내는 점과 0을 나타내는 원점 사이의 거리.

$\sqrt{3}$ $\sqrt{3}$
−2 $-\sqrt{3}$ −1 0 1 $\sqrt{3}$ 2

예 $-\sqrt{3}$, $+\sqrt{3}$의 ☐☐☐ 은 기호| |를 사용해 각각 $|-\sqrt{3}|$, $|+\sqrt{3}|$과 같이 나타낸다.

분모의 유리화
나눌 分 + 어머니 母 + ~의 +
있을 有 + 이치 理 + 될 化

분모를 유리수로 고치는 것. 분수의 분모가 근호를 포함한 무리수일 때, 분모와 분자에 각각 0이 아닌 같은 수를 곱하여 분모를 유리수로 고치는 것.

예 $\frac{1}{\sqrt{3}}$에서 분모, 분자에 같은 수 $\sqrt{3}$을 곱하여 $\frac{1\times\sqrt{3}}{\sqrt{3}\times\sqrt{3}}=\frac{\sqrt{3}}{3}$으로 분모의 무리수 $\sqrt{3}$을 유리수 3으로 고치는 것을 분모의 ☐☐☐ 라고 한다.

$a>0$일 때

① $\frac{b}{\sqrt{a}}=\frac{b\times\sqrt{a}}{\sqrt{a}\times\sqrt{a}}=\frac{b\sqrt{a}}{a}$ 예 $\frac{3}{\sqrt{2}}=\frac{3\times\sqrt{2}}{\sqrt{2}\times\sqrt{2}}=\frac{3\sqrt{2}}{2}$

② $\frac{\sqrt{b}}{\sqrt{a}}=\frac{\sqrt{b}\times\sqrt{a}}{\sqrt{a}\times\sqrt{a}}=\frac{\sqrt{ab}}{a}$ (단, $b>0$)   예 $\frac{\sqrt{5}}{\sqrt{3}}=\frac{\sqrt{5}\times\sqrt{3}}{\sqrt{3}\times\sqrt{3}}=\frac{\sqrt{15}}{3}$

제곱근표 제곱 + 뿌리 根 + 표 表	1.00부터 99.9까지의 수에 대한 양의 제곱근 값을 반올림해 소수점 아래 셋째 자리까지 나타낸 표. 예 ☐☐☐☐ 를 써서 제곱근을 어림한 값을 구할 수 있다.

확인 문제

1 뜻에 알맞은 단어를 [보기]의 글자를 조합해 써 보자. (같은 글자가 2번 쓰일 수 있음.)

[보기]

절	실	해
수	리	값
무	댓	선

(1) 유리수와 무리수를 통틀어 부르는 말.

(2) 유리수가 아닌 수로, 순환하지 않는 무한소수.

(3) 수직선에서 어떤 수를 나타내는 점과 0을 나타내는 원점 사이의 거리.

2 ( ) 안에 알맞은 단어를 써 보자.

분수의 분모가 근호를 포함한 무리수일 때, 분모와 분자에 각각 0이 아닌 같은 수를 곱하여 분모를 유리수로 고치는 것을 ( )의 ( )라고 한다.

3 설명이 알맞으면 ○표, 알맞지 <u>않으면</u> ✕표 해 보자.

(1) $-5, +5$의 절댓값은 5이다. ( )

(2) $+\dfrac{1}{4}, +2, -\dfrac{3}{4}, -10\cdots$은 무리수이다. ( )

(3) 순환하지 않는 무한소수 $1.235623412\cdots$는 유리수이다. ( )

(4) $-\dfrac{1}{3}, -\dfrac{4}{3}, -2\dfrac{1}{3}$은 수직선에서 0을 기준으로 오른쪽에 있다. ( )

(5) $\dfrac{1}{\sqrt{7}}$의 분모와 분자에 같은 수 $\sqrt{7}$을 곱하여 $\dfrac{1 \times \sqrt{7}}{\sqrt{7} \times \sqrt{7}} = \dfrac{\sqrt{7}}{7}$로 분모를 유리수 7로 고치는 것을 분모의 유리화라고 한다. ( )

✏️ 단어와 그 뜻을 익히고, 빈칸에 알맞은 단어를 써 보자.

질량 바탕 質 + 양 量 👈 '量'의 대표 뜻은 '헤아리다'임.	물체가 가지고 있는 고유의 양. 예 [　　]은 장소나 상태에 따라 달라지지 않는 물질의 고유한 양으로 저울을 사용하여 측정한다.
앙금 생성 반응 앙금 + 날 生 + 이룰 成 + 돌이킬 反 + 응할 應	물에 녹지 않는 물질. 수용액에 들어 있는 특정 양이온과 음이온이 반응하여 앙금이 만들어지는 현상. 예 [　　] 생성 반응 전후에 물질의 총 질량은 변하지 않는다.
질량 보존 법칙 바탕 質 + 양 量 + 지킬 保 + 있을 存 + 법 法 + 법칙 則	화학 반응 전 물질의 전체 질량과 화학 반응 후 물질의 전체 질량은 항상 같다는 법칙. 예 화학 반응이 일어날 때 원자의 종류와 개수가 변하지 않기 때문에 [　　][　　] 법칙이 성립한다.
일정 성분비 법칙 하나 一 + 정할 定 + 이룰 成 + 나눌 分 + 비율 比 + 법 法 + 법칙 則 👈 '比'의 대표 뜻은 '견주다'임.	한 화합물을 구성하는 성분 원소의 질량비는 항상 일정하다는 법칙. 예 화합물을 구성하는 원자가 일정한 개수비로 결합하기 때문에 [　　][　　] 법칙이 성립한다.
기체 반응 법칙 공기 氣 + 물질 體 + 돌이킬 反 + 응할 應 + 법 法 + 법칙 則 👈 '氣'의 대표 뜻은 '기운', '體'의 대표 뜻은 '몸'임.	온도와 압력이 일정할 때 반응하는 기체와 생성되는 기체의 부피 사이에 간단한 비가 성립한다는 법칙. 예 온도와 압력이 같을 때 모든 기체는 같은 부피 속에 같은 수의 분자가 들어 있기 때문에 [　　][　　] 법칙이 성립한다. (말풍선) 화학 반응식에서 계수비는 각 기체의 부피비와 같아.
발열 반응 일어날 發 + 열 熱 + 돌이킬 反 + 응할 應	화학 반응이 일어날 때 에너지를 방출하는 반응. 예 [　　] 반응이 일어날 때 외부로 열을 방출하므로 주변의 온도가 높아진다.
흡열 반응 빨 吸 + 열 熱 + 돌이킬 反 + 응할 應	화학 반응이 일어날 때 에너지를 흡수하는 반응. 예 [　　] 반응이 진행되면 열에너지를 흡수하기 때문에 주변의 온도가 낮아진다.

1 뜻에 알맞은 단어를 보기 의 글자를 조합해 써 보자. (같은 글자가 2번 쓰일 수 있음.)

보기
| 금 | 량 | 발 | 생 | 성 | 앙 | 열 | 질 | 흡 |

(1) 물체가 가지고 있는 고유의 양. ☐☐

(2) 화학 반응이 일어날 때 에너지를 방출하는 반응. ☐☐ 반응

(3) 화학 반응이 일어날 때 에너지를 흡수하는 반응. ☐☐ 반응

(4) 수용액에 들어 있는 특정 양이온과 음이온이 반응하여 앙금이 만들어지는 현상.

☐☐ ☐☐ 반응

2 뜻에 알맞은 단어를 찾아 선으로 이어 보자.

(1) 한 화합물을 구성하는 성분 원소의 질량 비는 항상 일정하다는 법칙.   •   • 질량 보존 법칙

(2) 화학 반응 전 물질의 전체 질량과 반응 후 물질의 전체 질량은 항상 같다는 법칙.   •   • 일정 성분비 법칙

(3) 온도와 압력이 일정할 때 반응하는 기체 와 생성되는 기체의 부피 사이에 간단한 비 가 성립한다는 법칙.   •   • 기체 반응 법칙

3 문장에 알맞은 단어를 ( ) 안에서 골라 ○표 해 보자.

(1) 철 가루와 산소가 반응할 때 방출하는 에너지로 손을 따뜻하게 하는 흔드는 손난로는 (발열 반응 , 흡열 반응)을 활용한 예이다.

(2) 질산 암모늄과 물이 반응할 때 에너지를 흡수하여 열을 내리게 하는 냉찜질 팩은 (발열 반응 , 흡열 반응)을 활용한 예이다.

改(개), 正(정)이 들어간 말

| 改 고칠 개 | 자기 기(己)와 칠 복(攵)이 결합한 개(改)는 주로 '고치다'라는 뜻으로 쓰여. | 正 바를 정 | 정(正)은 주로 '바르다'라는 뜻으로 쓰여. 정(正)이 '가운데', '처음'이라는 뜻으로 쓰일 때도 있어. |

✏️ 단어와 그 뜻을 익히고, 빈칸에 알맞은 단어를 써 보자.

조변석개
아침 朝 + 변할 變 + 저녁 夕 + 고칠 改

아침저녁으로 뜯어고친다는 뜻으로, 계획이나 결정 등을 자주 고침을 이르는 말.

예 상황이 지금처럼 혼란스러워진 이유는 규칙을 자꾸 ☐☐☐☐ 식으로 바꿨기 때문이다.

> **플러스 개념어** 조령모개
> (아침 朝 + 명령할 令 + 저물 暮 + 고칠 改)
> 아침에 명령을 내렸다가 저녁에 다시 고친다는 뜻으로, 법률과 명령을 자꾸 고쳐서 일의 방향을 잡기가 어려움을 이르는 말.

개선
고칠 改 + 좋다 善

잘못을 고쳐 좋게 함.

예 더 이상 장마 피해를 입지 않도록 ☐☐ 방안을 마련해야 한다.

사필귀정
일 事 + 반드시 必 + 돌아갈 歸 + 바를 正

> 사(事)는 세상의 모든 일을, 정(正)은 세상의 올바른 법칙을 뜻해.

모든 일은 반드시 바른길로 돌아감.

예 거짓된 소문이 떠돌아도 ☐☐☐☐ 이라는 말처럼 결국 진실은 밝혀지게 마련이다.

> **플러스 개념어** 인과응보
> (원인 因 + 결과 果 + 응할 應 + 갚을 報)
> 선악에 따라 행과 불행이 있음.

정곡
가운데 正 + 과녁 鵠

> 정(正)이 '가운데'라는 뜻으로 쓰였어. 과녁의 가운데는 곧 핵심을 말해.

가장 중요한 핵심.

예 강연자가 청중의 질문에 ☐☐을 찌르는 답변을 내놓자 박수가 쏟아졌다.

정월
처음 正 + 달 月

> 정(正)이 '처음'이라는 뜻으로 쓰였어. 정월은 1월을 말해.

음력으로 한 해의 첫째 달.

예 새해가 시작되는 ☐☐이면 어른들에게 세배를 드린다.

확인 문제

1 빈칸에 알맞은 단어를 보기의 글자를 조합해 써 보자.(같은 글자가 2번 쓰일 수 있음.)

보기

갈	개	덕
선	곡	정
월	표	세

(1) ☐☐ 은/는 가장 중요한 핵심을 뜻한다.

(2) ☐☐ 은/는 잘못을 고쳐 좋게 함을 뜻한다.

(3) ☐☐ 은/는 음력으로 한 해의 첫째 달을 뜻한다.

2 빈칸에 들어갈 한자 성어로 알맞은 것은? (   )

작년에 바꾼 교육 정책을 올해 또 ☐☐☐(으)로 바꾸겠다고 하니 너무 심해.

① 우유부단(優柔不斷)
② 적반하장(賊反荷杖)
③ 조령모개(朝令暮改)
④ 공명정대(公明正大)
⑤ 조삼모사(朝三暮四)

3 문장에 어울리는 단어를 (   ) 안에서 골라 ◯표 해 보자.

(1) 주민들은 지역 문제의 (정곡 , 정답)을 뚫지 못한 구청의 해결 방안이 과연 효과적일지 의문을 제기했다.

(2) 그는 즉석 식품을 먹지 않고 규칙적으로 식사를 하는 등 식습관을 (개정 , 개선)해 점차 건강을 되찾았다.

(3) 성공을 위해 수단과 방법을 가리지 않던 그들이 결국 법의 심판을 받게 된 것을 보니, (사필귀정 , 조변석개)(이)라는 말이 생각난다.

영문법 어휘

접속사

주어와 서술어를 갖추었으나 독립해 쓰이지 못하고 다른 문장의 한 성분으로 쓰이는 단위.

단어와 단어, 구와 구, 절과 절, 문장과 문장을 연결해 주는 것을 접속사라고 해. 앞 문장과 뒤 문장의 관계가 종속되었는지 (주가 되는 것에 딸렸는지), 대등한 관계가 있는지, 시간 관계인지, 이유를 나타내는 관계인지 등을 접속사로 나타내. 여러 가지 접속사의 뜻을 알아보자.

 단어와 그 뜻을 익히고, 빈칸에 알맞은 단어를 써 보자.

---

a subordinate conjunction
종속
접속사
좇을 從 + 무리 屬 +
이을 接 + 이을 續 + 말 詞

주가 되는 절에 딸린 절로 주절과 관련되어 종속절을 이끄는 말. 종속 접속사가 이 끄는 절은 명사나 부사, 형용사 구실을 함.

• I hope **that** we can be good friends.(나는 우리들이 좋은 친구가 되기를 바라.)
  that 이하가 명사(목적어) 역할을 하는 종속 접속사

예 "I don't know whether he will succeed or not.(그가 성공할지 못할지 나는 알 수 없다.)"에 서 '~인지(어떤지)'를 뜻하는 whether가 [   ] 접속사이다.

---

a coordinate conjunction
등위
접속사
같을 等 + 자리 位
이을 接 + 이을 續 + 말 詞

앞 문장과 뒤 문장을 대등한 관계로 연결해 주는 말.

• Sumi is a student **and** John is a teacher.
  문장이 대등하게 병렬된 등위 접속사
(수미는 학생이고 John은 선생님이다.)

예 "I like to walk, but I don't like to take a bus.(나는 걷는 건 좋지만 버스 타는 건 싫다.)"에서 but이 [   ] 접속사 이다.

플러스 개념어 등위 접속사의 종류
• and(그리고)
• but(그러나, 하지만)
• or(안 그러면)
• so(그래서)

---

a conjunction - time
시간
접속사
때 時 + 사이 間 +
이을 接 + 이을 續 + 말 詞

시간의 의미를 나타내는 접속사.

• **When** the movie is over, I'll meet Tom.
  '~할 때'라는 의미의 시간 접속사
(영화가 끝나면, 나는 톰을 만날 거야.)

예 "I met her after I got off the bus.(버스에서 내린 후 나는 그녀를 만났다.)"에서 after는 '~한 후에'로 해석하는 [   ] 접속사이다.

플러스 개념어 시간 접속사의 종류
• when, as(~할 때)
• before(~하기 전에)
• after(~한 후에)
• while(~할 동안)
• until(~할 때까지)
• since(~한 이래로)

---

a conjunction - reason
이유
접속사
다스릴 理 + 말미암을 由 +
이을 接 + 이을 續 + 말 詞

원인, 이유를 나타낼 때 쓰이는 접속사.

• I went to the store **because** we needed milk.
  '~때문에'라는 의미의 이유 접속사
(우유가 필요해서 나는 가게에 갔다.)
  부사절

예 "Since it was raining, we stayed indoors.(비가 오고 있 어서, 우리는 실내에 있었다.)"에서 since는 [   ] 접속사 이다.

플러스 개념어 이유 접속사의 종류
• because(~ 때문에)
• as(~ 때문에 – 간접적이고 보충 적인 원인이나 이유를 나타낼 때 씀.)
• since(~이니까 – 말하는 사람과 듣는 사람 모두 이미 알고 있는 이유를 나타낼 때 씀.)
• for(~ 때문에)

---

1 각 단어의 설명을 보기 에서 찾아 사다리를 타고 내려간 곳에 기호를 써 보자.

보기
ㄱ 시간의 의미를 나타내는 접속사.
ㄴ 원인, 이유를 나타날 때 쓰이는 접속사.
ㄷ 앞 문장과 뒤 문장을 대등한 관계로 연결해 주는 말.

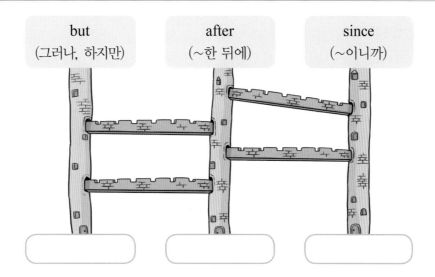

but
(그러나, 하지만)

after
(~한 뒤에)

since
(~이니까)

2 ( ) 안에 알맞은 단어를 보기 에서 찾아 기호를 써 보자.

보기
ㄱ that(~기를)   ㄴ and(~고)   ㄷ when(때)   ㄹ Because(때문에)

(1) I hope (   ) you get well soon.
(나는 네가 곧 회복하(   ) 바라.)   (   )

(2) I cooked dinner (   ) made cookies.
(나는 저녁을 만들(   ) 쿠키를 구웠다.)   (   )

(3) My family were rich (   ) I was young.
(내가 어렸을 (   ) 우리 가족은 부유했다.)   (   )

(4) (   ) there were many cars during Chuseok, highway was heavy.
(추석에 차가 많았기 (   ), 고속 도로는 붐볐다.)   (   )

✏️ 1주차 1~5회에서 공부한 단어를 떠올리며 문제를 풀어 보자.

국어

1 시에서 보기가 설명하는 말을 찾아 써 보자.

> 갈 봄 여름 없이
> 꽃이 피네
>
> – 김소월 「산유화」중

보기
> 시적 허용: 시에서 운율과 말의 맛을 살리려고 쓴 문법에 맞지 않는 표현.

(   )

국어

2 (   ) 안에 들어갈 단어로 알맞은 것은? (   )

> 문학은 아름다움 따위를 느끼거나 생각하는 (   ) 체험을 바탕으로 한 소통 활동이다.

① 심미적   ② 서정적   ③ 보편적   ④ 점층적   ⑤ 애상적

사회

3 (   ) 안에 공통으로 들어갈 단어로 알맞은 것은? (   )

> 사회권
> • 나라에 사람다운 삶의 보장을 요구할 수 있는 권리에는 배울 권리, (   )의 권리, 사회 보장을 받을 권리 따위가 있다.
> • (   )의 권리는 일할 뜻과 힘을 가진 사람이 일할 기회와 인간다운 삶의 보장을 요구할 권리를 말한다.

① 인간   ② 근로   ③ 자유   ④ 기본   ⑤ 평등

사회

4 설명에 알맞은 단어를 (   ) 안에서 골라 ○표 해 보자.

> (국회 , 법원)은/는 법률을 만들고 고치며 나라의 의사를 정하는 국가 기관이고, (국회 , 법원)은/는 법률에 따라 판단하고 재판을 통해 판결을 내리는 국가 기관이다.

수학

5 ( ) 안에 알맞은 수를 써 보자.

> 2의 제곱근은 ( )와 ( )이고 이를 각각 제곱하면 2가 된다.

수학

6 설명이 알맞으면 ◯표, 알맞지 <u>않으면</u> ✕표 해 보자.

(1) 유한소수는 유리수이다. ( )

(2) 순환소수는 무리수이다. ( )

과학

7 ( ) 안에 공통으로 들어갈 단어를 써 보자.

> 화학 반응이 일어날 때 원자의 종류와 개수는 바뀌지 않기 때문에 전체 ( )
> 은 보존되어 반응 전후의 ( )이 같다. 예를 들면 탄소(C) 12 g과 산소(O_2)
> 32 g이 모두 반응하면 이산화 탄소(CO_2) 44 g이 만들어진다.
>
> ( )

과학

8 빈칸에 알맞은 말을 써 보자.

> 마그네슘(Mg) 12 g과 산소(O_2) 8 g이 반응해 산화 마그네슘(MgO) 20 g이 만들어진다. 또 마그
> 네슘 24 g을 모두 태우려면 산소 16 g이 필요하다. 이처럼 산화 마그네슘을 이루는 마그네슘과 산소의
> 질량비는 3:2로 늘 일정하게 성립한다. 이를 ☐☐ ☐☐☐ 법칙이라고 한다.

한자

9 밑줄 친 '정(正)'의 뜻이 <u>다른</u> 하나는? ( )

① <u>정</u>곡(正鵠): 가장 중요한 핵심.

② <u>정</u>자(正字): 글꼴이 바르고 또박또박 쓴 글자.

③ 사필귀<u>정</u>(事必歸正): 모든 일은 반드시 바른길로 돌아감.

④ 개<u>정</u>(改正): 주로 문서의 내용이나 법 따위를 고쳐 바르게 함.

⑤ 공명<u>정</u>대(公明正大): 하는 일이나 행동이 아주 정당하고 떳떳함.

영문법

10 설명에 알맞은 단어를 ( ) 안에서 골라 ◯표 해 보자.

> When I go out, it rains.(내가 밖에 나갈 때, 비가 온다.)에서 When은 (등위 , 시간 , 이유)을/
> 를 나타내는 접속사이다.

2주차 어휘 미리 보기

한 주 동안 공부할 어휘들이야. 쓱 한번 훑어볼까?

1회 학습 계획일 ◯월 ◯일

국어 교과서 어휘	사회 교과서 어휘
혁신	재화
본격적	희소성
문제 해결	기회비용
구축	편익
기량	이윤
직면	자산
면책	유동성

2회 학습 계획일 ◯월 ◯일

수학 교과서 어휘	과학 교과서 어휘
계수	기권
다항식	대류권
차수	성층권
동류항	중간권
교환법칙	열권
결합법칙	복사 평형
분배법칙	온실 효과
전개	지구 온난화

3회 학습 계획일 ◯월 ◯일

국어 교과서 어휘	사회 교과서 어휘
설득	시장
주장	분업
근거	수요
논증	균형 가격
전제	대체재
유추	원자재
편견	생산성

4회

학습 계획일 ◯월 ◯일

수학 교과서 어휘	과학 교과서 어휘
인수	응결
인수분해	포화 수증기량
완전제곱식	이슬점
방정식	상대 습도
이차방정식	단열 팽창
이차방정식의 해	구름
이차방정식의 풀이	강수

5회

학습 계획일 ◯월 ◯일

한자 어휘	영문법 어휘
풍수지탄	주격 관계 대명사
한탄	목적격 관계 대명사
감탄	소유격 관계 대명사
자강불식	복합 관계 대명사
서식	
여식	

어휘력 테스트

3주차
어휘 학습으로
가 보자!

✏️ 단어와 그 뜻을 익히고, 빈칸에 알맞은 단어를 써 보자.

혁신

고칠 革 + 새 新
🖱 '革'의 대표 뜻은 '가죽'임.

이제까지 이루어지지 않은 새로운 방법을 도입하여 관습, 조직 등을 새롭게 바꿈.
어떤 사회에서 오랫동안 지켜 내려와 그 사회 성원들이 널리 인정하는 질서나 풍습.
예 전기 자동차 업계에서는 이전과는 완전히 다른 변화와 ☐☐ 이 이루어지고 있다.

유의어 **쇄신**
그릇된 것이나 묵은 것을 버리고 새롭게 하는 일.
예 침체된 분위기를 쇄신하려 애쓰다.

본격적

근본 本 + 격식 格 + ~한 상태로 되는 的
🖱 '的'의 대표 뜻은 '과녁'임.

어떤 일의 진행 상태가 제대로 모습을 갖추고 활발하게 이루어지는. 또는 그런 것.
예 가을이 되자 사과가 ☐☐ 으로 생산되기 시작하였다.

문제 해결

물을 問 + 문제 題 + 풀 解 + 맺을 結
🖱 '題'의 대표 뜻은 '제목'임.

정보와 배경지식을 관련지음.
글을 읽을 때 겪는 여러 가지 어려움을 잘 풀어 나가며 마무리 짓는 일.
예 읽기는 ☐☐☐☐ 을 통해 의미를 구성하는 과정이다.

구축

얽을 構 + 쌓을 築

어떤 시설물을 쌓아 올려 만듦.
예 시민의 복지를 위해서는 공원이나 도서관 등 공공 시설이 ☐☐ 되어야 한다.

다의어 **구축**
어떤 일을 기초부터 이룸.
예 삶의 기반을 구축하다.

기량

재주 技 + 재주 倆

기술상의 재주나 솜씨.
예 올림픽에서 이제껏 갈고 닦은 ☐☐ 을 마음껏 발휘해라.

유의어 **기능**
육체적, 정신적인 일을 정확하고 손쉽게 하는 기술상의 재능.
예 자동차나 컴퓨터 정비 따위의 기능을 닦아 온 선수들이 기능 대회에 참가했다.

직면

바로 直 + 대면할 面
🖱 '直'의 대표 뜻은 '곧다'이며, '面'의 대표 뜻은 '얼굴'임.

어떠한 일이나 사물에 직접 맞부딪침.
예 미리미리 준비하지 않으면 돌발 상황에 ☐☐ 하여 일을 그르칠 수 있다.

플러스 개념어
• **부딪치다**: 예상치 못한 일이나 상황 따위에 직면하다.
예 기술적 난관에 부딪쳤다.
• **당면하다**: 바로 눈앞에 당하다.
예 당면한 문제를 해결해야 한다.
• **접하다**: 가까이 대하다.
예 새로운 문화를 접하다.

면책

면할 免 + 꾸짖을 責

잘못으로 인해 꾸짖음을 받는 것을 벗어나거나 책임을 지지 않음.
예 지난번에는 신입 사원이었기 때문에 책임을 피할 수 있었지만, 이번에는 담당자이기 때문에 ☐☐ 이 불가능하다.

확인 문제

1 단어의 뜻을 보기 에서 찾아 사다리를 타고 내려간 곳에 기호를 써 보자.

보기
ㄱ 어떤 일을 기초부터 이룸.
ㄴ 어떠한 일이나 사물에 직접 맞부딪침.
ㄷ 잘못으로 인해 꾸짖음을 받는 것을 벗어나거나 책임을 지지 않음.
ㄹ 어떤 일의 진행 상태가 제대로 모습을 갖추고 활발하게 이루어지는. 또는 그런 것.

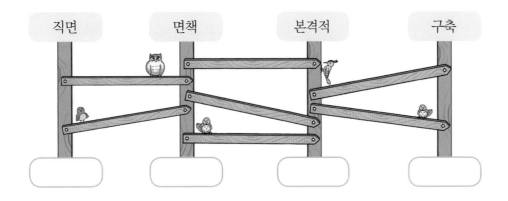

직면 면책 본격적 구축

2 밑줄 친 단어의 쓰임이 <u>다른</u> 하나는? (   )

① 그는 새로운 문물을 <u>접하고는</u> 깜짝 놀랐다.
② 그녀는 자신이 한 지난날의 실수를 <u>외면했다</u>.
③ 어려움에 <u>당면해도</u> 용기를 잃지 말고 살아가자.
④ 경찰은 풀리지 않는 사건으로 난관에 <u>부딪쳤다</u>.
⑤ 준비를 소홀히 한 그는 다급한 상황에 <u>직면하자</u> 당황했다.

3 (   ) 안에 알맞은 단어를 보기 에서 찾아 써 보자.

보기

혁신   면책   기량

(1) 꾸준히 기술을 연마한 사람은 (   )이 뛰어나기 때문에 분명히 목표를 달성할 것이다.

(2) 친구들의 입장을 고려하지 않은 나의 행동이 (   )되기를 바라는 것은 이기적인 생각이다.

(3) 일상 저편에 있는 무언가를 찾기 위해 노력한 그를 IT 분야에서 (   )의 아이콘이라 부르고 있다.

사회 교과서 어휘

✏️ 단어와 그 뜻을 익히고, 빈칸에 알맞은 단어를 써 보자.

재화 재물 財 + 재화 貨	사람의 생존을 위해서 필요하거나 더욱 나은 삶을 위해 충족되기를 원하는 구체적인 형태가 있는 물건. 예 쌀, 옷, 책 따위처럼 사람이 살아가기 위해서는 ☐☐가 필요하다.	플러스 개념어 **서비스** 사람의 필요와 욕구를 채워 주는 사람의 가치 있는 행위를 '서비스'라 함.
희소성 드물 稀 + 적을 少 + 성질 性	인간의 물질적인 욕구에 비해 그 충족 수단이 제한되어 있거나 부족한 상태. 예 다이아몬드가 석탄보다 비싼 이유는 자원의 ☐☐☐이 있기 때문이다.	플러스 개념어 • 자유재: 공기나 햇빛과 같이 양이 많고 부족함이 없어 누구나 얼마든지 사용할 수 있는 재화. • 경제재: 사람들의 욕구에 비해 양이 적어 희소성이 있는 재화.
기회비용 기회 機 + 기회 會 + 쓸 費 + 쓸 用 🖱 '機'의 대표 뜻은 '틀', '會'의 대표 뜻은 '모이다'임.	어떤 것을 선택함으로써 포기하는 기회의 가치 중에 가장 큰 것. 예 경제 행위에서는 선택의 대가로 지불해야 하는 ☐☐☐이 반드시 발생한다.	플러스 개념어 **비용** 어떤 것을 선택하기 위해 치르는 돈이나 노력, 시간 등.
편익 편할 便 + 이익 益 🖱 '益'의 대표 뜻은 '더하다'임.	어떤 것을 선택함으로써 얻게 되는 이익이나 만족감. 예 판매자는 구매자의 ☐☐을 향상하기 위해 매장의 불편한 점을 개선하려 한다.	플러스 개념어 **합리적 선택** 가장 적은 비용으로 가장 큰 편익을 얻을 수 있는 대안을 고르는 일.
이윤 이로울 利 + 윤택할 潤	기업이 생산물을 판매해 벌어들인 수입에서 생산할 때 들인 비용을 뺀 것. 예 기업 활동의 최종적인 목적은 결국 더 많은 ☐☐을 얻는 것이다.	플러스 개념어 • 원료비: 원료를 사들이는 데 쓰는 비용. • 임대료: 남에게 물건이나 건물 따위를 빌려준 대가로 받는 돈. • 지대: 생산을 위해 토지를 사용한 대가로 소유자에게 지불하는 비용. • 이자: 남에게 돈을 빌려 쓴 대가로 치르는 일정한 비율의 돈.
자산 재물 資 + 재산 産 🖱 '産'의 대표 뜻은 '낳다'임.	개인이나 단체가 소유하고 있는 경제적인 가치가 있는 것으로, 금융 자산과 실물 자산으로 나뉨. 예 자신의 소득과 소비의 규모를 고려하여 일정한 ☐☐을 확보해야 안정적인 생활을 할 수 있다.	플러스 개념어 • 금융 자산: 현금, 예금, 주식, 채권 등 • 실물 자산: 부동산, 자동차, 귀금속 등
유동성 흐를 流 + 움직일 動 + 성질 性	자산을 필요할 때 손실 없이 쉽고 빠르게 현금으로 바꿀 수 있는 정도. 예 한국은행에서 시중에 돈을 많이 풀어서 ☐☐이 넘쳐 나고 있다.	플러스 개념어 • 수익성: 투자로 수익을 얻을 수 있는 정도. • 안전성: 원금이 손실되지 않고 보장되는 정도.

1 뜻에 알맞은 단어를 글자판에서 찾아 묶어 보자.(단어는 가로, 세로, 대각선 방향에서 찾기)

선	기	제	자	산	재
지	대	회	융	화	활
책	이	유	비	물	이
자	리	동	실	용	윤
희	소	성	관	택	동

❶ 어떤 것을 선택함으로써 포기하는 가치 중에 가장 큰 것.

❷ 개인이나 단체가 소유하고 있는 경제적인 가치가 있는 것.

❸ 사람의 필요와 바람을 채워 주는 구체적인 형태가 있는 물건.

❹ 자산을 필요할 때 손실 없이 쉽고 빠르게 현금으로 바꿀 수 있는 정도.

❺ 인간의 물질적인 욕구에 비해 그 충족 수단이 제한되어 있거나 부족한 상태.

❻ 기업이 생산물을 판매해 벌어들인 수입에서 생산할 때 들인 비용을 뺀 것.

2 빈칸에 알맞은 단어를 초성을 바탕으로 완성해 보자.

(1) 경제재: 사람들의 욕구에 비해 양이 적어 [ㅎ | ㅅ | ㅅ]이 있는 재화.

(2) [ㅈ | ㅇ | ㅈ] : 공기나 햇빛과 같이 양이 많고 부족함이 없어 누구나 얼마든지 사용할 수 있는 재화.

3 문장에 어울리는 단어를 ( ) 안에서 골라 ◯표 해 보자.

(1) 상품이나 서비스를 생산할 때는 토지, 노동, 자본이라는 생산 (비용 , 이윤)이 든다.

(2) 화폐는 사회에서 통용되는 일반적인 교환 수단 중에서 가장 구매력이 강하므로 (유동성 , 위험성) 또한 가장 높다.

(3) 어떤 자원의 (희소성 , 대중성)이 크다는 것은 그 물건을 원하는 사람들의 욕구에 비해 그 물건의 양이 아주 적다는 뜻이다.

(4) 시험 기간에 놀이공원에 놀러 갔을 경우 놀이공원에 간 (기회비용 , 사회 비용)은 그 시간에 시험 공부를 해서 얻게 되는 좋은 성적일 것이다.

(5) 같은 가격인 자장면과 짬뽕 중 자장면을 고르는 것은 자장면을 골라서 얻게 되는 (비용 , 편익)이 짬뽕을 골라서 얻게 되는 것보다 크기 때문이다.

✏️ 단어와 그 뜻을 익히고, 빈칸에 알맞은 단어를 써 보자.

계수 관련 있을 係 + 셈 數 🖱 '係'의 대표 뜻은 '매다'임.	관련 있는 수로, 상수와 변수로 이루어진 단항식 또는 다항식에서 지정된 변수 이외의 부분. 변하지 않는 일정한 값을 가진 수. 예 $3x^2$과 같이 수와 문자의 곱으로 이루어진 항에서 문자에 곱해진 수 3은 x^2의 ☐☐이다.
다항식 많을 多 + 항목 項 + 수학식 式 🖱 '式'의 대표 뜻은 '법'임.	두 개 이상의 단항식의 합으로 이루어진 식. 예 $4x^2-2xy+\cdots$와 같이 몇 개 항의 합으로 이루어진 식은 ☐☐이다.
차수 횟수 次 + 셈 數 🖱 '次'의 대표 뜻은 '버금'임.	항에서 문자가 곱해진 개수. 예 x^2-3x-6에서 x^2의 ☐☐는 2이고, $-3x$의 ☐☐는 1이다.
동류항 같을 同 + 무리 類 + 항목 項	계수가 다르더라도 문자와 차수가 각각 같은 항. 예 전개식에 문자와 차수가 같은 ☐☐이 있으면 ☐☐끼리 모아서 간단히 정리한다.
교환법칙 서로 交 + 바꿀 換 + 법 法 + 법칙 則 🖱 '交'의 대표 뜻은 '사귀다'임.	두 수 또는 두 식의 순서를 바꾸어 계산해도 결과가 같으면 성립하는 법칙. 예 $2x+\sqrt{5}=\sqrt{5}+2x$와 같이 두 항의 순서를 바꾸어 더해도 그 결과가 같으므로 ☐☐법칙이 성립한다.	• 덧셈의 교환법칙 $\bigcirc+\triangle=\triangle+\bigcirc$ • 곱셈의 교환법칙 $\bigcirc\times\triangle=\triangle\times\bigcirc$
결합법칙 묶을 結 + 합할 合 + 법 法 + 법칙 則	세 수(식) 이상을 계산할 때, 앞의 두 수(식)를 먼저 계산한 결과와 뒤의 두 수(식)를 먼저 계산한 결과가 같으면 성립하는 법칙. 예 $(2x\times3)\times4x=2x\times(3\times4x)$와 같이 앞의 두 식을 먼저 계산한 결과인 $6x\times4x=24x^2$과 뒤의 두 식을 먼저 계산한 결과인 $2x\times12x=24x^2$의 결과가 같으므로 ☐☐법칙이 성립한다.	• 덧셈의 결합법칙 $(\bigcirc+\triangle)+\square$ $=\bigcirc+(\triangle+\square)$ • 곱셈의 결합법칙 $(\bigcirc\times\triangle)\times\square$ $=\bigcirc\times(\triangle\times\square)$
분배법칙 나눌 分 + 나눌 配 + 법 法 + 법칙 則	괄호 밖의 것을 괄호 안에 골고루 분배해 계산해도 그 결과가 같다는 법칙. $$(a+b)(c+d)=\underset{①}{ac}+\underset{②}{ad}+\underset{③}{bc}+\underset{④}{bd}$$ 예 두 다항식의 곱은 ☐☐법칙을 이용해 정리한다.
전개 펼 展 + 열 開	다항식의 곱을 괄호를 풀어서 합으로 이루어진 하나의 다항식으로 나타내는 일. 예 분배법칙을 이용하여 $2x(x-2)=2x^2-4x$와 같이 하나의 다항식으로 나타내는 일을 ☐☐한다고 한다.

확인 문제

1 뜻에 알맞은 단어를 글자판에서 찾아 묶어 보자.(단어는 가로, 세로, 대각선 방향에서 찾기)

복	계	다	기	체
수	사	건	항	복
교	차	전	법	식
결	개	수	칙	결
경	합	동	류	항

❶ 항에서 문자가 곱해진 개수.

❷ 두 개 이상의 단항식의 합으로 이루어진 식.

❸ 계수가 다르더라도 문자와 차수가 각각 같은 항.

❹ 상수와 변수로 이루어진 단항식 또는 다항식에서 지정된 변수 이외의 부분.

❺ 다항식의 곱을 괄호를 풀어서 합으로 이루어진 하나의 다항식으로 나타내는 일.

2 보기를 보고 (   ) 안에서 알맞은 단어를 골라 〇표 해 보자.

보기

$$(x+1)(x+y-2)$$
$$=x^2+xy-2x+x+y-2$$
$$=x^2+xy+(-2+1)x+y-2$$
$$=x^2+xy-x+y-2$$

ⓐ 법칙
덧셈의 ⓑ 법칙

(1) 왼쪽 괄호의 x와 1을 각각 오른쪽 괄호 안의 각 항에 분배해 계산한 것이므로 ㉠은 (결합 , 분배) 이/가 알맞다.

(2) 동류항인 $-2x$와 x의 합을 먼저 계산한 것을 보여 주므로 ㉡은 (교환 , 결합)이 알맞다.

3 (   ) 안에 알맞은 단어를 보기에서 찾아 써 보자.

보기

계수   다항식   동류항   전개

(1) x^2-2x+1은 몇 개 항의 합으로 이루어진 (   )이다.

(2) $5x^2+x$에서 x^2의 (   )은/는 5이고 x의 (   )은/는 1이다.

(3) $x^2-4x+3+2y^2-x+5$에서 (   )은/는 $-4x$와 $-x$, 3과 5이다.

(4) 분배법칙을 이용하여 괄호를 풀어 $(a+2b)(a-3b)=a^2-3ab+2ab-6b^2=a^2-ab-6b^2$ 과 같이 하나의 다항식으로 나타내는 일을 (   )한다고 한다.

✏️ 단어와 그 뜻을 익히고, 빈칸에 알맞은 단어를 써 보자.

기권 공기 氣 + 경계 圈 ☞'圈'의 대표 뜻은 '우리'임.	지구를 둘러싸고 있는 공기층. 예 ☐☐을 이루고 있는 대기는 지표에서 약 1000 km까지 분포한다.	플러스 개념어 **지구계의 구성 요소** 지권, 수권, 기권, 생물권, 외권이 있음.
대류권 대할 對 + 흐를 流 + 경계 圈	대류가 활발하고 기상 현상이 나타나는 층. 기체나 액체에서, 물질이 이동함으로써 열이 전달되는 현상. 예 ☐☐☐에서는 위로 올라갈수록 지표에서 방출하는 에너지가 적게 도달하기 때문에 높이 올라갈수록 기온이 점점 낮아진다.	
성층권 성숙할 成 + 층 層 + 경계 圈	오존층이 존재하며 매우 안정한 층. 높이 약 20~30km에 존재하는 오존이 집중적으로 모여 있는 구간. 예 ☐☐☐에서는 오존층이 태양에서 오는 자외선을 흡수하여 가열되기 때문에 위로 올라갈수록 기온이 높아진다.	
중간권 가운데 中 + 사이 間 + 경계 圈	대류가 활발하고 유성이 나타나는 층. 우주에서 지구로 들어오는 작은 물체가 대기와 마찰해 타면서 빛을 내는 것. 예 ☐☐☐에서는 높이 올라갈수록 지표에서 방출하는 에너지가 적게 도달하기 때문에 높이 올라갈수록 기온은 낮아지지만 기상 현상은 일어나지 않는다.	
열권 열 熱 + 경계 圈	공기가 매우 희박하고 낮과 밤의 기온 차가 매우 큰 층. 예 ☐☐에서는 태양 에너지에 의해 직접 가열되기 때문에 높이 올라갈수록 기온이 높아진다.	

(그림: 높이(km) 대비 기온(℃) 그래프 — 열권, 중간권, 성층권, 대류권 / 오로라, 중간권 계면 80, 유성, 성층권 계면 50, 오존층, 대류권 계면 11 / 기온 −80 −60 −40 −20 0 20)

복사 평형 바퀴살 輻 + 쏠 射 + 평평할 平 + 저울대 衡	물체가 흡수하는 복사 에너지 양과 방출하는 복사 에너지 양이 같아 물체의 온도가 일정하게 유지되는 상태. 예 지구가 복사 에너지를 흡수한 만큼 방출하기 때문에 지구의 평균 기온이 거의 일정하게 유지되는 것을 지구의 ☐☐☐이라고 한다.	플러스 개념어 **복사 에너지** 물체의 표면에서 복사에 의해 방출되는 에너지. 예 물체의 온도가 높을수록 복사 에너지를 많이 방출한다.
온실 효과 따뜻할 溫 + 집 室 + 나타낼 效 + 결과 果	대기가 지구 복사 에너지의 일부를 흡수했다가 지표로 다시 방출하여 지구의 평균 온도를 높이는 현상. 예 대기 중에 포함된 온실 기체의 농도가 증가해 ☐☐ 효과가 강화되어 지구의 평균 기온이 상승한다.	플러스 개념어 **온실 기체** 온실 효과를 일으키는 기체. 예 대표적인 온실 기체로는 수증기, 이산화 탄소, 메테인이 있다.
지구 온난화 땅 地 + 공 球 + 따뜻할 溫 + 따뜻할 暖 + 될 化	온실 기체의 증가로 온실 효과가 강화되어 지구의 평균 기온이 높아지는 현상. 예 지구 ☐☐☐로 인해 지구의 평균 기온이 높아지면 극지방의 빙하가 녹아 해수면이 높아져 육지가 물에 잠기기도 한다.	

확인 **문제**

정답과 해설 ▶ 17쪽

1 단어의 뜻을 보기에서 찾아 사다리를 타고 내려간 곳에 기호를 써 보자.

> 보기
> ㉠ 지구를 둘러싸고 있는 공기층.
> ㉡ 대류가 활발하고 기상 현상이 나타나는 층.
> ㉢ 공기가 매우 희박하고 낮과 밤의 기온 차가 매우 큰 층.
> ㉣ 온실 기체의 증가로 온실 효과가 강화되어 지구의 평균 기온이 높아지는 현상.
> ㉤ 흡수하는 복사 에너지의 양과 방출하는 복사 에너지의 양이 같아 온도가 일정하게 유지되는 상태.

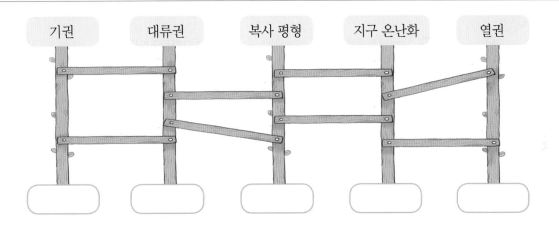

기권   대류권   복사 평형   지구 온난화   열권

2 뜻에 알맞은 단어를 보기의 글자를 조합해 써 보자.

> 보기
> 과   복   사   실   온   효

(1) 물체의 표면에서 복사로 나오는 에너지. ☐☐ 에너지

(2) 대기가 지구 복사 에너지의 일부를 흡수했다가 지표로 다시 방출하여 지구의 평균 온도를 높이는
현상. ☐☐ ☐☐

3 ( ) 안에 알맞은 단어를 보기에서 찾아 써 보자.

> 보기
> 대류권   성층권   중간권   열권

(1) 대기권에서 가장 기온이 낮은 곳으로 유성이 관측되는 곳인 (　　　　　)은 수증기가 거의 없어
기상 현상은 나타나지 않는다.

(2) 대류가 일어나지 않아 대기가 안정하여 비행기의 항로로 이용되는 (　　　　　)은 높이 약
20~30 km에 오존층이 존재하여 자외선을 흡수한다.

✏️ 단어와 그 뜻을 익히고, 빈칸에 알맞은 단어를 써 보자.

설득
말씀 說 + 얻을 得

여러 가지로 이유를 들어 말해 상대편이 이쪽 편의 이야기를 따르도록 함.

예 반대편을 끈질기게 [ ] 하여 결국 우리 측의 주장대로 실외로 체험학습을 가게 되었다.

플러스 개념어 **설명**
어떤 일이나 대상의 내용을 잘 알 수 있도록 밝혀 말하는 일.

주장
주관 主 + 베풀 張
🖱 '主'의 대표 뜻은 '주인'임.

자기의 의견이나 이론을 내세움.

예 그는 냉철하게 양측이 내세운 [ ] 의 옳고 그름을 판단했다.

근거
뿌리 根 + 근거 據

어떤 의견이 옳음을 뒷받침함. 또는 그 까닭.

예 명백하고 논리적인 [ ] 가 없이 주장만 해서는 다른 사람을 설득할 수 없다.

논증
논할 論 + 증명할 證

이유를 들어 어떤 주장이 틀림없음을 밝히는 일.

예 설득을 목적으로 하는 글을 쓸 때에는 주장을 실현할 수 있는 적절한 [ ] 방법을 사용해야 한다.

플러스 개념어 **논증 방법**
• 귀납: 구체적인 사례로부터 일반적인 원리나 사실을 이끌어 내는 논증 방법.
• 연역: 일반적인 원리로부터 구체적인 사실을 이끌어 내는 논증 방법.

전제
앞 前 + 끌 提

어떤 일이 이루어지기 위해 먼저 내세우는 것으로 결론의 기초가 되는 사실이나 조건.

예 결론이 성립되기 위해서는 앞서 나오는 [ ] 가 참이어야 한다.

플러스 개념어
• 대전제: 삼단 논법에서, 대개념을 포함한 전제.
• 소전제: 삼단 논법에서 소개념을 가진 전제.
예 사람은 죽는다. ← 대전제
임금은 사람이다. ← 소전제
그러므로 임금은 죽는다. ← 결론

유추
비슷할 類 + 헤아릴 推
🖱 '類'의 대표 뜻은 '무리', '推'의 대표 뜻은 '밀다'임.

같은 종류의 것 또는 비슷한 것과 비교해 다른 모르는 사실을 미루어 추측하는 방법.

예 이전에 일어난 유사한 사건을 통해 앞으로 벌어질 일들을 [ ] 해 낼 수 있다.

플러스 개념어 **추론**
미루어 생각해 논하는 일.

편견
치우칠 偏 + 볼 見

한쪽으로 치우친 공정하지 못한 생각.

예 한쪽으로 치우친 [ ] 에 사로잡힌 주장을 한다면 아무도 당신의 의견을 따르지 않을 것이다.

플러스 개념어 **색안경**
'색안경'은 주관이나 선입견에 얽매여 사물이나 현상을 제대로 보지 못하고 비뚤게 보는 태도를 비유적으로 이르는 말임.
예 색안경을 벗고 그의 참모습을 보아라.

확인 문제

1 뜻에 알맞은 단어를 찾아 선으로 이어 보자.

(1) 한쪽으로 치우친 공정하지 못한 생각. • • 논증

(2) 이유를 들어 어떤 주장이 틀림없음을 밝히는 일. • • 설득

(3) 여러 가지로 이유를 들어 말해 상대편이 이쪽 편의 이야기를 따르도록 함. • • 유추

(4) 같은 종류의 것 또는 비슷한 것과 비교해 다른 모르는 사실을 미루어 추측하는 방법. • • 편견

2 ( ) 안에 알맞은 단어를 **보기**에서 찾아 써 보자.

> **보기**
>
> 귀납   연역   유추

(1) 귀뚜라미, 파리, 매미 등은 모두 다리가 여섯 개이다. 따라서 곤충은 다리가 여섯 개이다.

→ 귀뚜라미, 파리, 매미라는 구체적인 사례를 통해 곤충은 다리가 여섯 개라는 일반적인 사실을 이끌어 낸 (   ) 논증이다.

(2) 황소개구리를 무분별하게 들여와서 토종 개구리 생태계가 위협받듯이 영어를 무분별하게 받아들이면 우리말도 위기에 처할 수 있다.

→ 황소개구리가 토종 개구리의 생태계를 위협한 것으로부터 미루어 무분별하게 받아들인 영어가 우리말을 위기에 처하게 할 것이라는 결론을 이끌어 낸 (   )이다.

3 문장에 어울리는 단어를 ( ) 안에서 골라 ○표 해 보자.

(1) 쓰레기 분리수거를 철저히 해야 한다는 (주장 , 근거)에 대부분이 찬성하였다.

(2) 외식을 하러 나가자고 가족들을 (설득 , 설명)하기 위해서는 충분한 이유와 함께 나의 입장을 분명히 밝혀야 한다.

(3) "호랑이는 죽는다."를 이끌어 내기 위해서는 "모든 동물은 죽는다.", "호랑이는 동물이다."라는 (전제 , 결론)이/가 필요하다.

사회 교과서 어휘

✏️ 단어와 그 뜻을 익히고, 빈칸에 알맞은 단어를 써 보자.

시장 저자 市 + 마당 場 '저자'는 '시장'을 뜻함.	상품을 사고팔고자 하는 사람들이 만나서 거래를 하는 곳. **예** 상품에 관한 정보를 가장 잘 알 수 있는 곳은 상품을 사고 파는 곳인 ☐☐이다.	**플러스 개념어 시장의 종류** • 생산물 시장: 생활에 필요한 재화나 서비스가 거래되는 시장. • 생산 요소 시장: 상품을 생산하는 과정에서 필요한 토지, 노동, 자본 등 생산 요소가 거래되는 시장.
분업 나눌 分 + 일 業	생산 과정을 여러 분야로 나누어 맡아서 하는 일. **예** 현대 사회에서는 여러 사람이 ☐☐을 통해 상품을 만들어 낸다.	
수요 구할 需 + 구할 要	어떤 재화나 서비스를 일정한 가격에 사고자 하는 욕구. **예** 여름철이 되면 날씨가 더워져서 빙과류에 대한 ☐☐가 급증한다.	**플러스 개념어 공급** 어떤 재화나 서비스를 일정한 가격에 팔고자 하는 욕구. **예** 물건을 사려는 사람보다 공급이 많으면 가격이 내려간다.
균형 가격 고를 均 + 저울대 衡 + 값 價 + 격식 格	시장에서 수요량과 공급량이 일치하여 균형을 이루는 지점의 가격.(=시장 가격) **예** 수요량과 공급량에 의해 ☐☐ ☐☐이 결정된다.	
대체재 대신할 代 + 바꿀 替 + 재물 財	서로 대신 쓸 수 있는 관계에 있는 재화. **예** 돼지고기와 소고기는 비슷한 효용을 얻을 수 있기 때문에 서로 ☐☐☐라고 할 수 있다.	**플러스 개념어 보완재** 함께 사용할 때 만족도가 더 높아지는 관계에 있는 재화. **예** 돼지고기와 상추
원자재 근원 原 + 재물 資 + 재료 材 '材'의 대표 뜻은 '재목'임.	상품을 생산할 때 원료가 되는 재료. **예** 원료의 재료인 ☐☐☐ 가격이 오르면 생산비가 오르기 때문에 상품의 가격이 상승하게 된다.	**플러스 개념어 원-** 일부 명사 앞에 붙어 '본래의' 또는 '바탕이 되는'을 뜻함. **예** 원그림, 원줄기, 원위치
생산성 날 生 + 낳을 産 + 성질 性	생산 과정에서 생산 요소를 얼마나 효율적으로 결합하였는가의 정도. **예** ☐☐☐이 높을수록 상대적으로 적은 양의 자원으로 많은 양의 제품을 생산할 수 있다.	

1 뜻에 알맞은 단어를 초성을 바탕으로 써 보자.

(1) 상품을 생산할 때 원료가 되는 재료. | ㅇ | ㅈ | ㅈ |

(2) 생산 과정을 여러 분야로 나누어 맡아서 하는 일. | ㅂ | ㅇ |

(3) 어떤 재화나 서비스를 일정한 가격에 사고자 하는 욕구. | ㅅ | ㅇ |

(4) 상품을 사고팔고자 하는 사람들이 만나서 거래를 하는 곳. | ㅅ | ㅈ |

(5) 생산 과정에서 생산 요소를 얼마나 효율적으로 결합하였는가의 정도. | ㅅ | ㅅ | ㅅ |

2 문장에 어울리는 단어를 ( ) 안에서 골라 ○표 해 보자.

(1) 쌀과 밀가루, 콜라와 사이다, 버터와 마가린처럼 서로 대신 쓸 수 있는 관계에 있는 재화를 (대체재 , 보완재)라고 한다.

(2) 커피와 설탕, 자동차와 휘발유, 버터와 빵처럼 함께 사용할 때 만족도가 더 높아지는 관계에 있는 재화를 (대체재 , 보완재)라고 한다.

3 ( ) 안에 알맞은 단어를 보기 에서 찾아 써 보자.

보기

| 공급 | 수요 | 생산성 | 원자재 | 시장 가격 |

(1) 가계의 소득이 늘어나면 상품에 대한 (   )이/가 증가한다.

(2) 어떤 상품의 가격이 오를 것으로 예상되면 (   )이/가 감소한다.

(3) 기업의 경영 방식이나 기술 등이 질적으로 향상되어야 (   )이/가 향상될 수 있다.

(4) (   )은/는 소비자와 생산자가 경제 활동을 조절하는 방법을 알려 주는 역할을 한다.

(5) 금, 구리 등 치솟는 (   ) 가격을 제품 가격에 온전히 반영할 수 없는 기업들은 어려움에 처한다.

✏️ 단어와 그 뜻을 익히고, 빈칸에 알맞은 단어를 써 보자.

인수 원인 因 + 셈 數	원인이 되는 수나 식으로, 하나의 다항식을 두 개 이상의 다항식의 곱으로 나타낼 때 각각의 다항식을 이르는 말. 예 $x^2+2x-3=(x-1)(x+3)$이므로 $x-1$, $x+3$은 x^2+2x-3의 ☐☐이다.
인수분해 원인 因 + 셈 數 + 나눌 分 + 풀 解	어떤 수나 식을 원인이 되는 수나 식의 곱의 꼴로 나타내는 것으로, 하나의 다항식을 두 개 이상의 인수의 곱으로 나타내는 것. $$x^2+3x+2 \xrightleftharpoons[\text{전개}]{\text{인수분해}} (x+1)(x+2)$$ 인수 *인수분해는 전개의 역과정임. 즉 인수분해된 식을 전개하면 어떤 다항식을 인수분해한 것인지 알 수 있음.* 예 다항식 a^2+2a에서 각 항에 공통으로 들어 있는 인수 a를 찾아 괄호 밖으로 묶어 내어 쓰고, 괄호 안은 각 항에서 남은 것을 적어 $a^2+2a=a(a+2)$로 나타내는 것을 ☐☐☐☐라고 한다.
완전제곱식 완전할 完 + 온전할 全 + 제곱 + 수학식 式	다항식 전체가 완전한 다항식의 제곱 형태인 식. 예 다항식의 제곱으로 된 식 또는 이 식에 상수를 곱한 식으로 $(x-1)^2$, $-2(x+3y)^2$ 등은 ☐☐☐☐☐이다.
방정식 모 方 + 한도 程 + 수학식 式	미지수의 값에 따라 참이 되기도 하고 거짓이 되기도 하는 등식. 예 등식 $3x^2-1=2$에서 $x=1$일 때, $3×1-1=2$로 참이고, $x=3$일 때, $3×9-1=26$으로 거짓이므로 등식 $3x^2-1=2$는 x에 대한 ☐☐☐이다. 플러스 개념어 **항등식** 식에 들어간 미지수에 어떤 값을 넣어도 언제나 참이 되는 등식임.
이차방정식 둘 二 + 횟수 次 + 모 方 + 한도 程 + 수학식 式	*식의 한 변에 있는 항을 부호를 바꾸어 다른 변으로 옮기는 일.* 방정식의 우변에 있는 모든 항을 좌변으로 이항하여 정리한 식이 (x에 대한 이차식)=0의 꼴로 나타나는 방정식을 x에 대한 이차방정식이라고 함. 예 $2x^2-1=x^2-3x$에서 이항하여 정리한 식인 $x^2+3x-1=0$은 x에 대한 ☐☐☐☐☐이다. 일반적으로 x에 대한 이차방정식은 $ax^2+bx+c=0$ (a, b, c는 상수, $a≠0$)의 꼴로 나타낼 수 있음.
이차방정식의 해 둘 二 + 횟수 次 + 모 方 + 한도 程 + 수학식 式 + 의 + 풀 解	이차방정식을 참이 되게 하는 미지수의 값.(=근) 예 $x=1$을 이차방정식 $x^2-2x+1=0$에 대입하였을 때 참이 되므로 $x=1$은 이차방정식 $x^2-2x+1=0$의 ☐이다.
이차방정식의 풀이 둘 二 + 횟수 次 + 모 方 + 한도 程 + 수학식 式 + 의 + 풀이	이차방정식의 해를 모두 구하는 것을 이차방정식을 '푼다'고 한다. 예 이차방정식은 인수분해와 제곱근 등을 이용해 ☐☐.

확인 문제

정답과 해설 ▶ 20쪽

1 뜻에 알맞은 단어를 [보기]의 글자를 조합해 써 보자. (같은 글자가 2번 쓰일 수 있음.)

보기

곱 　 방 　 수 　 식 　 완 　 이 　 인 　 전 　 정 　 제 　 차

(1) (x에 대한 이차식)$=0$의 꼴로 나타나는 방정식. ☐ ☐ ☐ ☐

(2) 다항식 전체가 완전한 다항식의 제곱 형태인 식. ☐ ☐ ☐ ☐

(3) 하나의 다항식을 두 개 이상의 다항식의 곱으로 나타낼 때 각각의 다항식. ☐ ☐

2 밑줄 친 단어가 알맞으면 ○표, 알맞지 않으면 ✕표 해 보자.

(1) $-(x-1)^2$, $3(x+1)^2$은 <u>완전제곱식</u>이다. (　　　)

(2) 하나의 다항식을 두 개 이상의 인수의 곱으로 나타내는 것을 <u>전개</u>라고 한다. (　　　)

(3) 미지수의 값에 따라 참이 되기도 하고 거짓이 되기도 하는 등식을 <u>방정식</u>이라고 한다. (　　　)

3 설명이 알맞으면 ○표, 알맞지 <u>않으면</u> ✕표를 따라가며 선을 긋고, 도착한 곳의 기호를 써 보자.

출발

(1) $x^2-9=(x+3)(x-3)$이므로 $x+3$, $x-3$은 x^2-9의 인수이다.　✕→　(2) $x^2+4x+4=(x+2)^2$으로 나타내는 것은 인수분해한 것이다.　✕→ ㉠

○↓　　　　　　　　　　　　　　　　　　　　　○↓

(3) $x^2-5x=x^2$은 x에 대한 이차방정식이다.　✕→　(4) $x=1$은 이차방정식 $x^2-3x+1=0$의 해이다.　✕→ ㉡

○↓　　　　　　　　　　　　　　　　　　　　　○↓

㉢　　　　　　　　　　　　　　　　　　　　　㉣

(　　　)

과학 교과서 어휘

✏️ 단어와 그 뜻을 익히고, 빈칸에 알맞은 단어를 써 보자.

응결
엉길 凝 + 맺을 結

공기 중의 수증기가 물로 변하는 현상.

예 겨울철에 실내에 들어왔을 때 안경에 김이 잘 서리는 것은 안경알 주위의 공기가 냉각되어 ☐☐이 일어나기 때문이다.

> **플러스 개념어** 증발
> 물 표면에서 물이 수증기로 변하는 현상.
> 예 컵에 담아 둔 물이 줄어들거나 물에 젖은 종이가 마르는 현상은 증발이다.

포화 수증기량
가득할 飽 + 화할 和 + 물 水 + 김 오를 蒸 + 공기 氣 + 양 量

🔎 '飽'의 대표 뜻은 '배부르다', '量'의 대표 뜻은 '헤아리다', 임.

더 이상의 양을 받아들일 수 없이 가득 참.

포화 상태의 공기 1 kg에 들어 있는 수증기의 양(g).

예 기온이 높을수록 ☐☐☐이 많아져 증발이 잘 일어난다.

> **플러스 개념어** 포화 상태
> 어떤 공기가 수증기를 최대한 포함하고 있는 상태임.

이슬점
이슬 + 점 點

공기가 냉각되어 수증기가 응결하기 시작하는 온도.

예 실제 수증기량이 많을수록 수증기가 물로 되는 ☐☐이 높다.

상대 습도
공기의 건조하고 습한 정도.
서로 相 + 대할 對 + 젖을 濕 + 정도 度

포화 수증기량에 대한 실제 수증기량의 비를 백분율로 나타낸 값.

$$상대습도(\%) = \frac{현재\ 공기\ 중의\ 실제\ 수증기량(g/kg)}{현재\ 기온의\ 포화\ 수증기량(g/kg)} \times 100$$

예 수증기량이 많을수록, 기온이 낮을수록 ☐☐가 높아진다.

> **플러스 개념어**
> **절대 습도**
> 공기 1 m³에 들어 있는 수증기량을 g으로 나타낸 것으로 수증기량에 비례함.

단열 팽창
끊을 斷 + 열 熱 + 부을 膨 + 부을 脹

외부와 열 교환 없이 공기의 부피가 늘어나 온도가 내려가는 현상.

예 공기가 상승할 때 기압의 변화로 인해 ☐☐☐이 일어난다.

> **플러스 개념어** 단열 변화
> 외부와 열 교환 없이 공기의 부피가 변해 온도가 변하는 현상.

구름

수증기가 응결하여 생긴 물방울이나 얼음 알갱이가 하늘에 떠 있는 것.

예 대부분의 ☐☐은 공기가 상승하여 냉각되면서 수증기가 응결되어 생성된다.

> **플러스 개념어**
> • **적운형 구름**: 위로 솟는 모양의 구름. 좁은 지역에 소나기성 비를 잘 내림.
> • **층운형 구름**: 옆으로 퍼진 모양의 구름. 넓은 지역에 걸쳐 이슬비를 내림.

강수
내릴 降 + 물 水

구름에서 지표로 떨어진 비나 눈, 우박 등의 물.

예 구름 속의 물방울들이 커지면 아래로 떨어져서 비나 눈으로 내린 것을 ☐☐라고 한다.

> **플러스 개념어**
> • **병합설**: 구름 속의 크고 작은 물방울들이 합쳐져서 떨어져 비가 된다는 이론. 열대 지방이나 저위도 지방에서 생성되는 비에 적용할 수 있음.
> • **빙정설**: 구름 속의 얼음 알갱이에 수증기가 달라붙어 커져서 떨어지면 눈, 떨어지다가 녹으면 비가 된다는 강수 이론. 중위도나 고위도 지방에서 생성되는 비에 적용할 수 있음.

확인 문제

1 단어의 뜻을 **보기** 에서 찾아 사다리를 타고 내려간 곳에 기호를 써 보자.

보기

ㄱ 공기 중의 수증기가 물로 변하는 현상.
ㄴ 구름에서 지표로 떨어진 비나 눈, 우박 등의 물.
ㄷ 포화 수증기량에 대한 실제 수증기량의 비를 백분율로 나타낸 값.
ㄹ 외부와 열 교환 없이 공기의 부피가 늘어나 온도가 내려가는 현상.
ㅁ 수증기가 응결하여 생긴 물방울이나 얼음 알갱이가 하늘에 떠 있는 것.

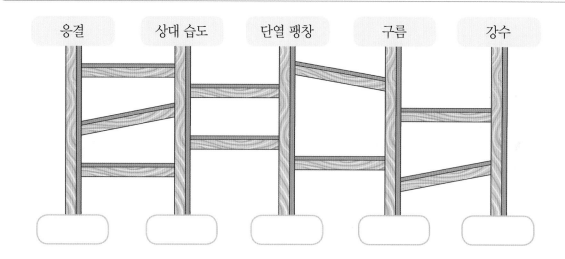

응결　　상대 습도　　단열 팽창　　구름　　강수

2 뜻에 알맞은 단어를 찾아 선으로 이어 보자.

(1) 포화 상태의 공기 1 kg에 들어 있는 수증기의 양을 g으로 나타낸 것. ・

・ 이슬점

(2) 공기가 차가워져 수증기가 처음 물로 바뀌는 온도. ・

・ 포화 수증기량

3 설명이 알맞으면 ○표, 알맞지 **않으면** ✕표 해 보자.

(1) 공기가 상승하여 구름이 만들어질 때 빠르게 상승하면 위로 솟은 층운형 구름이 생긴다. (　　　)

(2) 저위도 지방에서는 구름 속의 크고 작은 물방울들이 합쳐져서 떨어져 비가 된다. (　　　)

한자 어휘

歎(탄), 息(식)이 들어간 단어

| 歎 탄식할 탄 | 탄(歎)은 주로 '탄식하다(슬프거나 힘든 일이 있을 때 심하게 한숨을 쉬다.)'라는 뜻으로 쓰여. 탄(歎)이 '칭찬하다'라는 뜻으로 쓰일 때도 있어. 嘆과 같은 자야. | 息 숨 쉴 식 | 식(息)은 주로 '(숨) 쉬다'라는 뜻으로 쓰여. 식(息)이 '살다', '자식'이라는 뜻으로 쓰일 때도 있어. |

✎ 단어와 그 뜻을 익히고, 빈칸에 알맞은 단어를 써 보자.

풍수지탄
바람 風 + 나무 樹 + ~의 之 + 탄식할 歎
🖱 '之'의 대표 뜻은 '가다'임

'나무는 고요하고자 하나 바람이 그치지 않고, 자식이 봉양하려 하나 어버이가 기다려 주지 않는다.(樹欲靜而風不止 子欲養而親不待)'에서 유래한 말이야.

부모에게 효도를 다하려고 생각할 때에는 이미 부모가 죽어서 효도할 수 없음을 이르는 말.
예 어머니가 세상을 떠난 후 더 이상 효도할 수 없는 상황이 된 그는 □□□□의 마음으로 회한의 눈물을 흘렸다.

한탄
한 恨 + 탄식할 歎

분하고 억울하거나 뉘우치는 일이 있을 때 한숨을 쉼. 또는 그 한숨.
예 학생들은 갑작스런 태풍 때문에 올해 현장 학습을 못가게 되었다고 □□했다.

감탄
느낄 感 + 칭찬할 歎

'탄(歎)'이 '칭찬하다'라는 뜻으로 쓰였어.

훌륭하고 좋은 것에 대해 감동하여 칭찬함.
예 올림픽에 출전한 선수들의 뛰어난 기술과 다른 선수들에 대한 아름다운 배려에 관중들은 한목소리로 □□했다.

자강불식
스스로 自 + 강할 強 + 아닐 不 + 쉴 息

스스로 힘을 쓰고 몸과 마음을 가다듬어 쉬지 않음.
예 그는 목표를 이루기 위해 끊임없는 □□□□의 자세가 중요함을 강조했다.

서식
깃들일 棲 + 살 息

'식(息)'이 '살다'라는 뜻으로 쓰였어.

생물이 일정한 곳에 자리를 잡고 삶.
예 그 숲은 여러 생물에게 살기 좋은 □□ 환경을 제공하고 있다.

여식
여자 女 + 자식 息

'식(息)'이 '자식'이라는 뜻으로 쓰였어.

딸자식을 이르는 말.
예 제 □□은 소설가입니다.

확인 문제

정답과 해설 ▶ 22쪽

1 뜻에 알맞은 단어를 빈칸에 써 보자.

		❶		
❷				
			❸	
	❹			

가로 열쇠
❷ 훌륭하고 좋은 것에 대해 감동하여 칭찬함.
❹ 스스로 힘을 쓰고 몸과 마음을 가다듬어 쉬지 않음.

세로 열쇠
❶ 분하고 억울하거나 뉘우치는 일이 있을 때 한숨을 쉼. 또는 그 한숨.
❸ 생물이 일정한 곳에 자리를 잡고 삶.

2 상황에 어울리는 한자 성어로 알맞은 것은? ( )

> 어려서 부모님의 애를 태우던 김철수 씨는 나이가 들어 철이 들면서 부모님 생각을 많이 하게 되었다. 그런데 그는 이미 부모님을 여의어서 효도를 하고 싶어도 할 수 없다며 안타까운 마음을 하소연했다.

① 자강불식(自強不息) ② 풍수지탄(風樹之歎) ③ 풍전등화(風前燈火)
④ 반포지효(反哺之孝) ⑤ 맥수지탄(麥秀之歎)

3 밑줄 친 단어의 쓰임이 알맞지 <u>않은</u> 것은? ( )

① 우리는 그의 노래 실력에 <u>감탄</u>을 금하지 못했다.
② 그는 만년 후보 신세인 자신을 생각하면 <u>한탄</u>이 절로 나왔다.
③ 우리 동네는 나무가 많아서 새들이 <u>서식</u>하기에 적합한 곳이다.
④ 피고 지고 또 피는 무궁화에서 <u>자강불식</u>하는 우리 민족의 기상을 엿볼 수 있다.
⑤ 아버지께서는 오빠를 데리고 다니며 지인들에게 당신의 <u>여식</u>이라고 소개하셨다.

영문법 어휘

관계 대명사

> 관계 대명사란 말 그대로 두 개의 문장을 관계 지어 한 문장으로 만드는 말이야. 두 문장을 한 문장으로 만들 때, 동일한 대상이나 관련이 있는 대상이 두 문장에 존재해야 해. 서로 관련 있는 앞에 있는 명사를 선행사라고 부르고 뒤에 오는 잇는 말을 관계 대명사라고 해. 선행사가 사람, 사물인지 혹은 대명사가 주격, 목적격, 소유격인지에 따라 관계 대명사와 격이 바뀌어. 이번 회에서는 관계 대명사의 주격, 목적격, 소유격, 그리고 복합 관계 대명사에 대해 공부해 보자.

 단어와 그 뜻을 익히고, 빈칸에 알맞은 단어를 써 보자.

---

a relative pronoun – the nominative(subjective) case

주격 관계 대명사

주인 主 + 격식 格 + 관계할 關 + 맬 係 + 대신할 代 + 이름 名 + 말 詞

선행사가 사람 또는 사물이고, 뒷부분에서 주어 없이 내용을 연결하고 있는 대명사.

• Jane has a friend **who** has a dog.(Jane은 개를 가지고 있는 친구가 있다.)
  선행사(사람) 관계 대명사 동사(단수)

예 "I go to a restaurant which serves salad.(나는 샐러드를 주는 식당으로 간다.)"에서 which 는 [ ] 관계 대명사이다.

---

a relative pronoun - the objective case

목적격 관계 대명사

눈 目 + 과녁 的 + 격식 格 + 관계할 關 + 맬 係 + 대신할 代 + 이름 名 + 말 詞

선행사가 사람 또는 사물이고, 뒷부분에서 목적어 없이 내용을 연결하고 있는 대명사.

• Tom likes the boy **who(m)** I met.(Tom은 내가 만난 소년을 좋아한다.)
  선행사가 the boy이고 주어, 동사 다음에 목적어가 없는 목적격 관계 대명사

예 "The movie which I like is 'Minari'.(내가 좋아하는 영화는 '미나리'이다.)"에서 which는 [ ] 관계 대명사이다.

---

a relative pronoun - the possessive case

소유격 관계 대명사

바 所 + 있을 有 + 격식 格 + 관계할 關 + 맬 係 + 대신할 代 + 이름 名 + 말 詞

앞에 있는 선행사와 뒤에 나오는 명사의 관계가 소유 관계일 때 사용하는 말.

• I have a friend **whose** sister is a singer.(나는 누나가 가수인 친구가 있다.)
  whose는 원래 소유격 his / her가 소유격 관계 대명사로 바뀜.

예 "The house whose(of which) roof is red is mine.(지붕이 빨간 집이 내 것이다.)"에서 whose(of which)는 [ ] 관계 대명사이다.

---

compound relative pronoun

복합 관계 대명사

겹칠 複 + 합할 合 + 관계할 關 + 맬 係 + 대신할 代 + 이름 名 + 말 詞

관계 대명사 중 who, what, which에 -ever를 붙여 절이 주어나 목적어로 쓰이는 말. ~하는 것

• **Whoever** comes first will eat the pizza.
  Whoever comes first가 동사 will eat의 주어로 쓰임.
(누구든 먼저 오는 사람이 피자를 먹을 것이다.)

예 "You can have whatever you want.(네가 원하는 것은 목적절 무엇이든 가질 수 있다.)"에서 whatever는 [ ] 관계 대명사이다.

> 복합 관계 대명사는 선행사를 자체에 포함하고 있는 점에 주의!

플러스 개념어 복합 관계 대명사의 의미

복합 관계 대명사	명사절
whoever	anyone who ~ (~하는 사람은 누구나)
whatever	anything that ~ (~하는 것은 무엇이든)
whichever	anything that ~ (~하는 것은 어느 것이든)

1 각 단어에 알맞은 설명을 찾아 선으로 이어 보자.

(1) whoever •

(2) whose •

(3) who / which •

• 소유격 관계 대명사: 선행사와 뒤의 명사가 소유 관계일 때 쓰는 말.

• 주격·목적격 관계 대명사: 뒷부분에서 주어 또는 목적어 없이 선행사와 연결하는 말.

• 복합 관계 대명사: 관계 대명사에 -ever를 붙여서 주어나 목적어로 쓰이는 절을 이끄는 말.

2 ( ) 안에 들어갈 단어로 알맞은 것은? ( )

> I know the man.(나는 그 남자를 안다.)
> + His car is parked in the street.(그의 차는 길거리에 세워져 있다.)
> ⇨ I know the man (　　　　) car is parked in the street.
> (나는 길거리에 차가 세워진 남자를 안다.)

① who 　② which 　③ whose 　④ whatever 　⑤ of which

3 밑줄 친 관계 대명사 중 알맞지 <u>않은</u> 것은? ( )

① Read <u>whichever</u> you like.
　(네가 좋아하는 것은 어느 것이든 읽어라.)
② I know a boy <u>of which</u> is a pro-golfer.
　(나는 프로골퍼인 소년을 안다.)
③ She is a lawyer <u>who</u> helps the homeless.
　(그녀는 노숙자들을 돕는 변호사이다.)
④ Students <u>whose</u> reports are done may leave first.
　(자신의 보고서를 끝낸 학생들은 먼저 가도 된다.)
⑤ The people <u>whom</u> I met in Mongol were very kind.
　(몽골에서 내가 만난 사람들은 무척 친절했다.)

✎ 2주차 1~5회에서 공부한 단어를 떠올리며 문제를 풀어 보자.

국어

1 빈칸에 알맞은 말을 초성을 바탕으로 써 보자.

읽기는 글에 나타난 정보와 독자의 배경지식을 바탕으로 | ㅁ | ㅈ | ㅎ | ㄱ |을 하는 과정이다.

국어＋사회

2 (　) 안에 들어갈 단어로 알맞은 것은? (　　　　)

기업가 정신은 (　　　　)과 창의성을 바탕으로 기업을 성장시키려는 도전 정신이다.

① 면책　　　② 혁신　　　③ 편견　　　④ 이윤　　　⑤ 혁명

사회

3 문장에 알맞은 단어를 (　) 안에서 골라 ○표 해 보자.

(대체재 , 보완재)의 값이 떨어지면, 다른 상품은 수요가 줄어들어 그 값이 떨어진다.

사회

4 빈칸에 공통으로 들어갈 말로 알맞은 것은? (　　　　)

- ☐자재: 상품 생산의 원료가 되는 재료.
- ☐줄기: 근본을 이루는 줄기.
- ☐위치: 본디의 위치.

① 건　　② 대
③ 미　　④ 원
⑤ 중

수학

5 빈칸에 알맞은 단어를 써 보자.

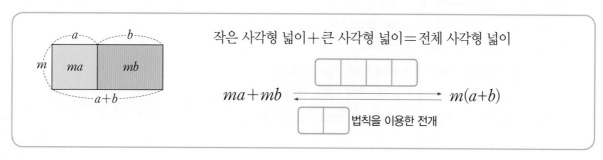

작은 사각형 넓이＋큰 사각형 넓이＝전체 사각형 넓이

$ma+mb$ ⟷ $m(a+b)$

☐☐ 법칙을 이용한 전개

수학

6 이차방정식인 것은? (   )

① $x-1=0$
② $3x^2-4x+1$
③ $x^2+2x+1=0$
④ $x^3+5x^2+2=0$
⑤ $6+2x^2=2(x^2+3)$

과학

7 (   ) 안에 들어갈 단어로 알맞은 것은? (   )

(   )은 오존층이 자외선을 흡수해서 높이 올라갈수록 기온이 오르며 안정한 층을 이룬다.

① 기권
② 열권
③ 대류권
④ 성층권
⑤ 중간권

과학

8 밑줄 친 단어가 알맞으면 ○표, 알맞지 <u>않으면</u> ✕표 해 보자.

(1) 새벽에 기온이 <u>이슬점</u>보다 낮아지면 응결이 일어난다. (   )

(2) 찬 음료수 캔 표면에 물방울이 맺히는 것은 <u>증발</u> 현상이다. (   )

(3) 빨래가 마르거나 물걸레로 청소한 바닥이 마르는 현상은 <u>응결</u>이다. (   )

한자

9 밑줄 친 '탄'과 쓰임이 같은 것을 보기 에서 찾아 기호를 써 보자.

보기
㉠ 감탄(感歎)
㉡ 풍수지<u>탄</u>(風樹之歎)
㉢ 한<u>탄</u>(恨歎)

(1) 탐관오리의 가혹한 세금 수탈로 인해 곤궁에 빠진 백성들의 <u>탄</u>성(歎聲)이 그치지 않았다.
(   )

(2) 고운 단풍이 한눈에 들어오는 풍경에 우리는 <u>탄</u>성(歎聲)을 질렀다. (   )

영문법

10 빈칸에 알맞은 단어를 써 보자.

두 문장을 관계 지어 한 문장으로 쓸 때, 서로 관련 있는 앞에 있는 명사를 선행사라고 부르고 뒤에 오는 접속사 구실을 하는 말을 [ ][ ][ ][ ][ ]라고 한다.

예 That is the house.(저것은 집이다.) + You like the house.(너는 그 집을 좋아한다.)
→ That is the house <u>that</u> you like.(저것은 네가 좋아하는 집이다.)

3 주차 어휘 미리 보기

한 주 동안 공부할 어휘들이야. 쏙 한번 훑어볼까?

1회 학습 계획일 ◯월 ◯일

국어 교과서 어휘	사회 교과서 어휘
음운	물가
울림소리	국민 경제 지표
안울림소리	국내 총생산
단모음	인플레이션
평순 모음	통화량
전설 모음	실업
	인적 자원

2회 학습 계획일 ◯월 ◯일

수학 교과서 어휘	과학 교과서 어휘
중근	기압
근의 공식	고기압
함수	저기압
이차함수	바람
함숫값	기단
	전선
	한랭 전선
	온난 전선

3회 학습 계획일 ◯월 ◯일

국어 교과서 어휘	사회 교과서 어휘
통일 시대	국제 거래
순우리말	개방화
순화	비교 우위
방언	지식 재산권
두음 법칙	세계 무역 기구
사이시옷	차관
	환율

4회 학습 계획일 ◯월 ◯일

수학 교과서 어휘	과학 교과서 어휘
좌표축	속력
순서쌍	등속 운동
좌표평면	자유 낙하 운동
사분면	중력 가속도
그래프	일
	위치 에너지
	운동 에너지

5회 학습 계획일 ◯월 ◯일

한자 어휘	영문법 어휘
초창기	현재분사
창안	과거분사
법고창신	분사구문
창상	부대상황
침소봉대	
검침	

어휘력 테스트

4주차 어휘 학습으로 가 보자!

국어 교과서 어휘

✎ 단어와 그 뜻을 익히고, 빈칸에 알맞은 단어를 써 보자.

음운	말의 뜻을 구별해 주는 소리의 가장 작은 단위.		

음운
소리 音 + 소리 韻

말의 뜻을 구별해 주는 소리의 가장 작은 단위.

예 '불'과 '물'의 뜻이 다른 이유는 'ㅂ'과 'ㅁ'의 ⬚⬚ 차이 때문이다.

단어	음운
산	ㅅ, ㅏ, ㄴ
수박	ㅅ, ㅜ, ㅂ, ㅏ, ㄱ
개나리	ㄱ, ㅐ, ㄴ, ㅏ, ㄹ, ㅣ

울림소리

발음할 때 코안이나 입안이 울리며 나는 소리.
'ㄴ', 'ㄹ', 'ㅁ', 'ㅇ'과 모든 모음이 울림소리에 속함.

예 'ㄴ', 'ㄹ', 'ㅁ', 'ㅇ'과 모든 모음은 코안이나 입안이 울리며 소리 나는 ⬚⬚⬚⬚이다.

플러스 개념어
• 비음: 'ㄴ', 'ㅁ', 'ㅇ'처럼 입안의 통로를 막고 코로 공기를 내보내며 내는 소리.(=콧소리)
• 유음: 'ㄹ'처럼 혀끝을 잇몸에 가볍게 대었다가 떼거나 혀끝을 윗잇몸에 댄 채 공기를 그 양옆으로 흘려보내면서 내는 소리.(=흐름소리)

안울림소리

발음할 때 코안이나 입안이 울리지 않으며 나는 소리.

예사소리	발음 기관의 근육을 긴장시키지 않고 약하게 내는 소리. 예 ㄱ, ㄷ, ㅂ, ㅅ, ㅈ
된소리	발음 기관의 근육을 긴장시키거나 목소리로 나오는 통로를 좁혀 내는 소리. 예 ㄲ, ㄸ, ㅃ, ㅆ, ㅉ
거센소리	발음 기관의 근육을 긴장시켜 숨을 거세게 터뜨리며 내는 소리. 예 ㅊ, ㅋ, ㅌ, ㅍ

예 'ㄱ'과 'ㅍ'은 코안이나 입안이 울리지 않으며 소리 나는 ⬚⬚⬚⬚⬚이다.

단모음
홑 單 + 어머니 母 + 소리 音

발음할 때 혀나 입술 모양이 고정되어 움직이지 않는 모음.

예 'ㅏ', 'ㅐ', 'ㅓ', 'ㅔ', 'ㅗ', 'ㅚ', 'ㅜ', 'ㅟ', 'ㅡ', 'ㅣ'는 혀나 입술 모양이 고정되어 소리 나므로 ⬚⬚⬚에 속한다.

플러스 개념어 **이중 모음**
발음할 때 혀나 입술 모양이 움직이는 모음. 'ㅑ', 'ㅒ', 'ㅕ', 'ㅖ', 'ㅘ', 'ㅙ', 'ㅛ', 'ㅝ', 'ㅞ', 'ㅠ', 'ㅢ'가 있음.

평순 모음
평평할 平 + 입술 脣
어머니 母 + 소리 音

발음할 때 입술이 평평한 상태로 소리 나는 모음.

예 'ㅏ', 'ㅐ', 'ㅓ', 'ㅔ', 'ㅡ', 'ㅣ' 등은 입술이 평평한 상태로 소리 나므로 ⬚⬚ 모음이다.

플러스 개념어 **원순 모음**
발음할 때 입술이 둥글게 오므려진 상태로 소리 나는 모음. 'ㅗ', 'ㅜ', 'ㅚ', 'ㅟ' 등이 있음.

전설 모음
앞 前 + 혀 舌 +
어머니 母 + 소리 音

발음할 때 혀의 최고점이 앞쪽에 있는 모음.

예 'ㅐ', 'ㅔ', 'ㅚ', 'ㅟ', 'ㅣ'는 혀의 최고점이 앞쪽에 있는 ⬚⬚ 모음이다.

플러스 개념어 **후설 모음**
발음할 때 혀의 최고점이 뒤쪽에 있는 모음. 'ㅏ', 'ㅓ', 'ㅗ', 'ㅜ', 'ㅡ' 등이 있음.

확인 문제

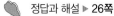

정답과 해설 ▶ 26쪽

1 울림소리와 안울림소리에 대한 설명으로 알맞지 <u>않은</u> 것은? (　　　)

① 발음할 때 코안이나 입안이 울리며 나는 소리를 울림소리라고 한다.

② 발음할 때 코안이나 입안이 울리지 않으며 나는 소리를 안울림소리라고 한다.

③ 울림소리 중 비음은 'ㄴ', 'ㅁ', 'ㅇ'처럼 입안의 통로를 막고 코로 공기를 내보내며 내는 소리이다.

④ 안울림소리 중 예사소리는 발음 기관의 근육을 긴장시키지 않고 약하게 내는 소리로, 'ㄱ', 'ㄷ', 'ㅂ', 'ㅅ', 'ㅈ'이 있다.

⑤ 안울림소리 중 거센소리는 발음 기관의 근육을 긴장시키거나 목소리로 나오는 통로를 좁혀 내는 소리로, 'ㄲ', 'ㄸ', 'ㅃ', 'ㅆ', 'ㅉ'이 있다.

2 단어의 뜻에 알맞은 말을 (　) 안에서 골라 ○표 해 보자.

(1) 전설 모음: 발음할 때 혀의 최고점이 (앞쪽에 , 뒤쪽에) 있는 모음.

(2) 후설 모음: 발음할 때 혀의 최고점이 (앞쪽에 , 뒤쪽에) 있는 모음.

(3) 평순 모음: 발음할 때 입술이 (평평한 , 둥글게 오므려진) 상태로 소리 나는 모음.

(4) 원순 모음: 발음할 때 입술이 (평평한 , 둥글게 오므려진) 상태로 소리 나는 모음.

3 설명이 알맞으면 ○표, 알맞지 <u>않으면</u> ✕표를 따라가며 선을 긋고, 도착한 곳의 기호를 써 보자.

(　　　)

사회 교과서 어휘

✏️ 단어와 그 뜻을 익히고, 빈칸에 알맞은 단어를 써 보자.

물가 물건 物 + 값 價	시장에서 거래되는 여러 물건의 가치를 종합해 평균한 것. 예 집값, 식비, 기름값 따위가 모두 올라 작년보다 올해는 □□가 많이 올랐다. 플러스 개념어 **물가 지수** 물가의 변동을 숫자로 나타낸 지표.
국민 경제 지표 나라 國 + 백성 民 + 다스릴 經 + 구제할 濟 + 가리킬 指 + 표 標 👆 '經'의 대표 뜻은 '지나다', '濟'의 대표 뜻은 '건너다'임.	한 나라의 경제 상황을 수치로 나타낸 것. 대표적인 것으로 국내 총생산이 있음. 예 한 국가의 경제 상황을 판단하려면 □□ □□를 살펴보면 된다. 국민 소득 | 경제 성장률 | 물가 상승률 | 실업률 국민 경제 지표
국내 총생산 나라 國 + 안 內 + 합할 總 + 날 生 + 낳을 産	한 나라에서 일정한 기간 내에 새롭게 생산된 최종 생산물의 시장 가치를 합한 것. 예 GDP는 □□ □□□을 뜻하는 말이다. Gross Domestic Product 플러스 개념어 **1인당 국내 총생산** 국내 총생산을 그 나라의 인구수로 나눈 것. 한 나라의 평균적인 소득 수준은 1인당 국내 총생산을 통해 알 수 있음.
인플레이션 inflation	물가가 지속적으로 오르는 현상. 예 물가가 올라 □□□□□이 일어나면 화폐의 가치가 떨어져 일정한 금액으로 살 수 있는 재화와 서비스의 양이 줄어든다. 플러스 개념어 **디플레이션** 통화량이 줄어듦에 따라 물가가 떨어지고 경제 활동이 침체되는 현상.
통화량 통할 通 + 재화 貨 + 양 量 👆 '量'의 대표 뜻은 '헤아리다'임.	한 나라 안에서 실제로 사용되는 화폐의 양. 예 침체된 소비나 투자를 끌어올리려면 시중에 거래되는 □□□을 늘려야 한다는 주장이 있다.
실업 잃을 失 + 일 業	일을 할 수 있는 능력과 의사가 있는데도 일자리를 가지지 못한 상태. 예 일자리를 구하기 힘들어지면서 청년들의 □□이 증가하고 있다.
인적 자원 사람 人 + ~의 的 + 재물 資 + 근원 源	국민 경제에 필요한 상품을 생산하는 데 들어가는 인간의 노동력. 예 우리나라에는 각 분야에서 뛰어난 재능을 드러내는 □□ 자원이 많다.

확인 문제

1 ( ) 안에 알맞은 단어를 보기 에서 찾아 써 보자.

> **보기**
>
> 수치   화폐   생산물   일자리

(1) **통화량**: 한 나라 안에서 실제로 사용되는 (   )의 양.

(2) **국민 경제 지표**: 한 나라의 경제 상황을 (   )(으)로 나타낸 것.

(3) **실업**: 일을 할 수 있는 능력과 의사가 있는데도 (   )을/를 가지지 못한 상태.

(4) **국내 총생산**: 한 나라에서 일정한 기간 내에 새롭게 생산된 최종 (   )의 시장 가치를 합한 것.

2 빈칸에 알맞은 단어를 써 보자.

> ☐☐☐☐☐은 물가가 지속적으로 오르는 현상으로, 이것이 일어나면 돈을 빌린 사람은 돈을 빌려준 사람보다 유리해지고, 국제 거래에도 영향을 끼친다.

3 빈칸에 알맞은 단어를 보기 의 글자를 조합해 써 보자.

> **보기**
>
> 가   량   물   실   업   인   적   통   화

(1) 금리를 올리면 사람들이 예금을 하게 되므로 증가된 ☐☐☐을/를 줄일 수 있다.

(2) 자동화 시스템과 로봇의 도입으로 일자리가 줄어들면서 ☐☐이/가 발생하고 있다.

(3) 기업에서는 우수한 ☐☐ 자원을 확보하기 위해 기업의 이미지를 높이려는 노력을 한다.

(4) 최근 치킨, 김밥, 햄버거, 자장면 등의 외식 품목 ☐☐이/가 오르면서 서민들의 가계에 큰 부담이 되고 있다.

✏️ 단어와 그 뜻을 익히고, 빈칸에 알맞은 단어를 써 보자.

중근 겹칠 重 + 뿌리 根 👆'重'의 대표 뜻은 '무겁다'임.	중복된 근으로, 이차방정식의 두 해가 중복되어 서로 같을 때, 이 해를 중근이라고 함. 예 $x^2-4x+4=0$에서 좌변을 인수분해하면 $(x-2)(x-2)=0$이므로 참이 되는 x의 값은 $x=2$ 또는 $x=2$가 되어 두 근이 서로 같다. 이때 $x=2$는 이차방정식 $x^2-4x+4=0$의 □□ 이다. (완전제곱식)=0 꼴로 나타나면 중근을 가져.
근의 공식 뿌리 根 공적인 公 + 수학식 式	이차방정식의 근을 일반적으로 구할 수 있도록 해 주는 공식. x에 대한 이차방정식 $ax^2+bx+c=0\,(a\neq0)$의 근은 $$x=\frac{-b\pm\sqrt{b^2-4ac}}{2a}\ (단,\ b^2-4ac\geq0)$$ b가 짝수일 때 근의 공식 $$x=\frac{-b'\pm\sqrt{b'^2-ac}}{a}$$ $\left(b'=\dfrac{b}{2}\right)$ 예 $x^2-x-4=0$에서 $a=1,\ b=-1,\ c=-4$이므로 □ 의 □□ 을 이용하여 근을 구하면 $$x=\frac{-(-1)\pm\sqrt{(-1)^2-4\times1\times(-4)}}{2\times1}=\frac{1\pm\sqrt{17}}{2}이다.$$
함수 상자 函 + 셈 數	두 변수 $x,\ y$에 대하여 x의 값이 정해짐에 따라 y의 값이 오직 하나씩 정해지는 관계가 있을 때, y를 x의 함수라고 함. 예 $y=x^2$은 x의 값이 변함에 따라 y의 값이 하나씩 정해지므로 y는 x의 □□ 이다.
이차함수 둘 二 + 횟수 次 + 상자 函 + 셈 數	y가 x에 대한 이차식 $y=ax^2+bx+c\,(a,\ b,\ c$는 상수, $a\neq0)$로 나타날 때의 함수. 예 $y=\dfrac{1}{2}x^2,\ y=-3x^2+2x-1$은 모두 x에 대한 □□□□ 이다. $y=ax^2+bx+c$를 $f(x)=ax^2+bx+c$로 나타내기도 한다. $a,\ b,\ c$는 상수이고 $a\neq0$일 때 ① ax^2+bx+c ➡ x에 대한 이차식 ② $ax^2+bx+c=0$ ➡ x에 대한 이차방정식 ③ $y=ax^2+bx+c$ ➡ x에 대한 이차함수
함숫값 상자 函 + 셈 數 + 값	'함수의 값'을 줄인 말로, 함수 $y=f(x)$에서 x의 값에 따라 하나씩 정해지는 y의 값 $f(x)$. 예 함수 $f(x)=-2x^2-x+1$에서 $f(1)=(-2)\times1^2-1+1=-2$이므로 $x=1$일 때의 □□□ 은 -2이다.

확인 문제

정답과 해설 ▶ 28쪽

1 문장에 알맞은 단어를 ( ) 안에서 골라 ◯표 해 보자.

(1) $2x^2-3x+1$은 x에 대한
(이차식 , 이차방정식 , 이차함수)이다.

(2) $x^2+4x-2=0$은 x에 대한
(이차식 , 이차방정식 , 이차함수)이다.

(3) $y=-3x^2+x-6$은 x에 대한
(이차식 , 이차방정식 , 이차함수)이다.

2 ( ) 안에 알맞은 단어를 써 보자.

> x에 대한 이차방정식 $ax^2+bx+c=0\,(a\neq0)$의 근은
> $$x=\frac{-b\pm\sqrt{b^2-4ac}}{2a}\,(단,\ b^2-4ac\geq0)$$
> 이다. 일반적으로 이차방정식의 근을 구할 수 있도록 해 주는 이와 같은 공식을 ( )이라고
> 한다.

3 ( ) 안에 알맞은 단어를 보기 에서 찾아 써 보자.

보기
중근	함숫값	이차함수

(1) $y=-x^2+x-3$, $y=4x^2+2x$는 모두 x에 대한 ( )이다.

(2) 함수 $f(x)=x^2-5x+1$에서 $f(1)=1^2-5\times1+1=-3$이므로 $x=1$일 때의 ( )
은/는 -3이다.

(3) $x^2-6x+9=0$에서 좌변을 인수분해하면 $(x-3)(x-3)=0$이므로 참이 되는 x의 값 $x=3$은
이차방정식 $x^2-6x+9=0$의 ( )이다.

✎ 단어와 그 뜻을 익히고, 빈칸에 알맞은 단어를 써 보자.

기압 공기 氣 + 누를 壓 '氣'의 대표 뜻은 '기운'임.	대기에 의해 생기는 압력. 예 빨대를 빨면 빨대 내부와 외부의 ☐☐ 차이로 음료수가 빨대로 올라온다.	플러스 개념어 **기압의 단위** hPa(헥토파스칼)을 사용함. 1기압＝1013hPa
고기압 높을 高 + 공기 氣 + 누를 壓	주위보다 기압이 높은 곳. 예 ☐☐☐ 주변은 구름이 없는 맑은 날씨이다.	고기압에서는 하강 기류가 생김.
저기압 낮을 低 + 공기 氣 + 누를 壓	주위보다 기압이 낮은 곳. 예 ☐☐☐ 안에서는 주위보다 기압이 낮으므로 주변에서 공기가 불어 들어온다.	플러스 개념어 **온대 저기압** 온대 지방인 중위도 지역에서 발생하는 저기압으로, 북쪽의 찬 공기와 남쪽의 따뜻한 공기가 만나 발생함. 예 온대 저기압에 온난 전선이 통과하면 따뜻한 공기가 들어와서 기온이 상승하고 날씨가 맑아진다.
바람	두 지점의 기압 차이에 의해 공기가 이동하는 것. 예 지상에서는 기압이 높은 곳에서 낮은 곳으로 ☐☐ 이 불게 된다.	플러스 개념어 **편서풍** 중위도 지역에서 일 년 내내 서쪽에서 동쪽으로 부는 바람. 예 봄마다 찾아오는 황사는 중국 사막의 흙먼지가 편서풍에 실려 우리나라로 날아오는 것이다.
기단 공기 氣 + 덩어리 團 '團'의 대표 뜻은 '둥글다'임.	기온과 습도가 비슷한 대규모의 공기 덩어리. 예 우리나라의 여름철에 영향을 주는 북태평양 ☐☐ 은 고온 다습한 성질이 있다.	플러스 개념어 **우리나라에 영향을 주는 기단** • 시베리아 기단 • 양쯔강 기단 • 북태평양 기단 • 오호츠크해 기단
전선 앞 前 + 줄 線	성질이 서로 다른 두 기단의 경계면인 전선면과 지표면이 만나는 경계선. 예 강수 현상은 ☐☐ 을 기준으로 찬 공기가 있는 쪽에서 나타난다.	플러스 개념어 **정체 전선** 세력이 비슷한 두 기단이 만나서 오래 머무는 전선. 예 우리나라에서 초여름에 형성되는 장마 전선은 대표적인 정체 전선이다.
한랭 전선 찰 寒 + 찰 冷 + 앞 前 + 줄 線	찬 기단이 따뜻한 기단 아래로 파고들면서 생기는 전선. 예 ☐☐ 전선에서는 찬 공기가 더운 공기를 밀어 올리기 때문에 공기의 상승 운동이 활발하여 적운형 구름이 잘 생긴다.	
온난 전선 따뜻할 溫 + 따뜻할 暖 + 앞 前 + 줄 線	따뜻한 기단이 찬 기단 위로 타고 오르면서 생기는 전선. 예 ☐☐ 전선에서는 경사가 완만한 전선면을 따라 따뜻한 공기가 느리게 상승하므로 층운형 구름이 잘 생긴다.	

1 문장에 알맞은 단어를 ( ) 안에서 골라 ○표 해 보자.

(1) 중위도 지역에서 자주 발생하는 저기압은 (온대 저기압 , 열대 저기압)이다.

(2) 따뜻한 기단이 찬 기단 위로 타고 오르면서 생기는 전선은 (한랭 전선 , 온난 전선)이다.

(3) 주위보다 기압이 높은 곳은 (저기압, 고기압)이고, 주위보다 기압이 낮은 곳은 (저기압, 고기압)
이다.

2 뜻에 알맞은 단어를 보기 의 글자를 조합해 써 보자.(같은 글자가 2번 쓰일 수 있음.)

보기

| 람 | 바 | 서 | 선 | 전 | 정 | 체 | 편 | 풍 |

(1) 두 지점의 기압 차이에 의해 공기가 이동하는 것. ☐☐

(2) 세력이 비슷한 두 기단이 만나서 오래 머무는 전선. ☐☐☐

(3) 중위도 지역에서 일 년 내내 서쪽에서 동쪽으로 부는 바람. ☐☐☐

(4) 서로 다른 두 기단의 경계면인 전선면과 지표면이 만나는 경계선. ☐☐

3 ( ) 안에 알맞은 단어를 보기 에서 찾아 써 보자.

보기

| 기단 | 기압 | 전선 | 온난 전선 | 한랭 전선 |

(1) 두 지점의 ( ) 차가 클수록 바람이 강하게 분다.

(2) ( )이 통과하면 소나기가 오거나 돌풍이 불고, 통과 후에는 기온이 낮아진다.

(3) 성질이 다른 두 기단이 만나는 전선면과 지표가 만나는 선인 ( )을 경계로 날씨의 변화
가 심하다.

(4) 우리나라보다 북쪽에서 만들어진 ( )은 한랭하고 바다에서 만들어진 ( )은
다습하다.

✏️ 단어와 그 뜻을 익히고, 빈칸에 알맞은 단어를 써 보자.

통일 시대

합할 統 + 하나 一 +
때 時 + 시대 代
🖱 '統'의 대표 뜻은 '거느리다',
'代'의 대표 뜻은 '대신하다'임.

남한과 북한으로 갈라져 있는 우리 국토와 민족이 하나가 되는 때.

예 남북한 언어의 차이를 이해하여 ☐☐ 시대를 준비해야 한다.

순우리말

우리말 중에서 고유어만을 이르는 말로, 원래부터
있던 말이나 그것에 기초하여 새로 만들어진 말.

예 북한에서는 고유어인 ☐☐☐☐로 된 단어를 많
이 쓴다.

플러스 개념어 **외래어**
다른 나라 말에서 빌려 와서 우리말처
럼 쓰는 말. '뉴스', '텔레비전', '컴퓨터'
등이 있음.

순화

순수할 醇 + 될 化
🖱 '醇'의 대표 뜻은 '진한 술'임.

잡스러운 것을 걸러서 순수하게 함.

예 남한은 외래어를 많이 쓰고, 북한은 외래어를 순우리말로 ☐☐해 쓴다.

방언

방위 方 + 말씀 言
🖱 '方'의 대표 뜻은 '네모'임.

지역 방언   사회 방언
하나의 언어 안에서, 지역이나 사회 집단에 따라 나눠 사용하는 말.

예 우리 국민의 4분의 3은 북한 말을 남한의 ☐☐이라고 생각한다고 한다.

두음 법칙

처음 頭 + 소리 音 +
법 法 + 법칙 則
🖱 '頭'의 대표 뜻은 '머리'임.

한자어 첫소리에 'ㄴ', 'ㄹ'이 올 때 발음하고 쓰는
것을 꺼려 'ㅇ', 'ㄴ'으로 발음하고 쓰는 것.

예 '老人'을 '로인'이 아니라 '노인'으로 적는 것은 ☐☐
☐☐ 때문이다.

플러스 개념어 **발음**
사람의 목소리나 말소리를 내는 일.
예 남북한의 언어에는 형태나 발음이
같지만 의미가 다른 경우도 있다.

사이시옷

사잇소리 현상이 나타났을 때 단어에 추가하여 쓰
는 'ㅅ'의 이름.

예 '이'와 '몸'을 합쳐 단어를 만들 때, '잇몸'이라고 쓰고 이
때 쓰이는 'ㅅ'을 ☐☐☐이라고 한다.

플러스 개념어 **사잇소리 현상**
'이'와 '몸'을 합쳐 '잇몸'을 만들 때, [이
몸]이 아니라 [인몸]으로 'ㄴ'이 추가되
어 발음됨. 이처럼 두 개의 형태소를 합
쳐 합성 명사를 만들 때, 그 사이에 소
리가 추가되어 발음하는 것을 '사잇소
리 현상'이라고 함.

확인 문제

정답과 해설 ▶ 30쪽

1 단어의 뜻을 찾아 선으로 이어 보자.

(1) 방언 •   • 우리말 중에서 고유어만을 이르는 말.

(2) 외래어 •   • 지역이나 사회 집단에 따라 나눠 사용하는 말.

(3) 순우리말 •   • 다른 나라 말에서 빌려 와서 우리말처럼 쓰는 말.

(4) 사이시옷 •   • 사잇소리 현상이 나타났을 때 단어에 추가하여 쓰는 'ㅅ'의 이름.

(5) 두음 법칙 •   • 한자어 첫소리에 'ㄴ', 'ㄹ'이 올 때 발음하고 쓰는 것을 꺼려 'ㅇ', 'ㄴ'으로 발음하고 쓰는 것.

2 밑줄 친 단어가 알맞으면 ○표, 알맞지 않으면 ✕표 해 보자.

(1) 사람의 목소리나 말소리를 내는 일을 <u>발음</u>이라고 한다. (   )

(2) 남한과 북한으로 갈라져 있는 우리 국토와 민족이 하나가 되는 때를 <u>남북한 시대</u>라고 한다.

(   )

3 밑줄 친 단어의 쓰임이 알맞지 <u>않은</u> 것은? (   )

① 외국 문물이 들어오면 <u>순우리말</u>은 생기게 마련이다.
② 이번 <u>방언</u> 조사는 강원도 지역을 대상으로 실시하였다.
③ 남한은 '나룻배', 북한은 '나루배'라고 쓰는 것을 볼 때 남한만 <u>사이시옷</u>을 쓴다.
④ 남한은 [여자], 북한은 [녀자]라고 발음하는 것을 볼 때 남한만 <u>두음 법칙</u>을 따른다.
⑤ '수갑'은 말의 형태나 발음은 같지만, 남한에서는 '죄인의 손에 끼우는 고리'를 뜻하고 북한에서는 '장갑'을 뜻한다.

사회 교과서 어휘

✏️ 단어와 그 뜻을 익히고, 빈칸에 알맞은 단어를 써 보자.

국제 거래 나라 國 + 사이 際 + 갈 去 + 올 來	나라 사이에 상품이나 생산 요소 따위를 사고파는 것. 예 나라 사이에 ☐☐☐☐가 활발해지면 소비자는 상품을 고를 수 있는 기회가 많아지며, 기업은 더 넓은 다른 나라의 시장을 가질 수 있게 된다.
개방화 열 開 + 놓을 放 + 될 化	경계하거나 금지하던 것을 풀고 자유롭게 드나들거나 교류하게 됨. 예 서로 문화를 공감하는 데 문화의 ☐☐☐는 필수 요소이다.
비교 우위 견줄 比 + 견줄 較 뛰어날 優 + 자리 位	한 나라가 다른 나라보다 상대적으로 더 낮은 기회비용으로 상품을 생산할 수 있는 상태. 예 우리나라는 다른 나라와 비교했을 때 반도체 부문에서 ☐☐☐☐를 가지고 있다.
지식 재산권 알 知 + 알 識 재물 財 + 낳을 産 + 권리 權 🖱 '權'의 대표 뜻은 '권세'임.	지적 활동으로 인해 발생하는 재산에 관한 권리. 예 우리나라는 법률로써 ☐☐☐☐☐을 보호하고 있다. **플러스 개념어** **저작권** 문학, 예술 등에 속하는 창작물에 대해 그것을 창작한 사람이 가지는 권리.
세계 무역 기구 세상 世 + 경계 界 + 바꿀 貿 + 바꿀 易 + 틀 機 + 얽을 構	각 나라 사이의 자유로운 무역을 위해 세워진 국제 기구.(WTO) 예 ☐☐☐☐☐☐는 나라 사이의 무역 마찰을 조정한다. **플러스 개념어** **자유 무역** 상품이 자유롭게 오갈 수 있도록 관세 따위 장벽을 없애거나 느슨하게 하는 일. 예 두 나라는 관세를 낮춤으로써 자유 무역의 길을 열었다.
차관 빌릴 借 + 돈 款 🖱 '款'의 대표 뜻은 '항목'임.	한 나라의 정부, 기업, 은행 등이 외국의 정부나 기관에서 돈을 빌리는 것. 예 적자가 심하던 그 기업은 자금을 마련하기 위해 외국에서 ☐☐을 들여왔다.
환율 바꿀 換 + 비율 率	자기 나라 돈과 다른 나라 돈을 교환할 때의 비율. 예 ☐☐은 일반적으로 다른 나라 돈 1단위와 바꾸는 자국 돈의 값으로 나타낸다. **플러스 개념어** **외환 시장** 외국 화폐가 거래되는 시장. 예 환율이 치솟아 수입에 타격을 입자 외환 시장에 불안감이 감돌고 있다.

확인 문제

1 뜻에 알맞은 단어를 보기 의 글자를 조합해 써 보자.

보기

개	관	방	외	차	화	환

(1) 외국 화폐가 거래되는 시장. ⬚⬚ 시장

(2) 경계하거나 금지하던 것을 풀고 자유롭게 드나들거나 교류하게 됨. ⬚⬚⬚

(3) 한 나라의 정부, 기업, 은행 등이 외국의 정부나 기관에게 돈을 빌리는 것. ⬚⬚

2 빈칸에 알맞은 단어를 초성을 바탕으로 완성해 보자.

(1) 지식 재산권: | ㅈ | ㅈ | 활동으로 인해 발생하는 재산에 관한 권리.

(2) | ㅂ | ㄱ | ㅇ | ㅇ | : 한 나라가 다른 나라보다 상대적으로 더 낮은 비용으로 효율적으로 상품을 생산할 수 있는 상태.

3 ( ) 안에 알맞은 단어를 보기 에서 찾아 써 보자.

보기

외환	환율	비교 우위

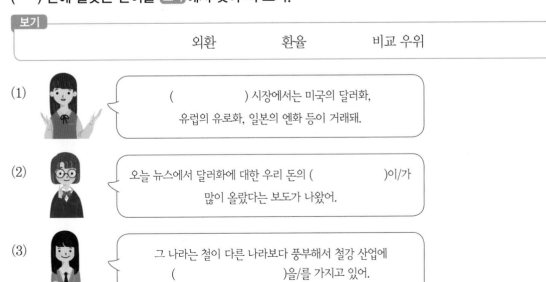

(1) ( ) 시장에서는 미국의 달러화, 유럽의 유로화, 일본의 엔화 등이 거래돼.

(2) 오늘 뉴스에서 달러화에 대한 우리 돈의 ( )이/가 많이 올랐다는 보도가 나왔어.

(3) 그 나라는 철이 다른 나라보다 풍부해서 철강 산업에 ( )을/를 가지고 있어.

수학 교과서 어휘

✏️ 단어와 그 뜻을 익히고, 빈칸에 알맞은 단어를 써 보자.

좌표축

자리 座 + 표 標 + 굴대 軸
굴대는 수레바퀴의 한가운데에 뚫린 구멍에 끼우는 긴 나무 막대나 쇠막대를 뜻함.

좌표를 만드는 기준이 되는 축.

예 두 수직선이 원점 O에서 서로 수직으로 만날 때, 가로의 수직선을 x축, 세로의 수직선을 y축이라 하고, 이 두 축을 ⬜⬜⬜이라고 한다.

순서쌍

순서 順 + 차례 序 + 두 雙
'順'의 대표 뜻은 '순하다'임.

수나 문자의 순서를 정하여 짝 지어 나타낸 쌍.

예 순서가 있는 두 수를 짝 지어 괄호 안에 나타낸 것을 ⬜⬜⬜이라고 하고, 점 P에서 x축, y축에 수직으로 직선을 그어 만나는 점이 나타내는 수가 각각 a, b일 때 ⬜⬜⬜(a, b)를 점 P의 좌표라고 한다.

좌표평면

자리 座 + 표 標 +
평평할 平 + 면 面
'面'의 대표 뜻은 '낯'임.

좌표축이 정해져 있는 평면으로, x축과 y축으로 이루어져 점을 좌표로 나타내는 평면.

예 x축, y축이 그려져 있는 ⬜⬜⬜⬜ 위에 점 $(2, 1)$을 나타내 보자.

사분면

넷 四 + 나눌 分 + 면 面

좌표평면이 x축과 y축으로 나누어지는 네 부분 중 한 면으로, 각각 시계 반대 방향으로 차례로 제1사분면, 제2사분면, 제3사분면, 제4사분면이라고 함.

예 좌표평면은 네 부분으로 나누어지는데 점 $(3, 2)$는 제1⬜⬜에 속하는 점이고, 점 $(-3, -5)$는 제3⬜⬜에 속하는 점이다.

그래프

graph

두 변수 사이의 관계를 좌표평면 위에 점, 직선, 곡선 등으로 나타낸 그림.

예 x의 값이 증가할 때 y의 값이 증가하는 관계는 오른쪽 위로 향하는 ⬜⬜⬜로, x의 값이 증가할 때 y의 값이 감소하는 관계는 오른쪽 아래로 향하는 ⬜⬜⬜로 나타난다.

확인 문제

정답과 해설 ▶ 32쪽

1 뜻에 알맞은 단어를 글자판에서 찾아 묶어 보자.(단어는 가로, 세로, 대각선 방향에서 찾기)

그	래	좌	기	안
사	좌	표	평	면
발	분	축	사	순
프	발	면	서	결
평	알	쌍	절	분

❶ 좌표를 만드는 기준이 되는 축.
❷ 수나 문자의 순서를 정하여 짝 지어 나타낸 쌍.
❸ 좌표평면에서 x축과 y축으로 나누어지는 네 평면 중 하나.
❹ 좌표축이 정해진 평면으로, x축과 y축으로 이루어져 점을 좌표로 나타내는 평면.

2 ( ) 안에 알맞은 단어를 보기에서 찾아 써 보자.

보기

x축 y축   그래프

(1) 두 변수 사이의 관계를 좌표평면 위에 점, 직선, 곡선 등으로 나타낸 그림을 (   )(이)라고 한다.

(2) 두 수직선이 원점 O에서 서로 수직으로 만날 때, 가로의 수직선을 (   ), 세로의 수직선을 (   )(이)라고 한다.

3 빈칸에 알맞은 숫자를 써 보자.

(1) 점 $(1, 5)$는 x좌표와 y좌표가 모두 양수이므로 제 ☐ 사분면 위의 점이다.

(2) 점 $(-2, 3)$은 x좌표가 음수, y좌표가 양수이므로 제 ☐ 사분면 위의 점이다.

(3) 점 $(4, -1)$은 x좌표가 양수, y좌표가 음수이므로 제 ☐ 사분면 위의 점이다.

(4) 점 $(-1, -1)$은 x좌표와 y좌표가 모두 음수이므로 제 ☐ 사분면 위의 점이다.

과학 교과서 어휘

✎ 단어와 그 뜻을 익히고, 빈칸에 알맞은 단어를 써 보자.

속력 빠를 速 + 힘 力	단위 시간 동안 물체가 이동한 거리. $$속력(m/s) = \frac{이동\ 거리(m)}{걸린\ 시간(s)}$$ 예 100km를 2시간에 달린다고 할 때, 달리기의 [ ]은 $\frac{100(km)}{2(h)} = 50(km/h)$이다.	플러스 개념어 **평균 속력** 물체가 이동한 전체 거리를 걸린 시간으로 나누어 구함. $$평균\ 속력 = \frac{전체\ 이동\ 거리량}{걸린\ 시간량}$$
등속 운동 같을 等 + 빠를 速 + 움직일 運 + 움직일 動 '等'의 대표 뜻은 '무리', '運'의 대표 뜻은 '옮기다'임.	속력이 일정한 운동. 예 에스컬레이터는 속력이 변하지 않고 일정한 운동을 하는 [ ][ ][ ]의 예이다.	플러스 개념어 **가속 운동** 속력이 점점 빨라지는 운동임.
자유 낙하 운동 스스로 自 + 행할 由 + 떨어질 落 + 아래 下 + 움직일 運 + 움직일 動	공중에 정지해 있던 물체가 중력만을 받아 지면을 향하여 떨어지는 운동. 예 공중에서 공을 잡고 있다가 놓으면 공은 지표면을 향해 떨어지는 [ ][ ][ ][ ] 운동을 하게 된다.	플러스 개념어 **중력** 지구와 물체가 서로 당기는 힘. 예 나무에서 과일이 떨어지는 것은 중력이 작용하여 나타나는 현상이다.
중력 가속도 무거울 重 + 힘 力 + 더할 加 + 빠를 速 + 정도 度	자유 낙하 운동을 하는 물체의 시간에 따른 속력의 변화 정도. 예 지표면 근처에서 자유 낙하 운동을 하는 모든 물체는 1초 동안 속력이 약 9.8m/s씩 증가한다. 이때 9.8을 [ ][ ][ ][ ] 상수라고 한다.	
일	물체에 힘이 작용하여 물체를 힘의 방향으로 이동시키는 경우 '일'을 한다고 함. 일의 양 = 힘 × 이동 거리 예 물체가 떨어질 때에는 중력이 물체에 [ ]을 한다.	플러스 개념어 **1J(줄)** 물체에 1N(뉴턴)의 힘을 작용하여 힘의 방향으로 1m만큼 이동했을 때 한 일의 양임.
위치 에너지 자리 位 + 배치할 置 + 에너지	물체의 위치에 따라 가지는 에너지. 위치 에너지 = 9.8 × 질량 × 높이 예 중력에 의한 [ ][ ][ ][ ]의 크기는 물체의 질량과 높이에 비례한다.	플러스 개념어 **에너지** 일을 할 수 있는 능력. 예 물체에 한 일의 양으로 물체가 가지고 있던 에너지의 크기를 측정할 수 있다.
운동 에너지 움직일 運 + 움직일 動 + 에너지	운동하는 물체가 가지는 에너지. 질량이 m(kg)인 물체가 속력 v(m/s)로 운동할 때, $$운동\ 에너지 = \frac{1}{2} × 질량 × (속력)^2,\quad E_{운동} = \frac{1}{2}mv^2$$ 예 [ ][ ][ ][ ]의 크기는 물체의 질량과 속력의 제곱에 비례한다.	

확인 문제

정답과 해설 ▶ 33쪽

1 뜻에 알맞은 단어를 보기의 글자를 조합해 써 보자.(같은 글자가 2번 쓰일 수 있음.)

> **보기**
>
> 가 도 등 력 상 속 수 중

(1) 속력이 일정한 운동. ☐☐ 운동

(2) 자유 낙하 운동을 하는 물체의 시간에 따른 속력의 변화 정도의 값으로 9.8.

☐☐ ☐☐☐ ☐☐

2 말의 뜻을 보기에서 찾아 사다리를 타고 내려간 곳에 기호를 써 보자.

> **보기**
>
> ㉠ 단위 시간 동안 물체가 이동 한 거리.
> ㉡ 물체에 힘이 작용해 물체를 힘 의 방향으로 이동시키는 것.
> ㉢ 공중에 정지해 있던 물체가 중 력만을 받아 지면을 향하여 떨 어지는 운동.

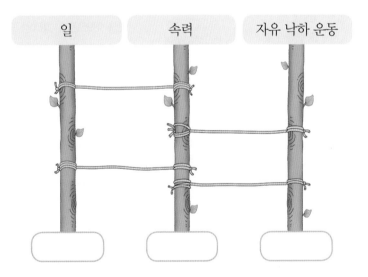

일   속력   자유 낙하 운동

3 밑줄 친 말이 알맞으면 ○표, 알맞지 않으면 ✕표 해 보자.

(1) 나무에 매달린 사과는 운동 에너지를 가지고 있다. (   )

(2) 수평한 도로를 달리는 자동차는 운동 에너지를 가지고 있다. (   )

(3) 위치 에너지의 크기는 보통 지면을 기준면으로 하며, 기준면에서 위치 에너지는 0이다. (   )

(4) 운동하는 수레가 나무 도막과 충돌하면 수레의 운동 에너지는 나무 도막을 밀어내는 일로 전환된다.

(   )

한자 어휘

創(창), 針(침)이 들어간 말

創
만들 창

창(創)은 주로 '비롯하다', '시작하다', '처음'이라는 뜻으로 쓰여. 창(創)이 '만들다', '상처, 다치다'라는 뜻으로 쓰일 때도 있어.

針
바늘 침

金(쇠 금) 자와 十(열 십) 자가 결합한 침(針)은 주로 '바늘', '침'이라는 뜻으로 쓰여.

✏️ 단어와 그 뜻을 익히고, 빈칸에 알맞은 단어를 써 보자.

초창기

처음 草 + 시작할 創 + 때 期
🖐 '草'의 대표 뜻은 '풀'임.

'창(創)'이 '시작하다'라는 뜻으로 쓰였어.

어떤 사업을 일으켜 처음으로 시작하는 시기.

예 그는 식당을 차려 [　　] 에는 많은 실수와 어려움을 겪었다.

플러스 개념어 -기(期)
'-기'는 일부 명사 뒤에 붙어 '기간', '시기'의 뜻을 나타냄.
예 동절기: 겨울철 기간.
전성기: 힘이나 세력 등이 한창 왕성한 시기.

창안

처음 創 + 생각 案
🖐 '案'의 대표 뜻은 '책상'임.

'창(創)'이 '처음'이라는 뜻으로 쓰였어.

어떤 방법이나 물건 등을 처음으로 생각해 냄.

예 1895년에 윌리엄 모건은 테니스 네트를 보고 힌트를 얻어 배구를 [　] 했다.

법고창신

본받을 法 + 옛 古 + 만들 創 + 새로운 新
🖐 '法'의 대표 뜻은 '법'임.

'창(創)'이 '만들다'라는 뜻으로 쓰였어.

옛것을 본받아 새로운 것을 만든다는 뜻으로, 옛것을 바탕으로 하되 그것을 변화시킬 줄 알고, 새로운 것을 만들되 근본을 잃지 않아야 함을 이르는 말.

예 가장 전통적인 것이 세계적인 것이라고 하니, 우리 문화를 외국에 알리려면 [　　　　] 하는 태도가 필요하다.

창상

다칠 創 + 다칠 傷

'창(創)'이 '상처'라는 뜻으로 쓰였어.

칼, 창, 총검 따위에 다친 상처.

예 칼날에 베여 [　　] 을 입은 부위를 소독했다.

침소봉대

바늘 針 + 작을 小 + 몽둥이 棒 + 큰 大

바늘만 한 것을 몽둥이만 하다고 말한다는 뜻으로, 작은 일을 크게 부풀려서 말함을 이르는 말.

예 언니는 춤 경연 대회에 참가한 것을 우승이나 한 듯이 [　　　　] 로 자랑했다.

검침

검사할 檢 + 바늘 針

바늘이 가리키는 눈금을 검사한다는 것으로, 곧 얼마나 썼는지 알아보는 것을 뜻해.

전기, 수도, 가스 등의 사용량을 알기 위해 계량기의 숫자를 검사함.

예 도시가스 사용량을 잘못 [　　] 해 요금이 많이 나왔다.

확인 문제

1 뜻에 알맞은 단어를 보기의 글자를 조합해 써 보자.

보기

| 고 | 대 | 법 | 봉 | 소 | 신 | 창 | 침 |

(1) 바늘만 한 것을 몽둥이만 하다고 말한다는 뜻으로, 작은 일을 크게 부풀려서 말함을 이르는 말.

| | | | |

(2) 옛것을 본받아 새로운 것을 만든다는 뜻으로, 옛것을 바탕으로 하되 그것을 변화시킬 줄 알고, 새로운 것을 만들되 근본을 잃지 않아야 함을 이르는 말. | | | | |

2 단어의 뜻이 알맞으면 ○표, 알맞지 <u>않으면</u> ×표 해 보자.

(1) 창안: 어떤 방법이나 물건 등을 처음으로 생각해 냄. (　　　　)

(2) 초창기: 한 상태에서 새로운 상태로 옮아가는 도중의 시기. (　　　　)

(3) 검침: 전기, 수도, 가스 등의 사용량을 알기 위해 계량기의 숫자를 검사함. (　　　　)

3 밑줄 친 '-기'가 공통으로 뜻하는 것은? (　　　　)

- 국가에서 불교를 장려함에 따라 불교가 전성<u>기</u>를 이루었다.
- 그 작가의 초창<u>기</u> 작품에서는 어린 시절에 대한 그리움이 많이 나타난다.

① 일　　　　② 기운　　　　③ 물건　　　　④ 시기　　　　⑤ 방법

4 (　　) 안에 알맞은 단어를 보기에서 찾아 써 보자.

보기

검침　　　　창안　　　　침소봉대

(1) (　　　　)에 뛰어난 학생들이 발명품 경진 대회에 참가했다.

(2) 노론 세력은 세자의 작은 실수를 큰 죄라도 저지른 양 왕에게 (　　　　)해 왕과 세자의 사이를 멀어지게 만들었다.

(3) 컴퓨터와 통신 기술 등을 이용해 전기, 수도, 가스 등의 사용량을 자동으로 (　　　　)하는 시스템을 개발하고 있다.

영문법 어휘

분사

동사원형을 -ing나 -ed의 형태로 바꿔서 시제를 나타내기도 하고 형용사처럼 쓰이기도 하는 것을 분사라고 해. -ing는 '현재분사(진행, 능동)', -ed는 '과거분사(완료, 수동)'라 부르고 있어. 분사구문은 부사절에 있는 접속사와 주어를 생략하고, 동사를 현재분사나 과거분사로 간략하게 쓰는 방식을 말해. 부대상황은 분사구문과 주절에서 하는 행동이 동시에 일어나거나 또는 연속적으로 일어나는 경우에 써. 그럼 이제 분사에 대해 공부해 보자.

📝 단어와 그 뜻을 익히고, 빈칸에 알맞은 단어를 써 보자.

a present participle **현재분사** 지금 現 + 있을 在 + 나눌 分 + 말 詞 ↳ '現'의 대표 뜻은 '나타내다'임.	동사원형에 -ing을 붙여 써서 시제에 쓰이거나 형용사처럼 쓰이는 말. • I see a **falling** leaf. 명사 leaf를 수식하는 현재분사 (나는 떨어지는 나뭇잎을 본다.) 예 "The boys dancing on the stage are really serious.(무대 위에서 춤추고 있는 소년들은 정말로 진지하다.)"에서 dancing은 앞에 있는 주어 the boys를 수식하는 ☐☐☐☐이다.	**플러스 개념어** 분사가 명사를 수식하는 두 가지 방법 • 분사가 단독으로 쓰일 때는 명사 앞에 옴. 　예 The sleeping boy is my friend. 　(잠자는 소년은 내 친구이다.) • 분사가 두 단어 이상 구를 이루어 수식할 때는 명사 뒤에서 수식함. 　예 The woman standing in front of me was wearing different shoes. 　(내 앞에 서 있는 여자는 다른 신발을 신고 있었다.)
p.p. a past participle **과거분사** 지날 過 + 갈 去 + 나눌 分 + 말 詞	동사원형에 -ed를 붙여 써서 시제에 쓰이거나 형용사처럼 쓰이는 말. • They found **hidden** treasure. 명사 treasure를 수식하는 과거분사 (그들은 숨겨진 보물을 찾았다.) 예 "A boy named Tom gave me chocolate.(이름이 Tom인 소년이 내게 초콜릿을 주었다.)"에서 named는 A boy를 수식하는 ☐☐☐☐이다.	**플러스 개념어** 과거분사의 형태 • 규칙변화형 　예 walk—walked—walked 　study—studied, studied • 불규칙변화형 　예 go—went—gone 　see—saw—seen
a participial construction **분사구문** 나눌 分 + 말 詞 + 얽을 構 + 글월 文	현재분사나 과거분사를 이용해 부사절을 줄여 쓴 형태. • **Having no money**, I couldn't eat lunch. Because I had no money를 줄여서 나타낸 분사구문 (돈이 없어서, 나는 점심을 먹을 수 없었다.) 예 "Feeling tired, I slept early.(피곤해서, 나는 일찍 잤다.)"에서 Feeling tired는 Because I felt tired를 줄여서 쓴 ☐☐☐☐이다.	
collateral(attendant) circumstances **부대상황** 붙을 附 + 띠 帶 + 형상 狀 + 상황 況	두 가지 상황이 동시 동작 또는 연속 동작으로 일어나는 것을 나타내는 말. • He went away, **waving** good-bye.(그는 손을 흔들며 떠났다.) (동시 동작) '~하면서, ~한 채'　　　　　　　작별 인사 예 "Opening the can, Tom drank it.(캔을 따서, Tom은 그것을 마셨다.)"에서 Opening the can은 연속 동작을 나타내는 ☐☐☐☐ 상황의 분사구문이다.	

확인 문제

1 밑줄 친 부분에 대한 알맞은 설명을 찾아 선으로 이어 보자.

(1)
I know the girl <u>playing</u> the piano.(나는 피아노를 <u>치고 있는</u> 소녀를 안다.) •

• 현재분사를 이용해 부사절을 줄여 쓴 형태.

(2)
A doll <u>made</u> in China(중국산 인형) •

• 동사의 불규칙변화형으로 형용사처럼 쓰이는 말.

(3)
<u>Liking him</u>, I accepted his invitation.(<u>그가 좋아서</u> 나는 그의 초대를 받아들였다.) •

• 동사원형에 -ing를 붙여 써서 형용사처럼 쓰이는 말.

(4)
<u>Watching TV</u>, I ate fruits. (<u>TV를 보면서</u> 나는 과일을 먹었다.) •

• 두 가지 상황이 동시 동작 또는 연속 동작으로 일어나는 것.

2 밑줄 친 부분의 용어가 알맞으면 ○표, 알맞지 않으면 ✕표 해 보자.

(1) <u>**Being sick**</u>, she couldn't go to school.(아파서, 그녀는 학교에 갈 수 없었다.)   (   )
분사구문

(2) There were big ships <u>**sailing**</u> on the sea.(바다 위를 항해하는 큰 배들이 있었다.)   (   )
현재분사

(3) <u>**Entering my room**</u>, I turned on the computer.   (   )
과거분사   (내 방에 들어와, 나는 컴퓨터를 켰다.)

(4) Mom bought a <u>**used**</u> car.(엄마는 중고차를 한 대 사셨다.)   (   )
분사구문

✏️ 3주차 1~5회에서 공부한 단어를 떠올리며 문제를 풀어 보자.

국어

1 ( ) 안에 알맞은 단어를 써 보자.

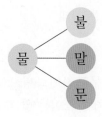

'물'이 '불', '말', '문'과 서로 다른 뜻의 단어가 되는 것은 ( )의 차이 때문이다.

국어

2 ( ) 안에 알맞은 단어를 써 보자.

남한은 '나뭇잎', 북한은 '나무잎'이라고 적는다. 이는 남한은 ( )을 쓰지만 북한은 쓰지 않기 때문이다.

사회

3 보기 에 해당하는 사람으로 알맞은 것은? ( )

보기

실업: 일할 뜻과 힘이 있어도 일자리를 가지지 못한 상태.

① 은퇴한 노인   ② 퇴사한 전업주부   ③ 전공 공부를 하는 대학생
④ 병이 나 회사를 그만둔 사람   ⑤ 겨울 비수기라 일이 없는 제빙업자

사회

4 ( ) 안에 들어갈 말로 알맞은 것은? ( )

오늘날 많은 나라가 ( )을/를 하는 까닭은 거래를 통해 더 많은 이익을 얻을 수 있기 때문이다.

① 국제 거래   ② 경제 성장   ③ 비교 우위   ④ 환율 변동   ⑤ 인플레이션

수학

5 이차방정식 중 중근을 갖지 <u>않는</u> 것은? ( )

① $3x^2=0$ ② $(x-5)^2=0$ ③ $2(x+8)^2=0$
④ $(x-1)(x+1)=0$ ⑤ $x^2+12x+36=0$

과학

6 밑줄 친 말이 알맞으면 ○표, 알맞지 않으면 ✕표 해 보자.

(1) 온대 저기압에서 <u>온난 전선</u>이 다가오면 비가 내리다가 날씨가 추워져.

 ( )

(2) 정체 전선이 지나갈 때는 날씨가 흐리고 <u>오랜 시간</u> 강수 현상이 나타나.

 ( )

(3) 무빙워크, 스키장 리프트 등은 속력이 일정한 운동을 하는 <u>등속 운동</u>의 예야.

 ( )

과학

7 문장에 알맞은 단어를 ( ) 안에서 골라 ○표 해 보자.

(한랭 , 온난) 전선에서는 전선면의 기울기가 가팔라 적운형 구름이 잘 생기고, (한랭 , 온난) 전선에서는 따뜻한 기단이 찬 기단을 완만하게 타고 올라가 층운형 구름이 잘 생긴다.

한자

8 한자 뜻의 예로 알맞지 <u>않은</u> 것은? ( )

創 ┌ 시작하다: ① <u>창</u>업(創業), ② 초<u>창</u>기(草創期)
　　└ 처음:　　③ <u>창</u>조(創造), ④ <u>창</u>상(創傷), ⑤ <u>창</u>안(創案)

영문법

9 밑줄 친 부분의 쓰임이 알맞지 <u>않은</u> 것은? ( )

① I'm <u>doing</u> my best.(나는 최선을 **다하고 있다**.)
② I knocked on the <u>closing</u> window.(나는 **닫힌** 창문을 두드렸다.)
③ I studied English, <u>listening</u> to music.(나는 음악을 **들으면서** 영어 공부를 했다.)
④ Look at the man <u>carrying</u> the chairs.(의자들을 **나르고 있는** 사람을 좀 봐라.)
⑤ <u>Having</u> no where to go, I agreed to stay with him.(갈 데도 없어서, 나는 그와 함께 머무는 데 동의했다.)

4주차 어휘 미리 보기

한 주 동안 공부할 어휘들이야. 쏙 한번 훑어볼까?

1회 학습 계획일 ◯월 ◯일

국어 교과서 어휘	사회 교과서 어휘
토론	주권
논제	강대국
반론	개발 도상국
공정성	국제기구
말하기 불안	다국적 기업
공식적	비정부 기구
경청	이해관계

2회   학습 계획일 ◯월 ◯일

수학 교과서 어휘	과학 교과서 어휘
포물선	시각
대칭	맹점
선대칭도형	청각
축	평형 감각
꼭짓점	달팽이관
평행이동	후각
x절편	미각
y절편	피부 감각

3회   학습 계획일 ◯월 ◯일

국어 교과서 어휘	사회 교과서 어휘
개요	국제 사회
쓰기 윤리	외교
인용	국제법
출처	세계 시민
표절	극단주의
왜곡	영유권
짜깁기	역사 왜곡

4회 학습 계획일 ◯월 ◯일

수학 교과서 어휘	과학 교과서 어휘
$y=x^2$의 그래프	신경계
이차함수 $y=ax^2$의 그래프	뉴런
이차함수 $y=ax^2+q$의 그래프	중추 신경계
이차함수 $y=a(x-p)^2$의 그래프	말초 신경계
이차함수 $y=a(x-p)^2+q$의 그래프	무조건 반사
	호르몬
	항상성

5회 학습 계획일 ◯월 ◯일

한자 어휘	영문법 어휘
자가당착	능동태
착용	수동태
착수	수동태 부정문
수단	by + 행위자
고수	
능수능란	

어휘력 테스트

1학기 어휘 학습 끝! 2학기 어휘 학습으로 가 보자.

✏️ 단어와 그 뜻을 익히고, 빈칸에 알맞은 단어를 써 보자.

토론
칠 討 + 논할 論

의견이 맞지 않는 어떤 문제에 대하여 여러 사람이 찬성과 반대로 나뉘어 자신의 생각을 말하며 의논하는 일.

예 학생이 화장을 해도 되는가에 대해 찬반 ☐☐ 을 벌였다.

플러스 개념어 **말하기 종류**
• 강연: 일정한 주제에 대하여 청중 앞에서 강의 형식으로 말함.
• 연설: 여러 사람 앞에서 자기의 주의나 주장 또는 의견을 이야기함.
• 발표: 어떤 사실이나 결과, 작품 따위를 세상에 널리 드러내어 알림.

논제
논할 論 + 제목 題

논설이나 논문, 토론 등의 주제나 제목.

예 토론을 하기 위해서는 먼저 토론에서 다루는 ☐☐ 가 무엇인지 분명하게 알아야 한다.

반론
반대할 反 + 논할 論
👉 '反'의 대표 뜻은 '돌이키다'임.

다른 사람의 의견에 대하여 반대하는 주장을 하는 일. 또는 그런 주장.

예 나는 등교 시간을 늦추자는 주장에 반대하기 때문에 ☐☐ 을 펼쳤다.

플러스 개념어
• **반박**: 어떤 의견, 주장, 논설 따위에 반대하여 말함.
• **입론**: 의논하는 취지 따위의 체계를 세움. 또는 그 의견.

공정성
공평할 公 + 바를 正 + 성질 性

어느 한쪽에게 이익이나 손해가 치우치지 않게 공평하고 올바른 것.

예 토론을 할 때에는 ☐☐☐ 의 측면에서 자신의 주장이 공평하고 정의로운지 점검해야 한다.

플러스 개념어 **타당성**
어떤 기준에서 사물의 이치에 맞는 옳은 성질.

말하기 불안
말하기 + 아닐 不 + 편안할 安

여러 사람 앞에서 말할 때 마음이 편하지 아니하고 조마조마한 것.

예 여러 사람 앞에서 말해 본 경험이 없는 나는 말하기 ☐☐ 을 느껴서 발표에 앞서 손이 떨리고 식은땀이 났다.

공식적
공적인 것 公 + 법 式 +
~한 상태로 되는 的
👉 '公'의 대표 뜻은 '공평하다'임.

국가나 공공 기관에서 정하거나 사회에서 널리 인정하는 방식을 따르는 것.

예 사적인 자리가 아닌 ☐☐☐ 인 자리에서 말할 때 말하기 불안을 느끼는 것은 자연스러운 현상이다.

반의어 **비공식적**(아닐 非 + 공적인 公 + 법 式 + ~한 상태로 되는 的)
국가적으로나 사회적으로 인정되지 않고 사사로운 것을 '비공식적'이라고 함.
예 그는 토론이 끝난 비공식적인 자리에서 자신의 개인적인 입장을 밝혔다.

경청
기울일 傾 + 들을 聽

다른 사람의 말을 귀를 기울여 들음.

예 다른 사람의 말을 주의 깊게 잘 ☐☐ 하는 것은 올바른 듣기 전략 중 하나이다.

확인 문제

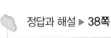

1 단어의 뜻을 보기에서 찾아 사다리를 타고 내려간 곳에 기호를 써 보자.

보기
- ㉠ 다른 사람의 말을 귀를 기울여 들음.
- ㉡ 어느 한쪽에게 이익이나 손해가 치우치지 않게 공평하고 올바른 것.
- ㉢ 국가나 공공 기관에서 정하거나 사회에서 널리 인정하는 방식을 따르는 것.
- ㉣ 의견이 맞지 않는 어떤 문제에 대하여 여러 사람이 찬성과 반대로 나뉘어 자신의 생각을 말하며 의논하는 일.

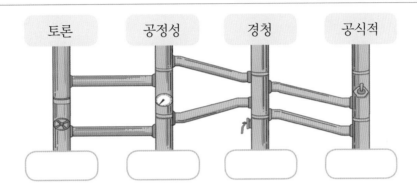

| 토론 | 공정성 | 경청 | 공식적 |

2 ( ) 안에서 알맞은 단어를 골라 ○표 해 보자.

여러 사람 앞에서 발표를 할 때 사람들이 나를 어떻게 생각할까 걱정되어 너무 긴장되고 떨려.

말하기 (불안 , 회의)을/를 느끼고 있구나. 말하기 연습을 많이 해 보면 자신감을 가질 수 있어.

3 빈칸에 알맞은 단어를 보기의 글자를 조합해 써 보자. (같은 글자가 2번 쓰일 수 있음.)

보기
| 공 | 논 | 론 | 반 | 성 | 식 | 적 | 정 | 제 |

(1) 토론을 하기 전에는 먼저 토론의 주제에 해당하는 [　　] 을/를 구체적으로 정해야 한다.

(2) 대중 앞에서 [　　　] 인 말하기를 할 때에는 듣는 사람의 수준을 고려해야 한다.

(3) 토론을 할 때는 상대편 주장이나 근거가 지닌 약점을 공격하는 [　　] 을/를 통해 자신의 주장이 지니는 강점을 강화하기도 한다.

(4) 시민의 복지와 관련한 조사 결과를 발표할 때에는 내용이 어느 한쪽에게 이익이나 손해가 나지 않게 [　　　] 이/가 있는지를 살펴봐야 한다.

사회 교과서 어휘

✏️ 단어와 그 뜻을 익히고, 빈칸에 알맞은 단어를 써 보자.

주권 주인 主 + 권세 權	국가의 정책을 결정하고 실시하는 최종적인 권력. 예 국가는 국민의 수나 영토의 크기에 상관없이 ☐☐을 행사할 수 있다.
강대국 강할 強 + 큰 大 + 나라 國	세계 여러 나라 가운데 군사력이 강하고 영토가 넓어 힘이 센 나라. 예 국제 사회에서는 ☐☐☐에 의해서 약소국들의 정책 방향이 결정되기도 한다.
	반의어 약소국 정치·경제·군사적으로 힘이 약한 나라. 예 강대국들은 약소국을 식민지로 삼았다.
개발 도상국 열 開 + 필 發 + 길 途 + 윗 上 + 나라 國	선진국에 비하여 경제 개발이 뒤떨어져 이제 막 경제를 발전시키려는 나라. 예 우리나라는 경제 개발이 뒤떨어진 ☐☐☐☐에서 벗어나 선진국의 지위에 오르게 되었다.
	플러스 개념어 선진국 다른 나라보다 정치·경제·문화 등의 발달이 앞선 나라.
국제기구 나라 國 + 사이 際 + 틀 機 + 얽을 構 ☞ 際의 대표 뜻은 '가'임.	국제적인 목적이나 활동을 위해 만든 국제 협력체. 예 세계 보건 기구나 세계 무역 기구와 같은 ☐☐☐☐는 국제 사회에서 발생하는 갈등을 조정하는 역할을 한다.
	 ▲ 국제 연합 기
다국적 기업 많을 多 + 나라 國 + 문서 籍 + 꾀할 企 + 일 業	여러 나라에 계열 회사를 가지고 있으며 세계적인 규모로 상품을 생산하고 판매하는 기업. 예 세계적인 영향력을 가진 ☐☐☐☐☐은 매출 규모가 한 나라의 경제를 뛰어넘기도 한다.
비정부 기구 아닐 非 + 정치 政 + 마을 府 + 틀 機 + 얽을 構	정부 간에 의논하여 결정한 것이 아닌, 지역, 국가, 국제적인 협의를 거쳐 조직된 자발적인 시민 단체.(NGO) 예 환경, 인권, 빈곤 등의 다양한 영역에서 활동하고 있는 국제 ☐☐☐☐☐는 인류가 처한 문제들을 해결하기 위해 노력하고 있다.
이해관계 이로울 利 + 해로울 害 + 관계할 關 + 맬 係	서로 이익과 손해가 걸려 있는 관계. 예 오랫동안 동맹국이던 국가도 각국의 ☐☐☐☐에 따라 적대국이 될 수 있다.

확인 문제

1 뜻에 알맞은 단어를 빈칸에 써 보자.

(크로스워드 퍼즐: ❶ ❷ ❸ ❹ ❺)

[가로 열쇠]
❹ 국제적인 목적이나 활동을 위해 만든 국제 협력체.
❺ 여러 나라에 계열 회사를 가지고 있으며 세계적인 규모로 상품을 생산하고 판매하는 기업. ○○○ 기업.

[세로 열쇠]
❶ 선진국에 비하여 경제 개발이 뒤떨어져 이제 막 경제를 발전시키려는 나라.
❷ 정부 간에 의논하여 결정한 것이 아닌 지역, 국가, 국제적인 협의를 거쳐 조직된 자발적인 시민 단체.
국제 ○○○ ○○.
❸ 세계 여러 나라 가운데 군사력이 강하고 영토가 넓어 힘이 센 나라.

2 ( ) 안에 알맞은 말을 [보기]에서 찾아 써 보자.

[보기]

| 주권 | 이해관계 | 국제기구 | 다국적 기업 | 개발 도상국 |

(1) 국제 사회는 다른 나라의 간섭을 받지 않는 (   )을/를 지닌 국가들이 모인 사회이다.

(2) 국제 사회에서 발생하는 경쟁과 갈등은 모두 나라 간의 (   )을/를 둘러싸고 일어난다.

(3) 국경을 넘나들며 경영 활동을 하는 (   )(으)로 인해 국가 간의 교류가 늘어나고 있다.

(4) 일부 국가들은 (   )의 복지 증진과 경제 발전을 위해서 도움을 주는 활동을 하고 있다.

(5) 국제 연합이나 국제 적십자사 등의 (   )은/는 정치, 경제, 환경 등 다양한 영역에서 활동한다.

3 빈칸에 알맞은 말을 써 보자.

▲ 그린피스

▲ 국경 없는 의사회

그린피스, 국경 없는 의사회는 정부 간에 의논하여 결정한 것이 아닌, 지역, 국가, 국제적인 협의를 거쳐 조직된 자발적인 시민 단체인 □□□ □□이다.

수학 교과서 어휘

✏️ 단어와 그 뜻을 익히고, 빈칸에 알맞은 단어를 써 보자.

(물체를 비스듬히 던졌을 때 그) 물체가 올라갔다가 떨어지면서 그리는 곡선. **포물선** 던질 抛 + 물건 物 + 줄 線	이차함수 $y=ax^2+bx+c$ (a, b, c는 상수, $a \neq 0$)의 그래프와 같은 모양의 곡선. 예 이차함수 $y=2x^2$, $y=-x^2+2x+3$의 그래프와 같은 모양의 곡선을 ☐☐☐이라고 한다.
대칭 마주할 對 + 저울 稱 🔖 '稱'의 대표 뜻은 '일컫다'임.	기준이 되는 점, 선, 면을 사이에 두고 같은 거리에서 마주 보고 있는 경우. 예 $y=x^2$의 그래프는 y축을 기준으로 양쪽의 모양이 같아 ☐☐을 이룬다.
선대칭도형 줄 線 + 마주할 對 + 저울 稱 + 그림 圖 + 모양 形	직선을 사이에 두고 완전히 겹쳐지는 도형. 예 이차함수의 포물선은 대칭축을 중심으로 양쪽의 모양이 서로 같은 ☐☐☐☐이다.
축 굴대 軸	포물선이 대칭이 되는 직선. 예 포물선은 선대칭 도형으로 그 대칭축을 포물선의 ☐이라고 한다.
꼭짓점 꼭지 + 점 點	서로 만나는 점. 포물선과 축의 교점. 축의 자리를 알려 주는 식. 예 이차함수 $y=x^2$의 그래프에서 축의 방정식은 y축이므로 $x=0$이고, ☐☐☐의 좌표는 원점으로 $(0, 0)$이다.
평행이동은 위치만 옮기는 것으로 모양은 변하지 않음. **평행이동** 평평할 平 + 갈 行 + 옮길 移 + 움직일 動	나란히 있어 아무리 늘여도 서로 만나지 않음. 평행한 이동으로, 평면에서 한 도형 위의 모든 점을 같은 방향으로 같은 거리만큼 이동하는 것. 예 $y=x^2+3$의 그래프는 $y=x^2$의 그래프를 y축의 방향으로 3만큼 ☐☐☐☐한 것이다.
x절편 끊을 截 + 조각 片	그래프가 x축과 만나는 점의 x좌표. 예 $y=x^2-4$에서 $y=0$을 대입하면 $0=x^2-4$에서 $x^2=4$이고 $x=\pm2$이므로 ☐☐☐은 2, -2이다.
y절편 끊을 截 + 조각 片	그래프가 y축과 만나는 점의 y좌표. 예 $y=x^2-4$에서 $x=0$을 대입하면 $y=0-4$에서 $y=-4$이므로 ☐☐☐은 -4이다.

확인 문제

정답과 해설 ▶ 40쪽

1 뜻에 알맞은 단어를 보기 의 글자를 조합해 써 보자.

보기

대	점	포
꼭	선	칭
짓	축	물

(1) 포물선과 축의 교점. ☐☐☐

(2) 이차함수의 그래프와 같은 모양의 곡선. ☐☐

(3) 기준이 되는 점, 선, 면을 사이에 두고 같은 거리에서 마주 보고 있어 완전히 겹쳐지는 경우. ☐☐

2 ( ) 안에 알맞은 말을 보기 에서 찾아 써 보자.

보기

축 x절편 y절편   평행이동   선대칭도형

(1) 포물선이 대칭이 되는 직선을 (   )이라고 한다.

(2) 포물선인 $y=x^2$의 그래프는 y축을 대칭축으로 하는 (   )이다.

(3) (   )은 그래프가 x축과 만나는 점의 x좌표로 함수식에 $y=0$을 대입하여 구한 x의 값이다.

(4) (   )은 그래프가 y축과 만나는 점의 y좌표로 함수식에 $x=0$을 대입하여 구한 y의 값이다.

(5) 평면에서 한 도형 위의 모든 점을 같은 방향으로 같은 거리만큼 이동하는 것을 (   )이라고 한다.

3 빈칸에 알맞은 말을 써 보자.

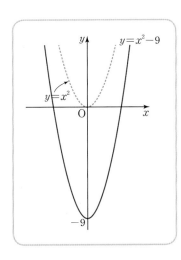

(1) $y=x^2-9$에서 $x=0$을 대입하면 $y=-9$이므로 ☐☐☐ 은 -9이다.

(2) 이차함수 $y=x^2-9$의 그래프와 같은 모양의 곡선을 ☐☐ 이라고 한다.

(3) $y=x^2-9$의 그래프에서 축의 방정식은 y축이고, ☐☐☐ 의 좌표는 $(0, -9)$이다.

(4) $y=x^2-9$의 그래프는 $y=x^2$의 그래프를 y축의 방향으로 -9만큼 ☐☐☐☐ 한 것이다.

과학 교과서 어휘

✏️ 단어와 그 뜻을 익히고, 빈칸에 알맞은 단어를 써 보자.

시각 볼 視 + 깨달을 覺	눈을 통해 빛 자극을 받아들여 물체의 모양, 크기, 색깔 등을 느끼는 감각. 예 ☐☐의 전달 경로는 '빛 → 각막 → 동공 → 수정체 → 유리체 → 망막의 시각 세포 → 시각 신경 → 대뇌'이다.	**플러스 개념어 눈의 구조와 기능** **각막** 눈의 가장 앞쪽에 있는 투명한 막. **망막** 물체의 상이 맺히는 부분. **동공** 홍채에 뚫려 있는 구멍으로, 빛이 들어가는 부분. **홍채** 눈으로 들어오는 빛의 양을 조절함. **수정체** 볼록 렌즈 모양으로 빛이 굴절되는 정도를 조절함. **유리체** 눈 안을 채우고 있는 무색 투명한 물질.
맹점 눈멀 盲 + 점 點	시각 신경이 지나가는 부위로, 시각 세포가 없는 부분. 예 ☐☐에는 시각 세포가 없기 때문에 이곳에 상이 맺히면 물체를 볼 수 없다.	
청각 들을 聽 + 깨달을 覺	귀에서 공기의 진동을 자극으로 받아들여 소리로 느끼는 감각. 예 ☐☐의 전달 경로는 '소리 → 귓바퀴 → 외이도 → 고막 → 귓속뼈 → 달팽이관의 청각 세포 → 청각 신경 → 대뇌'이다. _{음파}	
평형 감각 평평할 平 + 저울대 衡 + 느낄 感 + 깨달을 覺	몸의 기울어짐, 회전을 느끼며 몸의 균형을 유지하는 감각. 예 귀에 있는 반고리관과 전정 기관은 몸이 회전하거나 기울어짐을 느끼게 하는 ☐☐☐☐ 기관이다.	**플러스 개념어** • 반고리관: 세 개의 반원 꼴의 고리가 직각으로 연결되어 몸의 회전을 느끼게 하는 기관. • 전정 기관: 귀 안쪽의 일부로 몸의 기울어짐을 느끼게 하는 기관.
달팽이관	귀의 가장 안쪽에 자리하여 달팽이 모양으로 생긴 관으로, 듣기를 담당하는 청각 기관. 예 ☐☐☐☐은 청각 세포가 분포하여 소리 진동을 자극으로 받아들이며, 받아들인 자극을 청각 신경을 통해 대뇌로 전달한다.	반고리관 신경 달팽이관 전정 기관
후각 냄새 맡을 嗅 + 깨달을 覺	코를 통해 공기 중에 있는 기체 상태의 화학 물질을 자극으로 받아들이는 감각. 예 ☐☐은 콧속 윗부분에 분포한 후각 세포를 통해 냄새를 받아들인다. _{후각 상피}	
미각 맛 味 + 깨달을 覺	맛을 느끼는 감각으로, 혀가 액체 상태의 화학 물질을 자극으로 받아들이는 감각. 예 ☐☐은 혀 표면의 작은 돌기 옆 부분에 있는 맛봉오리 속 맛세포를 통해 자극을 받아들인다.	
피부 감각 가죽 皮 + 살갗 膚 + 느낄 感 + 깨달을 覺	피부를 통해 받아들이는 다양한 자극을 느끼는 감각. 예 ☐☐☐☐은 피부에 분포하는 여러 가지 감각점에서 자극을 받아들인다.	**플러스 개념어 감각점** 피부에서 자극을 받아들이는 부위로, 점 모양을 띠며 냉점, 온점, 통점, 압점, 촉점 등이 있음.

확인 문제

정답과 해설 ▶ 41쪽

1 단어의 뜻을 보기 에서 찾아 사다리를 타고 내려간 곳에 기호를 써 보자.

보기

㉠ 몸의 기울어짐, 회전을 느끼며 몸의 균형을 유지하는 감각.

㉡ 귀에서 공기의 진동을 자극으로 받아들여 소리로 느끼는 감각.

㉢ 눈을 통해 빛 자극을 받아들여 물체의 모양, 크기, 색깔 등을 느끼는 감각.

㉣ 코를 통해 공기 중에 있는 기체 상태의 화학 물질을 자극으로 받아들이는 감각.

㉤ 맛을 느끼는 감각으로, 혀가 액체 상태의 화학 물질을 자극으로 받아들이는 감각.

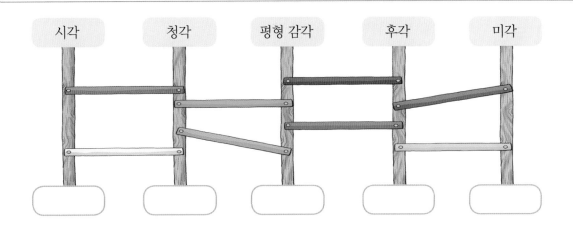

시각　　청각　　평형 감각　　후각　　미각

2 밑줄 친 단어의 쓰임이 알맞으면 ○표, 알맞지 않으면 ✕표 해 보자.

(1) 눈의 가장 앞쪽에 있는 투명한 막은 <u>각막</u>이다. (　　　)

(2) 홍채에 뚫려 있는 구멍으로, 빛이 들어가는 부분은 <u>동공</u>이다. (　　　)

(3) 시각 신경이 지나가는 부위로, 시각 세포가 없는 부분은 <u>맹점</u>이다. (　　　)

(4) 볼록 렌즈 모양으로 빛이 굴절되는 정도를 조절하는 것은 <u>유리체</u>이다. (　　　)

(5) 귀 안쪽의 일부로, 몸의 기울어짐을 느끼게 하는 기관은 <u>달팽이관</u>이다. (　　　)

3 (　　) 안에 알맞은 단어를 보기 에서 찾아 써 보자.

보기

동공　　　　망막　　　　홍채　　　　반고리관

(1) (　　　　　)에 물체의 상이 맺히면 시각 세포에서 빛을 자극으로 받아들인다.

(2) (　　　　　)은/는 몸의 회전 자극을 받아들여 몸이 어느 방향으로 움직이는지를 느낀다.

(3) 어두울 때 (　　　　　)이/가 축소되면서 (　　　　　)의 크기가 커져 눈으로 들어오는 빛의 양이 증가한다.

수록 교과서 국어 3-1
쓰기 – 쓰기의 본질과 쓰기 윤리

✏️ 단어와 그 뜻을 익히고, 빈칸에 알맞은 단어를 써 보자.

개요

대개 概 + 요약할 要
🖱 '要'의 대표 뜻은 '요긴하다'임.

전체의 내용을 대강 알 수 있도록 뽑아 정리한 주요 내용.

예 글을 효율적으로 쓰기 위해서는 쓸 내용의 [　　] 를 작성하는 습관이 중요하다.

쓰기 윤리

쓰기 + 인륜 倫 + 다스릴 理

글을 쓰는 과정에서 지켜야 할 올바른 규칙.

예 글을 쓸 때는 내용이 사회적인 가치를 해치지 않는 등 쓰기 [　　] 를 지켜야 한다.

인용

끌 引 + 쓸 用

자신의 말이나 글을 뒷받침하기 위해 다른 사람의 말이나 글을 끌어다 씀.

예 자신이 쓰고자 하는 글에 다른 사람의 글을 [　　] 할 때에는 출처가 어디인지 분명히 밝혀야 한다.

출처

나올 出 + 곳 處

말이나 글 따위가 생기거나 나온 근거.

예 글쓰기에서 글을 쓴 사람의 허락을 받고 정보의 [　　] 를 밝힌 뒤 바르게 인용했다.

표절

훔칠 剽 + 훔칠 竊
🖱 '剽'의 대표 뜻은 '겁박하다(으르고 협박하다)'임.

다른 사람의 작품 일부를 몰래 가져다가 자기의 글이나 노래 등에 씀.

예 원작자의 허락 없이 남의 글을 [　　] 하는 것은 쓰기 윤리에 어긋난다.

플러스 개념어 **모방**
다른 사람의 작품을 본뜨거나 본받음.
예 모방은 창조의 어머니이다.

왜곡

비뚤 歪 + 굽을 曲

일부러 사실과 다르게 해석하거나 그릇되게 함.

예 남의 글을 자신의 의도에 맞게 [　　] 하여 사용한다면 신뢰할 수 없을 것이다.

플러스 개념어
• 과장: 사실보다 지나치게 불려서 나타냄.
• 변형: 모양이나 형태가 달라지거나 달라지게 함.

짜깁기

'짜깁기'는 말 그대로 구멍이 뚫린 부분을 실로 짜서 깁는 것을 말하는데, 이 표현이 글을 쓰는 데로 확대되어 사용된 것이야.

기존의 글이나 영화 등을 편집하여 하나의 완성품으로 만드는 일.

예 그는 다른 사람의 글을 여기저기 [　　] 한 것을 자신의 글처럼 발표하여 비난을 샀다.

표준 발음
'짜깁기'는 '직물의 찢어진 곳을 본디대로 흠집 없이 짜서 깁다.'의 의미인 '짜깁–'에 접사 '–기'가 결합된 말로 [짜깁끼]로 발음해야 함.

---

1 단어의 뜻을 찾아 선으로 이어 보자.

(1) 표절 •   • 전체의 내용을 대강 알 수 있도록 뽑아 정리한 주요 내용.

(2) 개요 •   • 자신의 말이나 글을 뒷받침하기 위해 다른 사람의 말이나 글을 끌어다 씀.

(3) 왜곡 •   • 기존의 글이나 영화 등을 편집하여 하나의 완성품으로 만드는 일.

(4) 인용 •   • 다른 사람의 작품 일부를 몰래 가져다가 자기의 글이나 노래 등에 씀.

(5) 짜깁기 •   • 일부러 사실과 다르게 해석하거나 그릇되게 함.

2 빈칸에 들어갈 단어를 글자판에서 찾아 묶어 보자.(단어는 가로, 세로, 대각선 방향에서 찾기)

중	짜	방	인	글
학	표	휘	용	처
지	기	절	왜	곡
개	요	자	모	출
단	구	방	어	법

❶ 다른 사람의 글을 [   ]할 때에는 출처를 분명하게 밝혀야 한다.

❷ 그는 허락 없이 몰래 친구의 글을 [   ]한 사건으로 인해 곤욕을 치렀다.

❸ 글을 처음 쓸 때 글의 구조나 어휘 등을 그대로 본받아 [   ]하는 것도 글쓰기 실력을 키우는 좋은 방법이다.

❹ 조사, 관찰한 결과를 과장하거나 사실과 다르게 [   ]하는 것은 올바른 글쓰기 태도가 아니다.

❺ 본격적으로 글을 쓰기 전에 글의 대략적인 내용을 알 수 있도록 [   ]을/를 짜 두면 효율적이다.

3 문장에 어울리는 단어를 (   ) 안에서 골라 ◯표 해 보자.

허락 없이 다른 사람의 글을 표절하지 않고, 연구 결과를 과장하거나 왜곡하지 않으며, 인터넷 등에 허위 내용을 퍼뜨리지 않는 등 (읽기 윤리 , 쓰기 윤리)를 지켜야 한다.

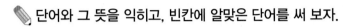

✏️ 단어와 그 뜻을 익히고, 빈칸에 알맞은 단어를 써 보자.

국제 사회 나라 國 + 사이 際 + 모일 社 + 모일 會 ⌁ '際'의 대표 뜻은 '가'임.	전 세계의 여러 나라가 교류하고 의존하면서 국제적으로 서로 도우며 사는 사회. 예 다수의 나라들로 구성된 ☐☐☐☐에서 각 나라들은 사실상 국력에 따라 영향력을 행사하는 정도가 다르다.
외교 바깥 外 + 사귈 交	한 나라가 자국의 정치적 목적이나 이익을 실현하기 위해 다른 나라와 정치적·경제적·문화적 관계를 맺는 일. 예 국가 간의 갈등을 해결하기 위한 ☐☐는 협상을 한다는 점에서 전쟁과 다르다.
국제법 나라 國 + 사이 際 + 법 法	국제 사회가 함께 번영하기 위해 국가 간 약속에 따라 국가 간의 권리와 의무를 정한 국제 사회의 법. 예 ☐☐☐은 국제 사회의 분쟁을 해결하기 위해 만든 법이다.
세계 시민 세상 世 + 경계 界 + 저자 市 + 백성 民	지구상의 어느 특정 국가의 국적에서 벗어나 세계를 구성하는 독립된 존재인 시민. 예 지구촌에서 살아가는 우리는 인류 전체의 관점에서 국제 사회 문제를 바라보는 ☐☐☐☐ 의식을 가져야 한다.
극단주의 다할 極 + 끝 端 + 주관 主 + 뜻 義 ⌁ '主'의 대표 뜻은 '주관', '義'의 대표 뜻은 '옳다'임.	모든 생각이나 행동이 한쪽으로 지나치게 치우치는 태도. 예 자신들만의 주장을 고집하는 두 ☐☐☐☐ 단체의 충돌로 인해 세계가 긴장하고 있다.
영유권 거느릴 領 + 있을 有 + 권리 權 ⌁ '權'의 대표 뜻은 '권세'임.	한 나라가 일정한 영토에 대해 관할하는 권리. 예 어떤 영토나 주변 바다를 두고 주변국들이 서로 ☐☐☐을 주장한다면, 대부분 국가 간 분쟁으로 확대된다.
역사 왜곡 지낼 歷 + 역사 史 + 비뚤 歪 + 굽을 曲	역사를 자신들에게 유리하게 사실과 다르게 해석하거나 거짓되게 함. 예 독도가 자기네 영토라고 우기는 일본의 ☐☐☐☐을 더 이상 방관해서는 안 된다.

확인 문제

정답과 해설 ▶ 43쪽

1 뜻에 알맞은 단어를 보기 의 글자를 조합해 써 보자.

보기

| 교 | 국 | 권 | 극 | 단 | 법 | 영 | 외 | 유 | 의 | 제 | 주 |

(1) 한 나라가 일정한 영토에 대해 관할하는 권리. ☐☐☐

(2) 모든 생각이나 행동이 한쪽으로 지나치게 치우치는 태도. ☐☐☐☐

(3) 국제 사회가 함께 번영하기 위해 국가 간 약속에 따라 국가 간의 권리와 의무를 정한 국제 사회의 법. ☐☐☐

(4) 한 나라가 자국의 정치적 목적이나 이익을 실현하기 위해 다른 나라와 정치적·경제적·문화적 관계를 맺는 일. ☐☐

2 ( ) 안에 알맞은 단어를 보기 에서 찾아 써 보자.

보기

| 외교 | 국제법 | 영유권 | 국제 사회 | 극단주의 |

(1) 일본은 독도에 대한 ( )을/를 주장하여 우리나라와 갈등을 빚고 있다.

(2) 국가 간의 합의에 의해 만든 ( )은/는 국가들의 행위에 일정한 제약을 준다.

(3) 국제 사회가 공존하려면 폭력을 방지하고 ( ) 세력에 가담하지 않도록 해야 한다.

(4) 우리 정부는 국가 간에 일어나는 갈등을 평화롭게 해결하기 위해 다양한 ( ) 정책을 펼치고 있다.

(5) 인류는 공동체 의식을 바탕으로 ( )의 문제에 관심을 갖고 그 문제를 해결하기 위해 노력해야 한다.

3 ( ) 안에 공통으로 들어갈 단어로 알맞은 것은? ( )

일본은 우리 영토인 독도를 자기 나라 땅이라며 역사 ( )을 하고 있어.

중국은 고조선, 고구려, 발해를 중국 고대 소수 민족의 지방 정권이라며 역사 ( )을 하고 있어.

① 단절 ② 비판 ③ 왜곡 ④ 탐방 ⑤ 협력

✏️ 단어와 그 뜻을 익히고, 빈칸에 알맞은 단어를 써 보자.

$y=x^2$의 그래프	원점을 지나고 아래로 볼록한 포물선. 예 [ ]의 그래프는 y축에 대칭이고, 꼭짓점의 좌표는 $(0,0)$이며, 그래프의 모양은 아래로 볼록하다.	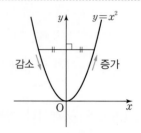
이차함수 $y=ax^2$의 그래프 둘 二 + 횟수 次 + 상자 函 + 셈 數	원점을 꼭짓점으로 하고, y축을 축으로 하는 포물선으로 $y=x^2$의 y좌표의 a배임. ① $a>0$이면 아래로 볼록함.　② $a<0$이면 위로 볼록함. 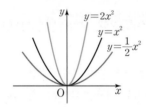 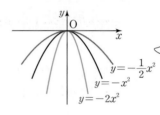 ①과 ②의 그래프는 절댓값과 함숫값은 같고 부호는 반대이므로 x축에 대하여 서로 대칭임. 예 [ ]의 그래프에서 a의 절댓값이 클수록 그래프의 폭이 좁아진다.	
이차함수 $y=ax^2+q$의 그래프	이차함수 $y=ax^2$의 그래프를 y축의 방향으로 q만큼 평행이동한 것. 예 [ ]의 그래프는 $y=2x^2$의 그래프를 y축의 방향으로 3만큼 평행이동한 것이다.	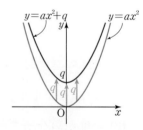
이차함수 $y=a(x-p)^2$의 그래프	이차함수 $y=ax^2$의 그래프를 x축의 방향으로 p만큼 평행이동한 것. 예 [ ]의 그래프는 $y=2x^2$의 그래프를 x축의 방향으로 1만큼 평행이동한 것이다.	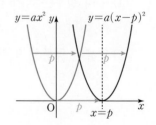
이차함수 $y=a(x-p)^2+q$의 그래프	이차함수 $y=ax^2$의 그래프를 x축의 방향으로 p만큼, y축의 방향으로 q만큼 평행이동한 것. 예 [ ]의 그래프는 $y=2x^2$의 그래프를 x축의 방향으로 1만큼, y축의 방향으로 3만큼 평행이동한 것이다.	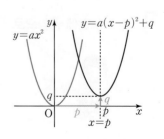

확인 문제

1 ( ) 안에서 알맞은 단어를 골라 ○표 해 보자.

(1) $y=x^2$의 그래프는 원점을 꼭짓점으로 하는 (아래로 , 위로)볼록한 포물선이고, $y=-x^2$의 그래프는 원점을 꼭짓점으로 하는 (아래로 , 위로)볼록한 포물선이다.

(2) 이차함수 $y=ax^2+q$의 그래프는 이차함수 $y=ax^2$의 그래프를 (x축 , y축)의 방향으로 q만큼 평행이동한 것이고, 이차함수 $y=a(x-p)^2$의 그래프는 이차함수 $y=ax^2$의 그래프를 (x축 , y축)의 방향으로 p만큼 평행이동한 것이다.

2 설명에 알맞은 그래프를 찾아 선으로 이어 보자.

(1)
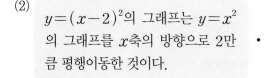
$y=-x^2+1$의 그래프는 $y=-x^2$의 그래프를 y축의 방향으로 1만큼 평행이동한 것이다.

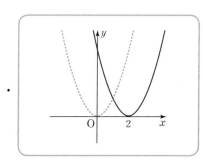

(2)
$y=(x-2)^2$의 그래프는 $y=x^2$의 그래프를 x축의 방향으로 2만큼 평행이동한 것이다.

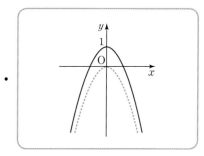

(3)
$y=(x-2)^2+3$의 그래프는 $y=x^2$의 그래프를 x축의 방향으로 2만큼, y축의 방향으로 3만큼 평행이동한 것이다.

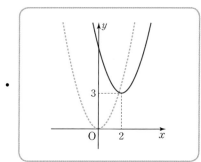

✏️ 단어와 그 뜻을 익히고, 빈칸에 알맞은 단어를 써 보자.

신경계 정신 神 + 지날 經 + 묶을 系	감각 기관에서 받아들인 자극을 뇌로 전달하고 각 운동 기관으로 명령을 내리도록 신호를 전달하는 기관. 예 ⬚⬚⬚ 는 뇌, 척수 같은 기관들과 이에 연결된 많은 신경 세포들로 이루어져 있다.

뉴런	신경계를 이루는 신경 세포로, 신경 세포체와 길게 뻗어 나온 신경 돌기로 이루어짐.

감각 뉴런	감각 기관을 통해 받아들인 자극을 연합 뉴런에 전달함.
연합 뉴런	감각 뉴런을 통해 전달받은 자극을 종합, 판단하여 명령을 내림.
운동 뉴런	연합 뉴런의 명령을 받아 반응 기관으로 전달함.

예 기관에 연결된 하나의 신경 세포를 ⬚⬚⬚ 이라고 하고, 하나 이상의 ⬚⬚⬚ 이 모여서 다발을 이룬 것을 신경이라고 한다.

중추 신경계 가운데 中 + 지도리 樞 + 정신 神 + 지날 經 + 묶을 系 '지도리'는 문짝을 달아 여닫게 하는 쇠붙이나 나무임.	감각 기관에서 받아들인 자극을 판단하고 반응할 수 있도록 명령하는 신경계로, 뇌와 척수로 이루어짐. 예 ⬚⬚⬚⬚⬚ 에는 많은 연합 신경이 밀집하여 분포한다.

대뇌	좌우 2개의 반구로 나뉘어 있고, 여러 자극을 종합, 분석, 통합해 명령을 내리며 생각, 학습, 상상 등 복잡한 정신 활동을 담당함.
소뇌	근육 운동 조절, 몸의 자세, 균형 유지.
중간뇌	눈의 조절과 관련된 작용.
간뇌	체온과 체액의 농도를 일정하게 유지, 조절.
연수	호흡, 심장 박동, 소화액 분비 조절, 기침, 재채기 등 반사의 중추.
척수	뇌와 말초 신경 사이의 흥분을 전달하는 통로, 무릎 반사의 중추.

말초 신경계 끝 末 + 나뭇가지 끝 梢 + 정신 神 + 지날 經 + 묶을 系	중추 신경계로 자극을 전달하거나 중추 신경계의 명령을 온몸으로 전달하는 신경계로, 감각 신경과 운동 신경으로 이루어짐. 예 ⬚⬚⬚⬚⬚ 는 뇌와 척수에서 뻗어 나와 온몸의 조직이나 기관으로 연결된다.

무조건 반사 없을 無 + 가지 條 + 조건 件 + 돌아올 反 + 쏠 射	대뇌의 판단 과정을 거치지 않고 무의식적으로 일어나는 반응. 예 하품, 재채기, 딸꾹질 등은 연수 반사로 자신의 의지와 관계없이 일어나는 반응 중 하나로 ⬚⬚⬚⬚⬚ 의 예이다.	**플러스 개념어** **의식적인 반응** 대뇌가 중추가 되어 일어나는 반응임.

호르몬	몸의 특정한 부위에서 분비되어 몸의 여러 기능을 조절하는 화학 물질. 예 ⬚⬚⬚ (내분비샘)은 혈액을 통해 신호를 전달하고, 신경은 뉴런을 통해 신호를 전달한다.

항상성 항상 恒 + 일정할 常 + 성질 性	몸 안의 환경이 변하더라도 몸의 상태를 일정하게 유지하려는 성질. 예 우리 몸에서 체온 변화를 감지하여 신경과 호르몬을 통해 체온을 조절하는 것은 ⬚⬚⬚ 의 예이다.

확인 문제

1 뜻에 알맞은 단어를 찾아 선으로 이어 보자.

(1)　감각 기관에서 받아들인 자극을 판단하고 반응할 수 있도록 명령하는 신경계로, 뇌와 척수로 이루어짐.　•

•　무조건 반사

(2)　대뇌의 판단 과정을 거치지 않고 무의식적으로 일어나는 반응.　•

•　중추 신경계

(3)　중추 신경계로 자극을 전달하거나 중추 신경계의 명령을 온몸으로 전달하는 신경계로 감각 신경과 운동 신경으로 이루어짐.　•

•　말초 신경계

2 밑줄 친 말이 알맞으면 ◯표, 알맞지 <u>않으면</u> ✕표 해 보자.

(1) 근육 운동 조절, 몸의 자세, 균형 유지와 관련된 역할을 하는 곳은 <u>중간뇌</u>이다. (　　　　)

(2) 감각 뉴런을 통해 전달받은 자극을 종합, 판단하여 명령을 내리는 것은 <u>연합 뉴런</u>이다. (　　　　)

(3) 몸의 특정한 부위에서 분비되어 몸의 여러 기능을 조절하는 화학 물질을 <u>호르몬</u>이라고 한다.
(　　　　)

(4) 대뇌와 소뇌 사이에서 몸의 상태를 일정하게 유지하는 역할을 하는 곳은 <u>간뇌</u>이다. (　　　　)

3 (　　) 안에 알맞은 말을 보기 에서 찾아 써 보자.

보기
|　소뇌　　　연수　　　항상성　　　무조건 반사 |

(1) 자는 동안에도 심장이 뛰고 숨을 쉬게 하려면 (　　　　　　)이/가 활동해야 한다.

(2) 운동을 할 때 몸의 자세와 균형을 유지하도록 하는 것은 (　　　　　　)의 작용이다.

(3) 땀 분비가 증가한 경우에 체내 수분량이 부족하게 되어 호르몬 분비량의 변화를 통해 조절되는 것은 (　　　　　　) 조절의 예이다.

(4) 뜨거운 물체에 닿거나 날카로운 물체에 찔렸을 때 순간적으로 피하는 행동은 척수 반사로, 자신의 의지와 관계없이 일어나는 반응인 (　　　　　　)의 예이다.

4
주
차

4회

한자 어휘

着(착), 手(수)가 들어간 단어

着
붙을 착

착(着)은 주로 '붙다'라는 뜻으로 쓰여. 착(着)이 '(옷을) 입다', '시작하다'라는 뜻으로 쓰일 때도 있어.

手
손 수

수(手)는 주로 '손'이라는 뜻으로 쓰여 '방법', '사람', '재주'라는 뜻으로 쓰일 때도 있어.

✎ 단어와 그 뜻을 익히고, 빈칸에 알맞은 단어를 써 보자.

자가당착
스스로 自 + 집 家 + 칠 撞 + 붙을 着

같은 사람의 말이나 행동이 앞뒤가 서로 맞지 아니하고 모순됨.

예 그는 학급 임원은 솔선수범해야 한다는 자신의 발언과 어긋나는 이기적인 행동을 하여 말과 행동이 모순되는 □□□□ 에 빠졌다.

플러스 개념어
• 모순(창 矛 + 방패 盾): 어떤 사실의 앞뒤, 또는 두 사실이 이치에 어긋나서 서로 맞지 않음.
• 이율배반(두 二 + 법 律 + 배반할 背 + 되돌릴 反): 서로 모순되어 양립할 수 없음.

착용
(옷을) 입을 着 + 쓸 用

'착(着)'이 '(옷을) 입다'라는 뜻으로 쓰임.

의복, 모자, 신발, 액세서리 등을 입거나, 쓰거나, 신거나 차거나 함.

예 대부분의 학교에서는 등교 시 교복 □□ 이 필수이다.

착수
시작할 着 + 손 手

'착(着)'이 '시작하다'라는 뜻으로 쓰임.

어떤 일에 손을 댐. 또는 어떤 일을 시작함.

예 학교 담장을 허무는 공사에 □□ 한 지 1주일이 채 지나지 않았다.

수단
방법 手 + 방법 段
☞ '段'의 대표 뜻은 '층계'임.

'수(手)'가 '방법'이라는 뜻으로 쓰임.

어떤 목적을 이루기 위한 방법. 또는 그 도구.

예 언어는 사람과 사람 사이의 의사를 전달하는 소통 □□ 이다.

고수
높을 高 + 사람 手

'수(手)'가 '사람'이라는 뜻으로 쓰임.

어떤 분야나 집단에서 기술이나 능력이 매우 뛰어난 사람.

예 달리기에서 육상선수인 친구를 이길 □□ 는 우리 반에 없다.

동음이의어 고수
(굳을 固 + 지킬 守)
차지한 물건이나 형세 따위를 굳게 지킴.
예 강경한 정책을 그대로 고수했다.

능수능란
능할 能 + 재주 手 + 능할 能 + 빛날 爛

'수(手)'가 '재주'라는 뜻으로 쓰임.

일 따위에 익숙하고 솜씨가 좋다.

예 그는 집안일을 □□□□ 하게 해냈다.

확인 문제

정답과 해설 ▶ 46쪽

1 뜻에 알맞은 단어를 빈칸에 써 보자.

	❶		❷
	❸		
❹			

가로 열쇠
❶ 같은 사람의 말이나 행동이 앞뒤가 서로 맞지 아니하고 모순됨.
❹ 일 따위에 익숙하고 솜씨가 좋다.

세로 열쇠
❷ 어떤 일에 손을 댐. 또는 어떤 일을 시작함.
❸ 어떤 분야나 집단에서 기술이나 능력이 매우 뛰어난 사람.

2 밑줄 친 단어의 쓰임이 알맞으면 ○표, 알맞지 <u>않으면</u> ✕표 해 보자.

(1) 동생은 탁구를 한 번도 쳐 본 적이 없는 탁구계의 <u>고수</u>이다. (   )

(2) 동아리 행사 준비에 <u>착수</u>하기 전에 동아리원들의 만남이 필수이다. (   )

(3) 자동차나 비행기를 타면 자신의 안전을 위하여 안전띠를 <u>착용</u>해야 한다. (   )

(4) 돈을 벌기 위해 온갖 <u>수단</u>과 방법을 가리지 않는 그의 태도에 실망했다. (   )

3 밑줄 친 단어와 바꾸어 쓸 수 있는 한자 성어로 알맞은 것은? (   )

• 누나는 외모보다는 마음이 중요하다고 말하면서도 외모를 꾸미는 데 열을 올리는 <u>모순</u>에 빠져 있다.
• 일찍 일어나는 새가 벌레를 잡는다며 학교에 일찍 오라던 친구는 정작 자기는 매일 학교에 지각하는 <u>이율배반</u>의 행동을 하고 있다.

① 능수능란(能手能爛)　　② 수수방관(袖手傍觀)　　③ 자가당착(自家撞着)
④ 자수성가(自手成家)　　⑤ 자포자기(自暴自棄)

영문법 어휘

수동태

> 문장의 주어가 동작의 주인으로 '~하다'라는 의미를 나타내는 경우를 능동태, 주어가 동작의 대상이 되어 '~하게 되다' 혹은 '~하도록 당하다'의 의미를 가질 때 수동태라고 해. 수동태의 핵심은 동사의 모양이며 'be동사 + 과거분사'로 나타내. 능동태와 수동태, 'by + 행위자' 그리고 수동태의 부정문에 대해 그 뜻과 예를 공부해 보자.

✏️ 단어와 그 뜻을 익히고, 빈칸에 알맞은 단어를 써 보자.

---

the active voice
능동태
~할 수 있을 能 + 움직일 動 + 모습 態
👆 '能'의 대표 뜻은 '능하다'임.

주어가 목적어를 '~하다'라고 나타내는 형식이 능동태임. 일상적으로 쓰는 문장의 대부분이 능동태임.
- Many people **have** smartphones.(많은 사람들이 스마트폰을 가지고 있다.)
  Many people이 have(가지고 있다)의 주체인 능동태
- 예 "We are studying English every day.(우리는 매일 영어 공부를 하고 있다.)"에서 We(우리)는 공부하고 있는 주체이므로 이 문장은 [　　]이다.

---

the passive voice
수동태
받을 受 + 움직일 動 + 모습 態

주어가 동작의 대상이 되어 '~하게 되다', '~하도록 당하다'로 나타내는 것을 말함.
- The ball **was hit** by the bat.
  주어인 the ball이 the bat에 의해서 맞게 된 수동태
  (그 공은 야구방망이에 맞았다.)
- 예 "This robot was made by Dr. Kim.(이 로봇은 김 박사에 의해 만들어졌다.)"에서 robot(로봇)은 만들어진 대상이므로 이 문장은 [　　]이다.

| 플러스 개념어 |
- **기본 형태**: 주어 + be동사 + 과거분사 (+by 목적격)
- **수동태 만들기 3단계**
  1. 능동태의 목적어 → 수동태의 주어
  2. 능동태의 동사 → be동사 + 과거분사
  3. 능동태의 주어 → by + 목적격(행위자)
  예 She opened the door.(능동태)
  → The door was opened by her.(수동태)

---

the passive voice - a negative sentence
수동태 부정문
받을 受 + 움직일 動 + 모습 態 + 아니 不 + 정할 定 + 글월 文

수동태에서 부정어 not을 넣어 만든 문장을 말함. 수동태 부정문은 'be동사+not+과거분사'로 나타냄. not의 위치에 주의함.
- Tom **was not invited** by Mary.
  be동사 뒤에 not을 넣어 만든 수동태 부정문
  (Tom은 Mary로부터 초대를 받지 못했다.)
- 예 "This picture wasn't taken by my smartphone.(이 사진은 내 스마트폰으로 찍힌 것이 아니다.)"는 be동사 뒤에 not이 놓인 [　　　　]이다.

플러스 개념어 **수동태 의문문**
수동태에서 be동사를 주어 앞으로 보내어 만듦.
be동사 + 주어 + 과거분사 + by 목적격(행위자)?
예 Was Tom invited by Mary? (Tom은 Mary로부터 초대받았니?)

---

the agent of passive verb
by + 행위자
행할 行 + 할 爲 + 놈 者
👆 '行'의 대표 뜻은 '다니다'임.

수동태 문장에서 동작의 행위자가 누구인지 나타낼 때 사용하는 말. 'by+목적격(행위자)'을 써서 표현함.
- The cake was made **by mom**.
  케이크를 만든 행위자는 mom(엄마)
  (그 케이크는 엄마에 의해 만들어졌다.)
- 예 "Bar ice cream was invented by eleven-year-old boy.(막대 아이스크림은 11살 소년에 의해 발명되었다.)"에서 boy는 아이스크림을 만든 당사자이므로 [　　]이다.

플러스 개념어 **서술어**
수동태의 주어가 일반인을 나타내는 you, we, they, people일 때는 'by+행위자'를 생략함. 또한 행위자가 분명하지 않거나 나타낼 필요가 없는 경우도 생략함.
예 The restaurant was closed. (그 레스토랑은 (문이) 닫혔다.)

확인 문제

정답과 해설 ▶ 47쪽

1 설명에 해당하는 부분을 보기 에서 찾아 기호를 써 보자.

보기
The computer was not broken by Bob.(그 컴퓨터는 Bob에 의해 망가지지 않았다.)
　　　　　ⓒ　　　ⓒ　　　　　　ⓒ　　ⓐ　　ⓒ
　　　　　　ⓐ

(1) 부정의 뜻을 나타냄. → (　　　　　)

(2) 수동태에서 동작의 행위자를 구체적으로 나타낼 때 쓰는 말 → (　　　　　)

(3) 주어가 동작의 대상이 되어 '~하도록 당하다'라는 의미로 나타냄. → (　　　　　)

2 밑줄 친 부분의 용어가 알맞으면 ○표, 알맞지 <u>않으면</u> ✕표 해 보자.

(1)
My leg **was broken** when I was 10.(10살 때 내 다리가 부러졌다.)
　　　수동태
(　　　)

(2)
Tom **brought** this book yesterday.(Tom이 어제 이 책을 가져왔다.)
　　　수동태
(　　　)

(3)
Was the window **broken** by Tom?(그 창문은 Tom에 의해서 깨졌니?)
　　　　　수동태 부정문
(　　　)

(4)
The classroom is cleaned **by students**.(교실은 학생들에 의해 청소된다.)
　　　　　　　　　　by + 행위자
(　　　)

3 보기 의 단어를 이용해 밑줄 친 부분에 알맞은 말을 넣어 문장을 완성해 보자.

보기
see

The full moon ＿＿ ＿＿ ＿＿＿ from here.
(여기에서는 보름달이 안 보인다.)

✎ 4주차 1~5회에서 공부한 단어를 떠올리며 문제를 풀어 보자.

국어

1 ( ) 안에 들어갈 단어로 알맞은 것은? ( )

> 토론에서 다른 사람의 의견이 적절치 못하다는 입장에서 반대 주장을 펴는 일을 ( )(이)라고 한다.

① 결론   ② 반론   ③ 발표   ④ 입론   ⑤ 논제 정하기

국어

2 ( ) 안에 공통으로 들어갈 단어로 알맞은 것은? ( )

> • 그 명언의 ( )은/는 『명심보감』이다.
> • 그 과제에는 자료에 대한 ( )이/가 없어서 어디서 자료를 가져온 것인지 알기 어려웠다.

① 관찰   ② 변형   ③ 의미   ④ 조사   ⑤ 출처

사회

3 설명이 알맞으면 ○표, 알맞지 <u>않으면</u> ✕표 해 보자.

(1) 국제 사회에서 각 나라들은 우호 관계를 우선시하므로, 평화를 얻기 위해 끊임없이 돕고 양보한다.

( )

(2) 국제 사회에서 실제로 힘의 논리가 적용되기 때문에 나라의 힘에 따라 주권을 행사하는 정도가 다르다.

( )

사회

4 빈칸에 공통으로 들어갈 단어를 써 보자.

> ☐☐는 국제 사회에서 한 나라가 자국의 정치적 목적이나 이익을 실현하기 위해 다른 나라와 관계를 맺는 모든 일을 뜻하며, 이로써 자국의 이익을 보호하고 증진하기 위해 세우는 정책을 ☐☐ 정책이라고 한다.

( )

수학

5 $y=x^2$의 그래프에 대한 설명으로 알맞은 것은? ( )

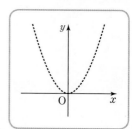

① 꼭짓점은 $(-1, 1)$이다.
② 위로 볼록한 포물선이다.
③ 제1사분면과 제2사분면을 지난다.
④ $y=-x^2$의 그래프와 y축에 대칭이다.
⑤ x가 음수일 때, x의 값이 커지면 y의 값도 커진다.

6 그래프가 위로 볼록하고 y축에 대칭인 이차함수는? (   )

① $y=2x^2$

② $y=x^2+6$

③ $y=-x^2+3$

④ $y=-(x+1)^2$

⑤ $y=-x^2+2x-1$

7 소리를 듣는 과정 중 청각 세포가 있는 곳은? (   )

> 귀는 소리를 듣는 감각 기관으로, 공기의 흔들림을 크게 해 뇌로 전하면 들을 수 있다.
> 듣는 과정은 '소리 → ① 귓바퀴 → ② 외이도 → ③ 고막 → ④ 귓속뼈 → ⑤ 달팽이관 → 청각 신경 →
> 뇌'이다.

8 (   ) 안에서 알맞은 말을 골라 ◯표 해 보자.

> 신경계는 신경 세포로 신호를 전한다. 신경계는 호르몬에 비해 전달 속도가 상대적으로 (빠르고 ,
> 느리고), 작용 범위가 (넓으며 , 좁으며), 효과가 (오래 지속된다 , 일시적으로 작용한다).

9 한자 성어에 쓰인 '수(手)'의 뜻으로 알맞은 것은? (   )

능수능란(能手能爛)

① 손

② 방법

③ 사람

④ 재주

⑤ (바둑이나 장기에서 한 번씩 두는) 번수

10 (   ) 안에서 알맞은 말을 골라 ◯표 해 보자.

> A mistake (made , was made) by him.(실수는 그에 의해 저질러졌다.)

찾아보기

『어휘가 문해력이다』에 수록된 모든 어휘를
과목별로 나누어 ㄱ, ㄴ, ㄷ … 순서로 정리했습니다.

과목별로 뜻이 궁금한 어휘를 바로바로 찾아보세요!

차례

사회 교과서 어휘

과학 교과서 어휘

한자 어휘

영문법 어휘

사진 자료 출처

- 셔터스톡
- 픽사베이

> 어휘가
> 문해력이다
> 어휘 학습으로
> 문해력 키우기

1주차 어휘 학습 점검

1주차에서 학습한 어휘를 잘 알고 있는지 ☑ 해 보고,
잘 모르는 어휘는 해당 쪽으로 가서 다시 한번 확인해 보세요.

2주차

어휘 학습 점검

2주차에서 학습한 어휘를 잘 알고 있는지 ✔ 해 보고,
잘 모르는 어휘는 해당 쪽으로 가서 다시 한번 확인해 보세요.

국어

사회

수학

과학

영문법

한자

EBS

당신의 문해력

어휘가 문해력 이다

중학 3학년 1학기

교과서 어휘

정답과 해설

어휘가
문해력
이다

중학 **3**학년 **1**학기

1주차 정답과 해설

🖊 단어와 그 뜻을 익히고, 빈칸에 알맞은 단어를 써 보자.

단어	뜻 / 예	플러스 개념어
수미상관법 머리 首 + 꼬리 尾 + 서로 相 + 관계할 關 + 법 法	머리와 꼬리, 처음과 끝이 서로 이어지는 방법이라는 뜻으로, 시의 처음과 끝에 같은 구절을 반복하는 기법. 예 이 시는 수미상관법을 사용해 1연과 마지막 연에 같은 구절을 배치했다.	나의 / 꽃 그리고 비 꽃으로 피어난 / 그리움 비처럼 스며드는 / 아련함 나의 / 꽃 그리고 비 1연, 4연에서 '나의 / 꽃 그리고 비'라는 구절이 반복됨.
서정적 풀 抒(펼 敍) + 뜻 情 + ~한 상태로 되는 的 👆 '的'의 대표 뜻은 '과녁'임.	사람의 감정을 불러일으키는 기분이나 분위기를 듬뿍 담고 있는 것. 예 이 시를 읽으면 마치 아름다운 음악을 듣는 것 같은 서정적인 느낌이 든다.	플러스 개념어 **-적(的)** 주로 한자어 명사 뒤에 붙어서 '그 성격을 띠는', '그에 관계된'의 뜻을 더하는 말. 예 서정 + -적, 낙천 + -적 주관 + -적, 본능 + -적 국가 + -적
점층적 점점 漸 + 층層 + ~한 상태로 되는 的	그 정도를 점점 강하게 하거나, 크게 하거나, 높게 하는 것. 예 "슬픔은 샘물 같았다가, 강을 이루더니, 그 깊이를 알 수 없는 바다가 되어 버렸다."에는 슬픔의 정도가 '샘물 → 강 → 바다'로 점점 커지는 점층적인 표현이 사용되었다.	Tip '강(降)'의 뜻은 '내리다'임. 플러스 개념어 **점강적** 그 정도를 점점 약하게 하거나, 작게 하거나, 낮게 하는 것. 예 시련은 큰 바위 같다가, 돌멩이가 되더니, 모래처럼 부서졌다.
애상적 슬플 哀 + 다칠 傷 + ~한 상태로 되는 的	가슴 아파하거나 슬퍼하는 것. 예 돌아가신 부모님에 대한 그리움이 담긴 작품을 읽으니 애상적인 느낌이 든다.	플러스 개념어 **낙관적** 세상과 인생을 희망적으로 보는 것. 또는 일 따위가 앞으로 잘되어 갈 것으로 여기는 것. 예 이 시는 희망을 잃지 않는 시인의 낙관적인 의지가 엿보인다.
냉소적 찰 冷 + 웃을 笑 + ~한 상태로 되는 的	차갑고 쌀쌀맞은 태도로 비웃는 것. 예 이 작품에는 물질만능주의를 좇는 현실에 대한 시인의 냉소적인 태도가 나타나 있다.	플러스 개념어 **예찬적** 어떤 대상을 좋게 여기며 찬양하는 것. 예 그 시인은 시골 풍경을 보며 자연의 아름다움을 노래하는 예찬적인 태도를 지녔다.
시적 허용 시 詩 + ~의 的 허락할 許 + 받아들일 容 👆 '容'의 대표 뜻은 '얼굴'임.	시에서 운율과 말의 맛을 살리려고 쓴 문법에 맞지 않는 표현. 예 이 시에서 '하얀'을 일부러 맞춤법에서 벗어나 '하이얀'이라고 쓴 것은 시적 허용에 해당한다.	아이야 우리 식탁엔 은쟁반에 하이얀 모시 수건을 마련해 두렴 – 이육사 「청포도」 중

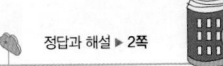

확인 문제

정답과 해설 ▶ 2쪽

1 뜻에 알맞은 단어를 빈칸에 써 보자.

(1)
		❶ 낙	
❷ 수	미	상	관	법
		적	

가로 열쇠
❷ 머리와 꼬리, 처음과 끝이 서로 이어지는 방법이라는 뜻으로, 시의 처음과 끝에 같은 구절을 반복하는 기법.
세로 열쇠
❶ 세상과 인생을 희망적으로 보는 것.

(2)
	❶ 서	
	정	
❷ 냉	소	적

가로 열쇠
❷ 차갑고 쌀쌀맞은 태도로 비웃는 것.
세로 열쇠
❶ 사람의 감정을 불러일으키는 기분이나 분위기를 듬뿍 담고 있는 것.

2 ( ) 안에 알맞은 단어를 보기에서 찾아 써 보자.

보기
예찬적 냉소적 낙관적

(1) 그는 깔보듯 (냉소적)인 눈빛으로 나를 바라보았다.
(2) 현실은 때론 냉혹하지만, 나는 늘 잘되리라 생각하는 (낙관적)인 성격이다.
(3) 그 시인의 작품에는 모든 생명을 귀하고 아름다운 존재로 여기는 (예찬적)인 태도가 드러나 있다.

해설 | (1) '차갑고 쌀쌀맞은 태도로 비웃는 것'을 뜻하는 '냉소적'을 써야 알맞다. (2) 인생을 희망적으로 생각하는 태도와 관련 있으므로 '낙관적'을 써야 알맞다. (3) 어떤 대상을 좋게 여기며 찬양하는 태도에 대한 내용이므로 '예찬적'을 써야 알맞다.

3 시를 읽고 문장에 어울리는 단어를 ( ) 안에서 골라 ○표 해 보자.

그리움, 그것은
작디작은 점으로 박혔다가,
나무만큼 자라더니
어느새 산처럼 커져 버렸다.

(1) 이 시는 점점 커지는 그리움을 '점 → 나무 → 산'과 같이 (점층적, 점강적)으로 표현했어.

(2) 이 시를 읽으면 누군가를 몹시 그리워하는 마음에 공감이 되면서 (애상적, 냉소적)으로 느껴져.

해설 | (1) 그리움이 점점 커지는 것을 뜻하는 말로 '점층적'이 알맞다. '점강적'은 정도가 점점 약해지는 것을 뜻한다.
(2) '가슴 아파하거나 슬퍼하는 것'을 뜻하는 말인 '애상적'이 알맞다. '냉소적'은 업신여겨 비웃는 것을 뜻한다. 중학 3학년 1학기 13

사회 교과서 어휘

단어와 그 뜻을 익히고, 빈칸에 알맞은 단어를 써 보자.

인권
사람 人 + 권리 權
'權'의 대표 뜻은 '권세'임.

인간으로서 가지는 권리. 인간이 마땅히 누려야 할 기본적인 권리.

예 인간은 누구나 존중받아야 할 권리인 [인권]을 가지고 있다.

플러스 개념어 **천부인권**
인간이 태어나면서 하늘로부터 받은 권리.

헌법
법 憲 + 법 法

국민의 기본 인권을 밝혀 정하고, 국가를 어떻게 통치, 조직, 운영할지 정하는 나라 최고의 법.

예 우리나라는 [헌법]에 국민의 기본 인권을 규정해 보장하고 있다.

플러스 개념어 **법률**
국회에서 결정해 만든, 헌법 아래 단계의 법.

Tip 법률로써만 기본권을 막을 수 있음.

기본권
기초 基 + 근본 本 + 권리 權
'基'의 대표 뜻은 '터'임.

헌법을 바탕으로 누릴 수 있는 국민의 기본적인 권리.

예 우리 헌법은 자유권, 평등권, 참정권, 사회권 등을 [기본권]으로 보장하고 있다.

Tip '자유권'은 나라의 간섭을 받지 않고 자유로울 권리, '평등권'은 차별받지 않을 권리, '참정권'은 정치에 참여할 권리, '사회권'은 인간다운 삶의 보장을 요구할 권리임.

청구권
청할 請 + 구할 求 + 권리 權

기본권을 지키기 위해 국가에 대해 일정한 행위를 요구할 수 있는 권리.

예 공항 근처 주민들은 국가를 상대로 항공기 소음 피해를 보상하라고 요구하는 [청구권]을 행사할 수 있다.

Tip 청구권은 청원권, 재판 청구권, 국가 배상 청구권이 있음.

진정
말할 陳 + 사정 情
'陳'의 대표 뜻은 '베풀다', '情'의 대표 뜻은 '뜻'임.

국가 기관에 자신의 사정을 말하고 어떤 조치를 취해 줄 것을 바라는 일.

예 국가 인권 위원회에 한 기관의 장애인 차별 금지를 요구하는 [진정]이 접수되었다.

동음이의어
• **진정**(참 眞 + 뜻 情): 참된 마음.
예 이번 선거에서는 나라와 국민을 위해 진정으로 일할 사람을 뽑고 싶다.
• **진정**(누를 鎭 + 고요할 靜): 소란 또는 격렬히 일어난 감정 등을 가라앉힘.
예 눈물이 나 마음이 쉽게 진정되지 않았다.

근로의 권리
부지런할 勤 + 일할 勞 + ~의 권리 權 + 이로울 利

일할 기회와 인간다운 삶의 보장을 요구할 권리.

예 우리 헌법은 근로자의 이로움과 권리를 향상하기 위해 [근로]의 [권리]를 보장하고 있다.

동의어 **노동권**
근로의 권리를 노동권이라고도 함.

교섭권
서로 交 + 간섭할 涉 + 권리 權
'交'의 대표 뜻은 '사귀다', '涉'의 대표 뜻은 '건너다'임.

근로자들이 일하는 조건에 관해 사용자와 협상할 수 있는 권리.

예 근로자들은 노동 환경을 개선하기 위해 노동조합을 통해 회사와 협상하는 단체 [교섭권]을 가지고 있다.

플러스 개념어 **파업**
단체 교섭이 원만히 이루어지지 않을 때 근로자들이 하던 일을 집단적으로 중지하는 일.

Tip 단체 교섭권은 단결권, 단체 행동권(파업 등)과 함께 노동 삼권이라고 부름.

확인 문제

1 뜻에 알맞은 단어를 글자판에서 찾아 묶어 보자.(단어는 가로, 세로, 대각선 방향에서 찾기)

법	정	간	청	외	교
동	초	인	토	구	섭
기	본	권	리	천	권
파	업	태	문	부	형

❶ 헌법을 바탕으로 누릴 수 있는 국민의 기본적인 권리.
❷ 인간으로서 가지는 권리. 인간이 마땅히 누려야 할 기본적인 권리.
❸ 근로자들이 노동조합을 통해 일하는 조건에 관해 사용자와 협상할 수 있는 권리. 단체 ○○○.
❹ 기본권을 지키기 위해 국가에 대해 일정한 행위를 요구할 수 있는 권리.
❺ 단체 교섭이 원만히 이루어지지 않을 때 근로자들이 하던 일을 집단적으로 중지하는 일.

해설 | (1) '거짓이 없이 참으로'를 뜻하는 말이다. (2) '국가 기관(시청)에 자신의 사정(마을 입구 도로가 너무 좁음)을 말하고 어떤 조치를 취해 줄 것(도로를 넓힘)을 바라는 일'을 뜻하는 말이다. (3) '격렬히 일어난 감정(화)이나 아픔 등을 가라앉힘.'을 뜻하는 말이다.

2 밑줄 친 '진정' 중 보기의 뜻으로 쓰인 것에 ○표 해 보자.

보기
진정: 국가 기관에 자신의 사정을 말하고 어떤 조치를 취해 줄 것을 바라는 일.

(1) 결혼식에 와 주셔서 진정 고맙습니다.

(   )

(2) 마을 입구의 도로가 너무 좁아서 시청에 도로를 넓혀 달라는 진정을 냈어.

(○   )

(3) 왜 화를 내는지 진정을 좀 하고 차근차근 말해 봐.

(   )

해설 | (1) 근로자들이 사용자와 협상(서로 의논하고 적절하게 조절)하는 권리'를 뜻하는 '교섭권'을 써야 알맞다. '단체 행동권'은 단체 교섭이 실패했을 때 근로자가 할 수 있는 일이다. (2) 우리나라 최고의 법은 '헌법'이다. '법률'은 헌법 다음 단계이다. (3) 자유권, 평등권, 참정권 등은 '헌법이 보장하는 기본적인 인권'이므로 '기본권'을 써야 알맞다. '천부인권'은 '인간이 태어나면서 하늘로부터 받은 권리'를 뜻한다.

3 문장에 어울리는 단어를 (   ) 안에서 골라 ○표 해 보자.

(1) 근로자들은 사용자와 의견 차를 좁히려고 단체 (행동권, (교섭권))을 행사했으나 협상에 실패했다.

(2) 선거에 당선된 대통령은 우리나라 최고의 법인 (법률, (헌법))에 따라 나라를 이끌어 갈 것을 선서한다.

(3) 자유권, 평등권, 참정권, 사회권, 청구권 등의 ((기본권), 천부인권)은 결코 침해되어서는 안 되는 중요한 권리이다.

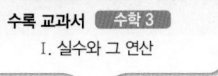
✏️ 단어와 그 뜻을 익히고, 빈칸에 알맞은 단어를 써 보자.

| 제곱근
제곱 + 뿌리 根 | $x^2 = a$
어떤 수 x를 제곱하여 a가 될 때, x를 a의 제곱근이라고 함.
예 $2^2 = 4$, $(-2)^2 = 4$이므로 4의 제곱근은 2와 −2이다. | 플러스 개념어 양의 제곱근, 음의 제곱근
양수 a의 제곱근 중에서 양수인 것을 '양의 제곱근', 음수인 것을 '음의 제곱근'이라 하고, 기호를 사용하여 각각 $\sqrt{a}$, $-\sqrt{a}$로 나타냄. |
|---|---|---|
| 근호
뿌리 根 + 부호 號 | 제곱근의 기호.($\sqrt{\ }$)
예 제곱근을 나타내기 위해 근호를 사용하고, 이 기호를 '제곱근' 또는 '루트'라고 읽는다. | |
| 정수
가지런할 整 + 셈 數 | 분수처럼 쪼개지지 않은 그대로의 수로, 양의 정수, 0, 음의 정수를 통틀어 부르는 말.
예 0은 양의 정수도 아니고 음의 정수도 아닌 수이다. | 플러스 개념어
• 양의 정수: 자연수에 양의 부호 +를 붙인 수. 1, 2, 3 따위.
• 음의 정수: 자연수에 음의 부호 −를 붙인 수. −3, −2, −1 따위. |
| 유리수
있을 有 + 이치 理 + 셈 數
'理'의 대표 뜻은 '다스리다'임 | 두 정수의 비로 나타낼 수 있는 수로, 분수로 나타낼 수 있는 수. 양의 유리수, 0, 음의 유리수를 통틀어 부르는 말.
예 $-\sqrt{36}$은 근호 안의 수를 6의 제곱으로 나타낼 수 있으므로 유리수이다. | 플러스 개념어
• 양의 유리수: 분자, 분모가 모두 자연수인 분수에 양의 부호 +를 붙인 수.
• 음의 유리수: 분자, 분모가 모두 자연수인 분수에 음의 부호 −를 붙인 수. |
| 유한소수
있을 有 + 끝 限 + 작을 小 + 셈 數 | 끝이 있는 소수로, 소수점 아래에 0이 아닌 숫자가 개수의 끝이 있는 소수.
예 0.123451234512345와 같이 소수점 아래의 자릿수가 끝이 나는 소수는 유한소수이다.
Tip 유리수를 소수로 나타내면 유한소수나 순환소수가 됨. | |
| 무한소수
없을 無 + 끝 限 + 작을 小 + 셈 數 | 끝이 없는 소수로, 소수점 아래의 0이 아닌 숫자가 끝이 없는 소수.
예 소수점 아래의 자릿수가 끝이 없이 이어지는 소수 0.23415674908…은 무한소수이다. | |
| 순환소수
돌 循 + 고리 環 + 작을 小 + 셈 數 | 무한소수 중에서 소수점 아래의 어떤 자리에서부터 일정한 숫자의 배열이 끝없이 되풀이되는 소수.
예 소수점 아래의 수가 일정한 규칙으로 끝없이 되풀이되는 무한소수 1.232323…은 순환소수이다.
되풀이되는 마디의 첫째와 마지막 숫자 위에 점을 찍어 $1.\dot{2}\dot{3}$으로 나타냄. | |

🧊 확인 문제

1 ( ) 안에 알맞은 단어를 보기에서 찾아 써 보자.

보기

근호   제곱근

(1) 어떤 수 x를 제곱하여 양수 a가 될 때, x는 a의 (제곱근)이다.

(2) 3의 (제곱근)을/를 (근호)($\sqrt{\ }$)을/를 사용하여 나타내면 $\pm\sqrt{3}$이다.

2 빈칸에 알맞은 단어를 보기의 글자를 조합해 써 보자.(같은 글자가 2번 쓰일 수 있음.)

보기

무   순   유   한   환

(1) 소수점 아래에 0이 아닌 숫자가 끝이 없는 소수 1.323435…는 무 한 소수이다.

(2) 소수점 아래에 0이 아닌 숫자가 개수의 끝이 있는 소수 3.732109는 유 한 소수이다.

(3) 소수점 아래의 어떤 자리에서부터 일정한 숫자의 배열이 끝없이 되풀이되는 무한소수 $0.0\dot{2}3\dot{4}$는

순 환 소수이다.

Tip 근호를 없앨 수 없는 $\sqrt{2}$나 $\sqrt{3}$ 따위의 수는 순환하지 않는 무한소수이다.

3 설명이 알맞으면 ○표, 알맞지 않으면 ✕표를 따라가며 선을 긋고, 도착한 곳의 기호를 써 보자.

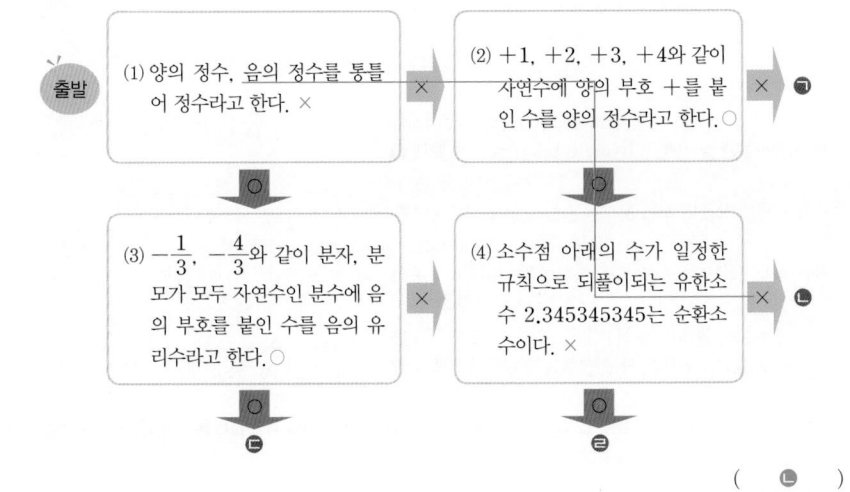

(㉡)

해설 | (1) 양의 정수, 0, 음의 정수를 통틀어 '정수'라고 한다. 숫자 0을 빠뜨리지 않도록 주의하자. (4) 소수점 아래의 수가 일정한 규칙으로 끝없이 되풀이되는 무한소수 2.345345345…를 '순환소수'라고 한다.

과학 교과서 어휘

수록 교과서 [과학 3]
I. 화학 반응의 규칙과 에너지 변화

✎ 단어와 그 뜻을 익히고, 빈칸에 알맞은 단어를 써 보자.

분자 나눌 分 + 아들 子	독립된 입자로 존재하며 물질의 성질을 나타내는 가장 작은 입자. 예 물 분자 는 수소 원자 2개와 산소 원자 1개로 이루어져 있다.	O H H ▲ 물 분자 모형
원자 근원 原 + 아들 子	원소를 이루는 가장 작은 물질의 단위 입자. 예 구리를 이루는 성분은 구리 원소이고, 구리를 이루는 입자 하나하나는 구리 원자 이다.	플러스 개념어 **원소** 모든 물질을 이루는 기본적인 성분.
물리 변화 물건 物 + 이치 理 + 변할 變 + 될 化 👆'理'의 대표 뜻은 '다스리다'임.	물질의 고유한 성질은 변하지 않으면서 크기, 상태, 모양 등이 바뀌는 변화. 예 종이를 접거나 자르거나 유리컵이 깨지는 것은 물리 변화 현상의 예이다.	Tip 분자의 배열만 달라짐.
화학 변화 될 化 + 배울 學 + 변할 變 + 될 化	물질이 반응하여 처음과 전혀 다른 새로운 물질이 생성되는 변화. 예 철이 녹스는 것은 화학 변화 의 예이다.	Tip 원자의 배열이 달라져 새로운 분자가 만들어짐.
화학 반응 될 化 + 배울 學 + 돌이킬 反 + 응할 應	화학 변화가 일어나 전혀 다른 성질의 새로운 물질로 변하는 반응. 예 화학 반응 전후에 원자의 배열은 달라지지만 원자의 종류는 변하지 않는다.	
화학식 될 化 + 배울 學 + 법식 式	물질을 이루는 성분 원소의 원소 기호와 숫자를 이용하여 물질을 표현한 것. 예 물을 H_2O로 나타낸 것을 화학식 이라고 한다.	
화학 반응식 될 化 + 배울 學 + 돌이킬 反 + 응할 應 + 법식 式	화학 반응이 일어나기 전의 물질. 화학 반응을 통해 생긴 물질. 화학 반응을 반응물질과 생성물질의 화학식과 기호를 사용하여 나타낸 식. 질소 : 수소 : 암모니아 1 : 3 : 2 N_2 + $3H_2$ ⟶ $2NH_3$ 예 화학 반응식 을 나타낼 때 반응물질은 화살표의 왼쪽에, 생성물질은 화살표의 오른쪽에 쓰고, 반응물질과 생성물질 사이는 +로 연결한다.	Tip 화학 반응식으로부터 반응물질과 생성물질의 종류를 알 수 있음.
계수 관련 있을 係 + 셈 數 👆'係'의 대표 뜻은 '매다'임.	화학 반응식에서 화학식 앞에 있는 숫자. 예 화학 반응식에서 계 수 비는 반응물질과 생성물질의 분자 수의 비와 같다.	

🧊 확인 문제

정답과 해설 ▶ 5쪽

1 문장에 알맞은 단어를 ( ) 안에서 골라 ○표 해 보자.

(1) 독립된 입자로 존재하며 물질의 성질을 나타내는 가장 작은 입자를 (⊙분자, 원자)라고 하고, 원소를 이루는 가장 작은 물질의 단위 입자를 (분자, ⊙원자)라고 한다.

(2) 물질의 고유한 성질은 변하지 않으면서 크기, 상태, 모양 등이 바뀌는 변화를 (⊙물리, 화학) 변화라고 하고, 물질이 반응하여 처음과 전혀 다른 새로운 물질이 생성되는 변화를 (물리, ⊙화학) 변화라고 한다.

2 뜻에 알맞은 단어를 보기의 글자를 조합해 써 보자. (같은 글자가 여러 번 쓰일 수 있음.)

보기
반	변	식	응	학	화

(1) 물질이 반응하여 처음과 전혀 다른 새로운 물질이 생성되는 변화. → 화 학 변 화

(2) 물질을 이루는 성분 원소의 원소 기호와 숫자를 이용하여 물질을 표현한 것. → 화 학 식

(3) 화학 반응을 반응물질과 생성물질의 화학식과 기호를 사용하여 나타낸 식. → 화 학 반 응 식

Tip 화학식을 써서 간단히 화학 반응식으로 나타내면 반응물질과 생성물질을 한눈에 알 수 있어 편리하다.

해설 | (1) 원소 기호와 숫자를 사용하여 물질을 나타낸 식은 '화학식'이다. (2) 색, 맛의 변화, 빛이나 열, 새로운 기체 발생, 앙금 생성 등 새로운 물질이 생기는 변화는 '화학 변화'이다. (3) 물질의 성질은 변하지 않으면서 모양이나 상태가 바뀌는 변화는 '물리 변화'이다. (4) 화학 반응에서 반응 전후 원자의 종류와 개수가 같아지도록 화학식 앞에 쓰는 숫자로, 그 물질의 입자 수를 나타내는 것은 '계수'이다.

3 ( ) 안에 알맞은 단어를 보기에서 찾아 써 보자.

보기
계수	화학식	물리 변화	화학 변화

(1) 암모니아를 NH_3로 나타낸 것을 (화학식)(이)라고 한다.

(2) 가을이 되면 단풍이 들거나, 흰 설탕을 가열하면 갈색으로 변하는 현상은 (화학 변화)의 예이다.

(3) 공기 중의 수증기가 응결하여 구름이 생성되는 과정 등 기상 현상에서 일어나는 상태 변화는 (물리 변화)의 예이다.

(4) 화학 반응식의 (계수)을/를 맞추는 것은 반응 전후 원자가 새로 생기거나 없어지지 않으므로 화살표 양쪽에 있는 원자의 종류와 개수가 같아야 하기 때문이다.

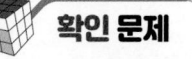
✏️ 단어와 그 뜻을 익히고, 빈칸에 알맞은 단어를 써 보자.

심미적 체험 살필 審 + 아름다울 美 + ~한 상태로 되는 的 + 몸 體 + 시험 驗 ☞ '的'의 대표 뜻은 '과녁'임.	문학 작품을 읽으며 그 내용과 표현을 두고 아름다움 따위를 느끼거나 생각함. 예 소설을 읽은 뒤 그 내용과 표현에 대한 심미적 체험을 바탕으로 의견을 나누는 활동을 했다.	플러스 개념어 **수용** 감상의 기초로, 문학 작품 등을 감성으로 받아들여 즐김. 예 문학 작품을 읽고 나서 그것을 수용하는 과정은 사람마다 다르다.
형상화 모양 形 + 모양 象 + 될 化 ☞ '象'의 대표 뜻은 '코끼리'임.	형체가 분명하지 않은 것을 형상으로 분명하게 나타냄. 특히 어떤 소재를 예술적으로 새롭게, 구체적으로 만들어 내는 것을 의미함. 예 고전 문학에서는 선비들의 절개를 '대나무'나 '매화'로 형상화하고는 한다.	플러스 개념어 **형상** 사물의 생긴 모양이나 상태. 예 이 조각품은 새의 형상을 본떠 만들었다.
사회·문화적 배경 모일 社 + 모일 會 학문 文 + 될 化 + ~의 的 + 뒤 背 + 경치 景 ☞ '文'의 대표 뜻은 '글', '背'의 대표 뜻은 '등', '景'의 대표 뜻은 '볕'임.	어떤 시대나 지역의 사상, 풍습, 제도, 문화, 생활 환경 등 그 전반적인 모습. 예 이 소설은 유교를 중시하던 조선 시대를 사회·문화적 배경으로 사건이 전개되고 있다.	플러스 개념어 **시대적 배경** 문학 작품에서 인물이 행동하거나 사건이 벌어지는 그 시대에 특징이 되는 환경.
복선 감출 伏 + 실마리 線 ☞ '伏'의 대표 뜻은 '엎드리다', '線'의 대표 뜻은 '줄'임.	앞으로 일어날 사건을 독자가 미리 짐작할 수 있게 하는 것. 예 이 소설에는 결말을 예상할 수 있게 하는 여러 복선이 깔려 있다.	플러스 개념어 **암시** 문학 작품에서 뜻하는 바를 간접적으로 드러내는 표현 방법. 예 그 인물이 손을 떠는 것은 불안한 심리를 암시하는 것이다.
보편적 넓을 普 + 두루 遍 + ~한 상태로 되는 的	모든 것에 두루 통하거나 해당되는 것. 예 소설 속 인물이 사회에 대응하는 방식은 보통의 사람들이 따르는 보편적인 규범에서 벗어나기도 한다.	플러스 개념어 • **일반적**: 일부에 한정되지 않고 전체에 걸치는 것. • **전형적**: 어떤 부류의 특징을 가장 잘 나타내는 것.
주체적 주인 主 + 몸 體 + ~한 상태로 되는 的	어떤 일을 하는 데 자유롭고 자기 스스로 하려는 성질이 있는 것. 예 책에서 얻은 정보를 그대로 받아들일 것이 아니라 주체적으로 판단하는 자세가 필요하다.	플러스 개념어 **능동적** 다른 것에 이끌리지 않고 스스로 일으키거나 움직이는 것.

🧊 **확인 문제**

1 뜻에 알맞은 단어를 빈칸에 써 보자.

	❶보		
	편		
❷주	체	적	

가로 열쇠
 ❷ 어떤 일을 하는 데 자유롭고 자기 스스로 하려는 성질이 있는 것.

세로 열쇠
 ❶ 모든 것에 두루 통하거나 해당되는 것.

2 문장에 알맞은 말을 ( ) 안에서 골라 ○표 해 보자.

(1) 사물의 생긴 모양이나 상태를 (추상 , ⟨형상⟩)이라고 한다.

(2) 이 작품 속 주인공은 자신이 마음먹은 대로 행동하는 (⟨주체적⟩, 의존적)인 성격을 지녔다.

(3) 어떤 시대나 지역의 사상, 풍습, 제도, 문화, 생활 환경 등 그 전반적인 모습을 (시간적 , ⟨사회·문화적⟩) 배경이라고 한다.

해설 | (1) '사물의 생긴 모양이나 상태'를 뜻하는 말은 '형상'이다. '추상'은 사물이 직접 겪거나 지각할 수 있는 어떤 모양과 성질을 갖추고 있지 않은 것을 가리킨다. (2) 자기 마음먹은 대로 하려는 성격이므로, '어떤 일을 하는 데 자유롭고 자신이 스스로 행동하는 것'을 뜻하는 말인 '주체적'을 써야 알맞다. '의존적'은 무엇에 기대는 것이다. (3) '어떤 시대나 지역의 사상, 풍습, 제도, 문화, 생활 환경 등 그 전반적인 모습'을 뜻하는 말은 '사회·문화적 배경'이다. '시간적 배경'은 일이 일어나는 때이다.

해설 | (1) 앞으로 일어날 사건(불길한 일)을 독자가 미리 짐작할 수 있게 하는 것을 뜻하는 '복선'을 써야 알맞다. (2) 형체가 분명하지 않은 것(냉혹한 현실이나 시련)을 형상(눈, 비바람)으로 분명하게 나타내는 것을 뜻하는 '형상화'를 써야 알맞다. (3) 문학 작품 등(작가의 세계관)을 감성으로 받아들여 즐김을 뜻하는 '수용'을 써야 알맞다.

3 ( ) 안에 알맞은 단어를 보기에서 찾아 써 보자.

보기

복선	수용	형상화

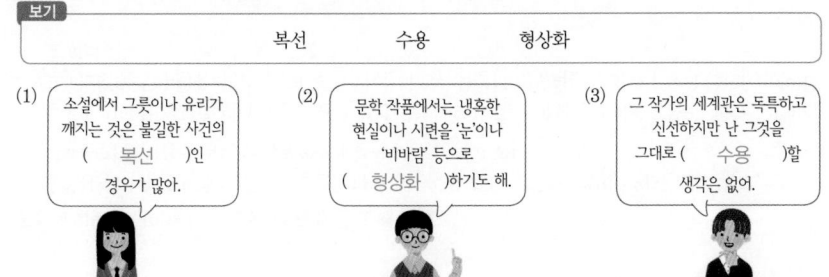

(1) 소설에서 그릇이나 유리가 깨지는 것은 불길한 사건의 (복선)인 경우가 많아.

(2) 문학 작품에서는 냉혹한 현실이나 시련을 '눈'이나 '비바람' 등으로 (형상화)하기도 해.

(3) 그 작가의 세계관은 독특하고 신선하지만 난 그것을 그대로 (수용)할 생각은 없어.

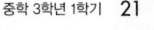

✎ 단어와 그 뜻을 익히고, 빈칸에 알맞은 단어를 써 보자.

Tip '선거'는 국민이 투표를 통해 대표자를 뽑는 일임.

국회
나라 國 + 모일 會

국회 의원
국민이 선출한 대표들이 국민을 위해 법률을 만들고 국가의 의사를 결정하는 국가 기관.
예 국회 의원들이 새로운 법률과 정책을 정하기 위해 국회에 모였다.

플러스 개념어 **선출**
여럿 가운데서 뽑음.
예 우리나라는 선거를 통해 국회 의원과 대통령을 선출한다.

입법
세울 立 + 법 法
👉 '立'의 대표 뜻은 '서다'임.

법률을 만듦.
예 국회는 법률을 만드는 입법 기관이자 국민의 대표 기관이다.

플러스 개념어 **사법**
법을 해석하고 적용해 판단함으로써 다툼을 해결하는 국가 작용.
Tip '행정'은 법률을 집행하고 공익을 이루기 위해 정책을 실행하는 나라의 작용임.

국정 감사
나라 國 + 정치 政 + 살필 監 + 조사할 査
👉 '監'의 대표 뜻은 '보다'임.

감독하고 검사함.
국회가 행정부를 감독하고 검사하는 일.
예 시의 사업자 선정에 대한 의혹이 커지자, 비리를 밝히기 위한 국정 감사가 진행되었다.

플러스 개념어 **감찰**
감사원이 공적인 일에서 그릇된 점이 없는지 조사하거나 감독하는 일.
예 감사원은 공무원들의 비리를 조사하는 감찰 업무를 맡는다.

정당
정치 政 + 무리 黨

정치적인 권력을 잡고 이상을 실현하기 위해 정치적으로 생각을 같이하는 사람들이 조직한 단체.
예 여당과 야당, 두 정당은 이번 선거에 여러 후보들을 추천하기로 했다.

플러스 개념어
• 여당: 현재 정치적인 권력을 잡고 있는 정당.
• 야당: 현재 정치적인 권력을 잡고 있지 않은 정당.

원수
으뜸 元 + 머리 首

한 나라에서 으뜸가는 권력을 지니면서 나라를 다스리는 사람.
예 세계 여러 나라를 대표하는 국가 원수들이 우리나라에서 열리는 정상 회의에 참석했다.

플러스 개념어 **수반**
행정부의 가장 높은 자리에 있는 사람, 즉 대통령을 가리킴.
예 대통령은 행정부 수반의 자격을 가지고 있다.

비준
비답 批 + 준할 准
상소에 대해 임금이 내리던 답을 뜻함.
👉 '批'의 대표 뜻은 '비평하다'임.

국가 간의 조약에 대해 마지막으로 확인·동의하는 일.
예 남북한이 맺기로 한 이번 조약은 모든 절차를 거치고 마지막으로 대통령의 비준만이 남아 있다.

법원
법 法 + 집 院

사법을 맡아보는 나라의 기관.
예 사법 작용은 법원의 재판을 통해서 이루어진다.

---

1 단어의 뜻을 보기에서 찾아 사다리를 타고 내려간 곳에 기호를 써 보자.

보기
㉠ 의회에서 법률을 만듦. 입법
㉡ 사법을 맡아보는 나라의 기관. 법원
㉢ 국회가 행정부를 감독하고 검사하는 일. 국정 감사
㉣ 한 나라에서 으뜸가는 권력을 지니면서 나라를 다스리는 사람. 원수

법원　입법　국정 감사　원수

㉡　㉠　㉢　㉣

해설 | '여당'과 '야당'을 아울러 이르는 말은 '정치적인 권력을 잡고 이상을 실현하기 위하여 정치적으로 생각을 같이하는 사람들이 조직한 단체'를 뜻하는 말인 '정당'이다. 현재 정권을 잡고 있는 정당을 뜻하는 말은 '여당'이다. 현재 정권을 잡고 있지 않은 정당을 뜻하는 말은 '야당'이다.

2 빈칸에 알맞은 단어를 써 보자.

정 당 ┬ 여 당 — 현재 정치적인 권력을 잡고 있는 정당.
　　　└ 야 당 — 현재 정치적인 권력을 잡고 있지 않은 정당.

해설 | (1) 후보들 가운데서 국회 의원을 뽑는 것으로, 여럿 가운데서 뽑음을 뜻하는 말은 '선출'이다. '국정 감사'는 국회가 행정부 일의 잘못을 찾아내어 바로잡는 일이다. (2) 법을 만드는 행위를 뜻하는 말은 '입법'이다. '사법'은 다툼이 일어났을 때 법을 적용해 판단하는 일이다. (3) 조약을 맺을 때 국회의 동의를 얻어 대통령이 행하는 일을 뜻하는 말은 '비준'이다. (4) 국회 의원들이 법률을 만드는 국가 기관은 '국회'이다. '법원'은 재판 따위를 하는 기관이다.

3 문장에 어울리는 단어를 ( ) 안에서 골라 ○표 해 보자.

(1) 내일은 국회 의원을 ((선출), 국정 감사)하는 날이다.

(2) 국회에서 법률을 만들기 위한 (사법 , (입법)) 절차가 시작되었다.

(3) 이번 조약은 대통령의 (동의 , (비준))이/가 완료되어 내년 1월부터 적용된다고 한다.

(4) 여당과 야당의 의원들이 ((국회), 법원)에서 새로운 주요 정책에 대해 의논하고 있다.

✏️ 단어와 그 뜻을 익히고, 빈칸에 알맞은 단어를 써 보자.

무리수 없을 無 + 이치 理 + 셈 數	유리수가 아닌 수로, 순환하지 않는 무한소수. 예 원주율 3.141592…는 순환하지 않는 무한소수로 무리수 이다.
실수 실제 實 + 셈 數 ⌐ '實'의 대표 뜻은 '열매'임.	유리수와 무리수를 통틀어 부르는 말. 예 수직선은 실수 에 대응하는 점으로 완전히 메울 수 있다. 실수 ┌ 유리수 ┌ 정수 ┌ 양의 정수(자연수): 1, 2, 3… │ 0 │ 음의 정수: −1, −2, −3… │ └ 정수가 아닌 유리수: $\frac{1}{3}$, $-\frac{1}{2}$, $0.\dot{5}$, $1.\dot{6}\dot{7}$… 유한소수, 순환소수 └ 무리수(순환하지 않는 무한소수): $\sqrt{2}$, $-\sqrt{5}$, π…
수직선 셈 數 + 곧을 直 + 줄선 線	수를 나타내는 곧은 선으로, 직선 위에 기준이 되는 점을 원점 O로 정하고, 그 점의 양쪽에 일정한 간격으로 점을 잡아 오른쪽은 양수, 왼쪽은 음수를 차례로 대응시킨 직선. 0을 나타내는 점. O 원점 −3 −2 −1 0 +1 +2 +3 예 수직선 에서 0을 기준으로 왼쪽은 음의 실수, 오른쪽은 양의 실수가 있다.
절댓값 더없을 絕 + 대할 對 + 값 ⌐ '絕'의 대표 뜻은 '끊다'임.	수직선 위에서 어떤 수를 나타내는 점과 0을 나타내는 원점 사이의 거리. $\sqrt{3}$ $\sqrt{3}$ −2 $-\sqrt{3}$ −1 0 1 $\sqrt{3}$ 2 예 $-\sqrt{3}$, $+\sqrt{3}$의 절댓값 은 기호 | |를 사용해 각각 $\|-\sqrt{3}\|$, $\|+\sqrt{3}\|$과 같이 나타낸다.
분모의 유리화 나눌 分 + 어머니 母 + ~의 + 있을 有 + 이치 理 + 될 化	분모를 유리수로 고치는 것. 분수의 분모가 근호를 포함한 무리수일 때, 분모와 분자에 각각 0이 아닌 같은 수를 곱하여 분모를 유리수로 고치는 것. 예 $\frac{1}{\sqrt{3}}$에서 분모, 분자에 같은 수 $\sqrt{3}$을 곱하여 $\frac{1\times\sqrt{3}}{\sqrt{3}\times\sqrt{3}}=\frac{\sqrt{3}}{3}$으로 분모의 무리수 $\sqrt{3}$을 유리수 3으로 고치는 것을 분모의 유리화 라고 한다. $a>0$일 때 ① $\frac{b}{\sqrt{a}}=\frac{b\times\sqrt{a}}{\sqrt{a}\times\sqrt{a}}=\frac{b\sqrt{a}}{a}$ ② $\frac{\sqrt{b}}{\sqrt{a}}=\frac{\sqrt{b}\times\sqrt{a}}{\sqrt{a}\times\sqrt{a}}=\frac{\sqrt{ab}}{a}$ (단, $b>0$) 예 $\frac{3}{\sqrt{2}}=\frac{3\times\sqrt{2}}{\sqrt{2}\times\sqrt{2}}=\frac{3\sqrt{2}}{2}$ 예 $\frac{\sqrt{5}}{\sqrt{3}}=\frac{\sqrt{5}\times\sqrt{3}}{\sqrt{3}\times\sqrt{3}}=\frac{\sqrt{15}}{3}$
제곱근표 제곱 + 뿌리 根 + 표 表	1.00부터 99.9까지의 수에 대한 양의 제곱근 값을 반올림해 소수점 아래 셋째 자리까지 나타낸 표. 예 제곱근표 를 써서 제곱근을 어림한 값을 구할 수 있다.

🧊 **확인 문제**

1 뜻에 알맞은 단어를 보기 의 글자를 조합해 써 보자. (같은 글자가 2번 쓰일 수 있음.)

보기
절 실 해
수 리 값
무 댓 선

(1) 유리수와 무리수를 통틀어 부르는 말. → 실 수

(2) 유리수가 아닌 수로, 순환하지 않는 무한소수. → 무 리 수

(3) 수직선에서 어떤 수를 나타내는 점과 0을 나타내는 원점 사이의 거리.
→ 절 댓 값

2 ( ) 안에 알맞은 단어를 써 보자.

분수의 분모가 근호를 포함한 무리수일 때, 분모와 분자에 각각 0이 아닌 같은 수를 곱하여 분모를 유리수로 고치는 것을 (분모)의 (유리화)라고 한다.

Tip 분모가 $\sqrt{a^2b}$일 때는 $a\sqrt{b}$로 고치고, 분모, 분자에 $\sqrt{b}$를 곱함. ($a>0$, $b>0$)

┌ 해설 | (2) $+\frac{1}{4}$, $+2$, $-\frac{3}{4}$, -10…은 유리수이다. (3) 1.235623412…는 순환하지 않는 무한소수이므로 무리수이다.
└ (4) 수직선에서 음의 실수는 0을 기준으로 왼쪽에 있다.

3 설명이 알맞으면 ○표, 알맞지 않으면 ✕표 해 보자.

(1) -5, $+5$의 절댓값은 5이다. (○)

(2) $+\frac{1}{4}$, $+2$, $-\frac{3}{4}$, -10…은 무리수이다. (✕)

(3) 순환하지 않는 무한소수 1.235623412…는 유리수이다. (✕)

(4) $-\frac{1}{3}$, $-\frac{4}{3}$, $-2\frac{1}{3}$은 수직선에서 0을 기준으로 오른쪽에 있다. (✕)

(5) $\frac{1}{\sqrt{7}}$의 분모와 분자에 같은 수 $\sqrt{7}$을 곱하여 $\frac{1\times\sqrt{7}}{\sqrt{7}\times\sqrt{7}}=\frac{\sqrt{7}}{7}$로 분모를 유리수 7로 고치는 것을 분모의 유리화라고 한다. (○)

1주차 4회 과학 교과서 어휘

수록 교과서 **과학 3**
I. 화학 반응의 규칙과 에너지 변화

✏️ 단어와 그 뜻을 익히고, 빈칸에 알맞은 단어를 써 보자.

질량
바탕 質 + 양 量
↳ '量'의 대표 뜻은 '헤아리다'임.

물체가 가지고 있는 고유의 양.
예 질량은 장소나 상태에 따라 달라지지 않는 물질의 고유한 양으로 저울을 사용하여 측정한다.

앙금 생성 반응
앙금 + 날 生 + 이룰 成 +
돌이킬 反 + 응할 應

수용액에 들어 있는 특정 양이온과 음이온이 반응하여 앙금이 만들어지는 현상. (물에 녹지 않는 물질.)
예 앙금 생성 반응 전후에 물질의 총 질량은 변하지 않는다.

질량 보존 법칙
바탕 質 + 양 量 +
지킬 保 + 있을 存 +
법 法 + 법칙 則

화학 반응 전 물질의 전체 질량과 화학 반응 후 물질의 전체 질량은 항상 같다는 법칙.
예 화학 반응이 일어날 때 원자의 종류와 개수가 변하지 않기 때문에 질량 보존 법칙이 성립한다.

일정 성분비 법칙
하나 一 + 정할 定 +
이룰 成 + 나눌 分 + 비율 比 +
법 法 + 법칙 則
↳ '比'의 대표 뜻은 '견주다'임.

한 화합물을 구성하는 성분 원소의 질량비는 항상 일정하다는 법칙.
예 화합물을 구성하는 원자가 일정한 개수비로 결합하기 때문에 일정 성분비 법칙이 성립한다.

기체 반응 법칙
공기 氣 + 물질 體 +
돌이킬 反 + 응할 應 +
법 法 + 법칙 則
↳ '氣'의 대표 뜻은 '기운', '體'의 대표 뜻은 '몸'임.

온도와 압력이 일정할 때 반응하는 기체와 생성되는 기체의 부피 사이에 간단한 비가 성립한다는 법칙.
예 온도와 압력이 같을 때 모든 기체는 같은 부피 속에 같은 수의 분자가 들어 있기 때문에 기체 반응 법칙이 성립한다.

> 화학 반응식에서 계수비는 각 기체의 부피비와 같아.

발열 반응
일어날 發 + 열 熱 +
돌이킬 反 + 응할 應

화학 반응이 일어날 때 에너지를 방출하는 반응.
예 발열 반응이 일어날 때 외부로 열을 방출하므로 주변의 온도가 높아진다.

흡열 반응
빨 吸 + 열 熱 +
돌이킬 反 + 응할 應

화학 반응이 일어날 때 에너지를 흡수하는 반응.
예 흡열 반응이 진행되면 열에너지를 흡수하기 때문에 주변의 온도가 낮아진다.

🧊 확인 문제

정답과 해설 ▶ 9쪽

1 뜻에 알맞은 단어를 보기의 글자를 조합해 써 보자. (같은 글자가 2번 쓰일 수 있음.)

보기
| 금 | 량 | 발 | 생 | 성 | 앙 | 열 | 질 | 흡 |

(1) 물체가 가지고 있는 고유의 양. 질 량

(2) 화학 반응이 일어날 때 에너지를 방출하는 반응. 발 열 반응

(3) 화학 반응이 일어날 때 에너지를 흡수하는 반응. 흡 열 반응

(4) 수용액에 들어 있는 특정 양이온과 음이온이 반응하여 앙금이 만들어지는 현상.
앙 금 생 성 반응

---

2 뜻에 알맞은 단어를 찾아 선으로 이어 보자.

(1) 한 화합물을 구성하는 성분 원소의 질량비는 항상 일정하다는 법칙. ─── 질량 보존 법칙

(2) 화학 반응 전 물질의 전체 질량과 반응 후 물질의 전체 질량은 항상 같다는 법칙. ─── 일정 성분비 법칙

(3) 온도와 압력이 일정할 때 반응하는 기체와 생성되는 기체의 부피 사이에 간단한 비가 성립한다는 법칙. ─── 기체 반응 법칙

Tip 기체 반응 법칙은 기체끼리 반응할 때 성립한다.

해설 | (1) 화학 반응이 일어날 때 에너지를 방출하는 반응인 '발열 반응'은 에너지를 방출하므로 주변의 온도가 높아진다.
(2) 화학 반응이 일어날 때 에너지를 흡수하는 반응인 '흡열 반응'은 에너지를 흡수하므로 주변의 온도가 낮아진다.

3 문장에 알맞은 단어를 ( ) 안에서 골라 ○표 해 보자.

(1) 철 가루와 산소가 반응할 때 방출하는 에너지로 손을 따뜻하게 하는 흔드는 손난로는 (⃝발열 반응, 흡열 반응)을 활용한 예이다.

(2) 질산 암모늄과 물이 반응할 때 에너지를 흡수하여 열을 내리게 하는 냉찜질 팩은 (발열 반응, ⃝흡열 반응)을 활용한 예이다.

改(개), 正(정)이 들어간 말

改 고칠 개	자기 기(己)와 칠 복(攵)이 결합한 개(改)는 주로 '고치다'라는 뜻으로 쓰여.	正 바를 정	정(正)은 주로 '바르다'라는 뜻으로 쓰여. 정(正)이 '가운데', '처음'이라는 뜻으로 쓰일 때도 있어.

✏️ 단어와 그 뜻을 익히고, 빈칸에 알맞은 단어를 써 보자.

조변석개
아침 朝 + 변할 變 + 저녁 夕 + 고칠 改

아침저녁으로 뜯어고친다는 뜻으로, 계획이나 결정 등을 자주 고침을 이르는 말.
예 상황이 지금처럼 혼란스러워진 이유는 규칙을 자꾸 조변석개 식으로 바꿨기 때문이다.

Tip 동의어는 '조변모개', '조석변개'임.

플러스 개념어 **조령모개**
(아침 朝 + 명령할 令 + 저물 暮 + 고칠 改)
아침에 명령을 내렸다가 저녁에 다시 고친다는 뜻으로, 법률과 명령을 자꾸 고쳐서 일의 방향을 잡기가 어려움을 이르는 말.

개선
고칠 改 + 좋다 善

잘못을 고쳐 좋게 함.
예 더 이상 장마 피해를 입지 않도록 개선 방안을 마련해야 한다.

사필귀정
일 事 + 반드시 必 + 돌아갈 歸 + 바를 正

사(事)는 세상의 모든 일을, 정(正)은 세상의 올바른 법칙을 뜻해.

모든 일은 반드시 바른길로 돌아감.
예 거짓된 소문이 떠돌아도 사필귀정 이라는 말처럼 결국 진실은 밝혀지게 마련이다.

플러스 개념어 **인과응보**
(원인 因 + 결과 果 + 응할 應 + 갚을 報)
선악에 따라 행과 불행이 있음.

정곡
가운데 正 + 과녁 鵠

정(正)이 '가운데'라는 뜻으로 쓰였어. 과녁의 가운데는 곧 핵심을 말해.

가장 중요한 핵심.
예 강연자가 청중의 질문에 정곡을 찌르는 답변을 내놓자 박수가 쏟아졌다.

정월
처음 正 + 달 月

정(正)이 '처음'이라는 뜻으로 쓰였어. 정월은 1월을 말해.

음력으로 한 해의 첫째 달.
예 새해가 시작되는 정월이면 어른들에게 세배를 드린다.

확인 문제

정답과 해설 ▶ 10쪽

1 빈칸에 알맞은 단어를 보기의 글자를 조합해 써 보자.(같은 글자가 2번 쓰일 수 있음.)

보기
갈	개	덕
선	곡	정
월	표	세

(1) 정 곡 은/는 가장 중요한 핵심을 뜻한다.

(2) 개 선 은/는 잘못을 고쳐 좋게 함을 뜻한다.

(3) 정 월 은/는 음력으로 한 해의 첫째 달을 뜻한다.

해설 | 법률과 명령(교육 정책)을 자꾸 고침을 뜻하는 '조령모개(朝令暮改)'가 알맞다. ① '우유부단(優柔不斷)'은 망설이기만 하고 결단성이 없음을 뜻하고, ② '적반하장(賊反荷杖)'은 도둑이 도리어 매를 든다는 뜻으로, 잘못한 사람이 아무 잘못도 없는 사람을 나무람을 이른다. ④ '공명정대(公明正大)'는 하는 일이나 행동이 아주 정당하고 떳떳함을 뜻한다. ⑤ '조삼모사(朝三暮四)'는 먹이를 아침에 세 개, 저녁에 네 개씩 주겠다는 말에는 원숭이들이 적다고 화를 내더니 아침에 네 개, 저녁에 세 개씩 주겠다는 말에는 좋아했다는 데서 나온 말로, 간사한 꾀로 남을 속임을 뜻한다.

2 빈칸에 들어갈 한자 성어로 알맞은 것은? (③)

작년에 바꾼 교육 정책을 올해 또 [   ](으)로 바꾸겠다고 하니 너무 심해.

① 우유부단(優柔不斷)   ② 적반하장(賊反荷杖)
③ 조령모개(朝令暮改)   ④ 공명정대(公明正大)
⑤ 조삼모사(朝三暮四)

해설 | (1) 가장 중요하고 중심이 되는 사실이나 핵심을 뜻하는 '정곡'을 써야 알맞다. '정답'은 옳은 답이라는 뜻이다. (2) 식습관을 고쳐 좋게 하는 것이므로 '개선'을 써야 알맞다. '개정'은 주로 문서의 내용이나 법 따위를 고쳐 바르게 함을 뜻한다. (3) 잘못된 사람이 벌을 받아 일이 바른길로 돌아간 것으로 '사필귀정'을 써야 알맞다. '조변석개'는 아침저녁으로 뜯어고친다는 말로, 계획이나 결정 따위를 자주 고침을 뜻한다.

3 문장에 어울리는 단어를 ( ) 안에서 골라 ○표 해 보자.

(1) 주민들은 지역 문제의 (◯정곡, 정답)을 뚫지 못한 구청의 해결 방안이 과연 효과적일지 의문을 제기했다.

(2) 그는 즉석 식품을 먹지 않고 규칙적으로 식사를 하는 등 식습관을 (개정 ,◯개선)해 점차 건강을 되찾았다.

(3) 성공을 위해 수단과 방법을 가리지 않던 그들이 결국 법의 심판을 받게 된 것을 보니, (◯사필귀정, 조변석개)(이)라는 말이 생각난다.

영문법 어휘

접속사

"
주어와 서술어를 갖추었으나 독립해 쓰이지 못하고 다른 문장의 한 성분으로 쓰이는 단어.

단어와 단어, 구와 구, 절과 절, 문장과 문장을 연결해 주는 것을 접속사라고 해. 앞 문장과 뒤 문장의 관계가 종속되었는지(주가 되는 것에 딸렸는지), 대등한 관계가 있는지, 시간 관계인지, 이유를 나타내는 관계인지 등을 접속사로 나타내. 여러 가지 접속사의 뜻을 알아보자.
"

✏️ 단어와 그 뜻을 익히고, 빈칸에 알맞은 단어를 써 보자.

---

a subordinate conjunction
종속 접속사
좇을 從 + 무리 屬 +
이을 接 + 이을 續 + 말 詞

주가 되는 절에 딸린 절로 주절과 관련되어 종속절을 이끄는 말. 종속 접속사가 이끄는 절은 명사나 부사, 형용사 구실을 함.
• I hope **that** we can be good friends.(나는 우리들이 좋은 친구가 되기를 바라.)
　that 이하가 명사(목적어) 역할을 하는 종속 접속사
예 "I don't know whether he will succeed or not.(그가 성공할지 못할지 나는 알 수 없다.)"에서 '~인지(어떤지)'를 뜻하는 whether가 종속 접속사이다.

---

a coordinate conjunction
등위 접속사
같을 等 + 자리 位 +
이을 接 + 이을 續 + 말 詞

앞 문장과 뒤 문장을 대등한 관계로 연결해 주는 말.
• Sumi is a student **and** John is a teacher.
　문장이 대등하게 병렬된 등위 접속사
(수미는 학생이고 John은 선생님이다.)
예 "I like to walk, but I don't like to take a bus.(나는 걷는 건 좋지만 버스 타는 건 싫다.)"에서 but이 등위 접속사이다.

> **플러스 개념어** 등위 접속사의 종류
> • and(그리고)
> • but(그러나, 하지만)
> • or(안 그러면)
> • so(그래서)

---

a conjunction - time
시간 접속사
때 時 + 사이 間 +
이을 接 + 이을 續 + 말 詞

시간의 의미를 나타내는 접속사.
• **When** the movie is over, I'll meet Tom.
　'~할 때'라는 의미의 시간 접속사
(영화가 끝나면, 나는 톰을 만날 거야.)
예 "I met her after I got off the bus.(버스에서 내린 후 나는 그녀를 만났다.)"에서 after는 '~한 후에'로 해석하는 시간 접속사이다.

> **플러스 개념어** 시간 접속사의 종류
> • when, as(~할 때)
> • before(~하기 전에)
> • after(~한 후에)
> • while(~할 동안)
> • until(~할 때까지)
> • since(~한 이래로)

---

a conjunction - reason
이유 접속사
다스릴 理 + 말미암을 由 +
이을 接 + 이을 續 + 말 詞

원인, 이유를 나타낼 때 쓰이는 접속사.
• I went to the store **because** we needed milk.
　'~때문에'라는 의미의 이유 접속사
(우유가 필요해서 나는 가게에 갔다.)
　부사절
예 "<u>Since it was raining</u>, we stayed indoors.(비가 오고 있어서, 우리는 실내에 있었다.)"에서 since는 이유 접속사이다.

> **플러스 개념어** 이유 접속사의 종류
> • because(~ 때문에)
> • as(~ 때문에 - 간접적이고 보충적인 원인이나 이유를 나타낼 때 씀.)
> • since(~이니까 - 말하는 사람과 듣는 사람 모두 이미 알고 있는 이유를 나타낼 때 씀.)
> • for(~ 때문에)

Tip 조건: if(만약 ~라면), unless(~하지 않으면), in case(~할 경우에 대비해) / 양보: though, although(비록 ~해도) / 목적: so that(~하기 위해) / 결과: so ~ that(너무 ~해서 ~하다)

---

1 각 단어의 설명을 보기 에서 찾아 사다리를 타고 내려간 곳에 기호를 써 보자.

> **보기**
> ㉠ 시간의 의미를 나타내는 접속사. after
> ㉡ 원인, 이유를 나타날 때 쓰이는 접속사. since
> ㉢ 앞 문장과 뒤 문장을 대등한 관계로 연결해 주는 말. but

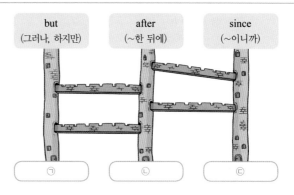

but	after	since
(그러나, 하지만)	(~한 뒤에)	(~이니까)

(㉠) (㉡) (㉢)

해설 | (1) 이유를 나타내므로 as, since, because 등 이유를 나타내는 접속사를 쓸 수 있다. (2) I was young은 때를 나타내므로 시간을 나타내는 접속사 when이 적절하다. (3) 두 문장을 이어 주며 '그리고'를 뜻하는 접속사 and가 와야 알맞다. (4) 주어와 동사로 된 절과 절 사이에 접속사 that을 쓴다.

2 ( ) 안에 알맞은 단어를 보기 에서 찾아 기호를 써 보자.

> **보기**
> ㉠ that(~기를)　　㉡ and(~고)　　㉢ when(때)　　㉣ Because(때문에)

(1) I hope ( ) you get well soon.
　(나는 네가 곧 회복하( ) 바라.)　　(㉠)

(2) I cooked dinner ( ) made cookies.
　(나는 저녁을 만들( ) 쿠키를 구웠다.)　　(㉡)

(3) My family were rich ( ) I was young.
　(내가 어렸을 ( ) 우리 가족은 부유했다.)　　(㉢)

(4) ( ) there were many cars during Chuseok, highway was heavy.
　(추석에 차가 많았기 ( ), 고속 도로는 붐볐다.)　　(㉣)

🖉 1주차 1~5회에서 공부한 단어를 떠올리며 문제를 풀어 보자.

국어
1 시에서 보기가 설명하는 말을 찾아 써 보자.

> 갈 봄 여름 없이
> 꽃이 피네
> – 김소월 「산유화」 중

보기
시적 허용: 시에서 운율과 말의 맛을 살리려고 쓴 문법에 맞지 않는 표현.

(갈)

해설 | '가을'이 맞는 맞춤법이지만, 시인의 의도와 시의 흐름에 따라 '갈'로 썼다.

국어
2 ( ) 안에 들어갈 단어로 알맞은 것은? (①)

> 문학은 아름다움 따위를 느끼거나 생각하는 ( ) 체험을 바탕으로 한 소통 활동이다.

① 심미적 ② 서정적 ③ 보편적 ④ 점층적 ⑤ 애상적

해설 | 문학 작품을 읽으며 그 내용과 표현을 두고 아름다움 따위를 느끼거나 생각하는 것을 독자의 '심미적 체험'이라고 한다. '서정적, 보편적, 점층적, 애상적' 따위는 개별 문학 작품에 나타나는 성격이다.

사회
3 ( ) 안에 공통으로 들어갈 단어로 알맞은 것은? (②)

사회권
> • 나라에 사람다운 삶의 보장을 요구할 수 있는 권리에는 배울 권리, ( )의 권리, 사회 보장을 받을 권리 따위가 있다.
> • ( )의 권리는 일할 뜻과 힘을 가진 사람이 일할 기회와 인간다운 삶의 보장을 요구할 권리를 말한다.

① 인간 ② 근로 ③ 자유 ④ 기본 ⑤ 평등

해설 | 우리 헌법은 근로자의 권리와 이익을 나아지게 하기 위해 '근로의 권리'를 보장하고 있다. 인간이 마땅히 누려야 할 권리인 '인권'이나 헌법에 보장된 기본적인 인권인 '기본권'은 근로의 권리를 포함하는 상위의 권리이다. '자유권'은 나라의 간섭을 받지 않고 자유로울 권리이다. '평등권'은 차별받지 않을 권리이다.

해설 | 법률을 만들고 고치는 것은 국회의 역할이다. 법원은 이 밖에도 사회 질서를 유지하고 다툼을 해결하고, 임금을 제때 받지 못했을 때 밀린 임금을 받을 수 있도록 돕는다. Tip 정부는 법률을 실행한다.

사회
4 설명에 알맞은 단어를 ( ) 안에서 골라 ○표 해 보자.

> (⨀국회), 법원)은/는 법률을 만들고 고치며 나라의 의사를 정하는 국가 기관이고, (국회 ,⨀법원)은/는 법률에 따라 판단하고 재판을 통해 판결을 내리는 국가 기관이다.

수학
5 ( ) 안에 알맞은 수를 써 보자.

> 2의 제곱근은 ($\sqrt{2}$)와 ($-\sqrt{2}$)이고 이를 각각 제곱하면 2가 된다.

해설 | 양수 a의 제곱근은 근호를 사용해 양의 제곱근 $\sqrt{a}$와 음의 제곱근 $-\sqrt{a}$로 나타낸다.

수학
6 설명이 알맞으면 ○표, 알맞지 않으면 ✕표 해 보자.

(1) 유한소수는 유리수이다. (○)

(2) 순환소수는 무리수이다. (✕)

해설 | (1) 유한소수는 끝이 있는 소수로, 분수로 나타낼 수 있으므로 유리수이다.
(2) 순환소수는 유리수이다. 순환하지 않는 무한소수가 무리수이다.

과학
7 ( ) 안에 공통으로 들어갈 단어를 써 보자.

> 화학 반응이 일어날 때 원자의 종류와 개수는 바뀌지 않기 때문에 전체 ( ) 은 보존되어 반응 전후의 ( )이 같다. 예를 들면 탄소(C) 12 g과 산소(O_2) 32 g이 모두 반응하면 이산화 탄소(CO_2) 44 g이 만들어진다.

(질량)

해설 | 화학 반응 전 물질의 전체 질량과 반응 뒤 물질의 전체 질량은 늘 같으며, 이를 질량 보존 법칙이라고 한다.

과학
8 빈칸에 알맞은 말을 써 보자.

> 마그네슘(Mg) 12 g과 산소(O_2) 8 g이 반응해 산화 마그네슘(MgO) 20 g이 만들어진다. 또 마그네슘 24 g을 모두 태우려면 산소 16 g이 필요하다. 이처럼 산화 마그네슘을 이루는 마그네슘과 산소의 질량비는 3:2로 늘 일정하게 성립한다. 이를 일 정 성 분 비 법칙이라고 한다.

해설 | 한 화합물을 이루는 성분 원소의 질량비가 늘 일정한 것을 일정 성분비 법칙이라고 한다.

한자
9 밑줄 친 '정(正)'의 뜻이 다른 하나는? (①)

① 정곡(正鵠): 가장 중요한 핵심.
② 정자(正字): 글꼴이 바르고 또박또박 쓴 글자.
③ 사필귀정(事必歸正): 모든 일은 반드시 바른길로 돌아감.
④ 개정(改正): 주로 문서의 내용이나 법 따위를 고쳐 바르게 함.
⑤ 공명정대(公明正大): 하는 일이나 행동이 아주 정당하고 떳떳함.

해설 | '정자', '사필귀정', '개정', '공명정대'의 정(正)은 '바르다'라는 뜻이고 '정곡'의 정(正)은 '가운데'라는 뜻이다.

영문법
10 설명에 알맞은 단어를 ( ) 안에서 골라 ○표 해 보자.

> When I go out, it rains.(내가 밖에 나갈 때, 비가 온다.)에서 When은 (등위 ,⨀시간, 이유)을/를 나타내는 접속사이다.

해설 | When은 '~할 때'라는 뜻으로 시간을 나타내며 'I go out.(내가 밖에 나간다.)'과 'It rains.(비가 온다.)'를 이어 준다.

어휘가 문해력 이다

중학 3학년 1학기

2주차 정답과 해설

국어 교과서 어휘

✏️ 단어와 그 뜻을 익히고, 빈칸에 알맞은 단어를 써 보자.

혁신 고칠 革 + 새 新 '革'의 대표 뜻은 '가죽'임.	이제까지 이루어지지 않은 새로운 방법을 도입하여 관습, 조직 등을 새롭게 바꿈. 어떤 사회에서 오랫동안 지켜 내려와 그 사회 성원들이 널리 인정하는 질서나 풍습. 예 전기 자동차 업계에서는 이전과는 완전히 다른 변화와 혁신 이 이루어지고 있다.	유의어 **쇄신** 그릇된 것이나 묵은 것을 버리고 새롭게 하는 일. 예 침체된 분위기를 쇄신하려 애쓰다.
본격적 근본 本 + 격식 格 + ~한 상태로 되는 的 '的'의 대표 뜻은 '과녁'임.	어떤 일의 진행 상태가 제대로 모습을 갖추고 활발하게 이루어지는. 또는 그런 것. 예 가을이 되자 사과가 본격적 으로 생산되기 시작하였다.	
문제 해결 물을 問 + 문제 題 + 풀 解 + 맺을 結 '題'의 대표 뜻은 '제목'임.	정보와 배경지식을 관련지음. 글을 읽을 때 겪는 여러 가지 어려움을 잘 풀어 나가며 마무리 짓는 일. 예 읽기는 문제 해결 을 통해 의미를 구성하는 과정이다.	
구축 얽을 構 + 쌓을 築	어떤 시설물을 쌓아 올려 만듦. 예 시민의 복지를 위해서는 공원이나 도서관 등 공공 시설이 구축 되어야 한다.	다의어 **구축** 어떤 일을 기초부터 이룸. 예 삶의 기반을 구축하다.
기량 재주 技 + 재주 倆	기술상의 재주나 솜씨. 예 올림픽에서 이제껏 갈고 닦은 기량 을 마음껏 발휘해라.	유의어 **기능** 육체적, 정신적인 일을 정확하고 손쉽게 하는 기술상의 재능. 예 자동차나 컴퓨터 정비 따위의 기능을 닦아 온 선수들이 기능 대회에 참가했다.
직면 바로 直 + 대면할 面 '直'의 대표 뜻은 '곧다'이며, '面'의 대표 뜻은 '얼굴'임.	어떠한 일이나 사물에 직접 맞부딪침. 예 미리미리 준비하지 않으면 돌발 상황에 직면 하여 일을 그르칠 수 있다.	플러스 개념어 • 부딪치다: 예상치 못한 일이나 상황 따위에 직면하다. 예 기술적 난관에 부딪쳤다. • 당면하다: 바로 눈앞에 당하다. 예 당면한 문제를 해결해야 한다. • 접하다: 가까이 대하다. 예 새로운 문화를 접하다.
면책 면할 免 + 꾸짖을 責	잘못으로 인해 꾸짖음을 받는 것을 벗어나거나 책임을 지지 않음. 예 지난번에는 신입 사원이었기 때문에 책임을 피할 수 있었지만, 이번에는 담당자이기 때문에 면책 이 불가능하다.	

확인 문제

1 단어의 뜻을 보기 에서 찾아 사다리를 타고 내려간 곳에 기호를 써 보자.

보기
㉠ 어떤 일을 기초부터 이룸. 구축
㉡ 어떠한 일이나 사물에 직접 맞부딪침. 직면
㉢ 잘못으로 인해 꾸짖음을 받는 것을 벗어나거나 책임을 지지 않음. 면책
㉣ 어떤 일의 진행 상태가 제대로 모습을 갖추고 활발하게 이루어지는. 또는 그런 것. 본격적

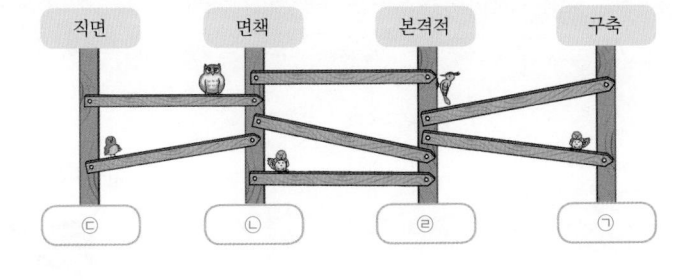

직면　　면책　　본격적　　구축

㉢　　㉡　　㉣　　㉠

해설 | '접하다', '당면하다', '부딪치다', '직면하다'는 모두 '어떠한 일이나 사물에 마주하다.'라는 뜻이 있다. '외면하다'는 '마주치기를 꺼려 피하다.'라는 뜻이다.

2 밑줄 친 단어의 쓰임이 다른 하나는? (②)

① 그는 새로운 문물을 접하고는 깜짝 놀랐다.
② 그녀는 자신이 한 지난날의 실수를 외면했다.
③ 어려움에 당면해도 용기를 잃지 말고 살아가자.
④ 경찰은 풀리지 않는 사건으로 난관에 부딪쳤다.
⑤ 준비를 소홀히 한 그는 다급한 상황에 직면하자 당황했다.

해설 | (1) '기량'은 '기술상의 재주나 솜씨'를 뜻한다. (2) '면책'은 '잘못으로 인해 꾸짖음을 받는 것을 벗어나거나 책임을 지지 않음'을 뜻한다. (3) '혁신'은 '이제까지 이루어지지 않은 새로운 방법을 도입하여 관습, 조직 등을 새롭게 바꿈'을 뜻한다.

3 ( ) 안에 알맞은 단어를 보기 에서 찾아 써 보자.

보기
혁신　　면책　　기량

(1) 꾸준히 기술을 연마한 사람은 (기량)이 뛰어나기 때문에 분명히 목표를 달성할 것이다.
(2) 친구들의 입장을 고려하지 않은 나의 행동이 (면책)되기를 바라는 것은 이기적인 생각이다.
(3) 일상 저편에 있는 무언가를 찾기 위해 노력한 그를 IT 분야에서 (혁신)의 아이콘이라 부르고 있다.

✏️ 단어와 그 뜻을 익히고, 빈칸에 알맞은 단어를 써 보자.

재화 재물 財 + 재화 貨	사람의 생존을 위해서 필요하거나 더욱 나은 삶을 위해 충족되기를 원하는 구체적인 형태가 있는 물건. 예 쌀, 옷, 책 따위처럼 사람이 살아가기 위해서는 재화 가 필요하다.	**플러스 개념어** 서비스 사람의 필요와 욕구를 채워 주는 사람의 가치 있는 행위를 '서비스'라 함.
희소성 드물 稀 + 적을 少 + 성질 性 **Tip** '희소성'은 때와 곳에 따라 달라짐.	인간의 물질적인 욕구에 비해 그 충족 수단이 제한되어 있거나 부족한 상태. 예 다이아몬드가 석탄보다 비싼 이유는 자원의 희소성 이 있기 때문이다.	**플러스 개념어** • 자유재: 공기나 햇빛과 같이 양이 많고 부족함이 없어 누구나 얼마든지 사용할 수 있는 재화. • 경제재: 사람들의 욕구에 비해 양이 적어 희소성이 있는 재화.
기회비용 기회 機 + 기회 會 + 쓸 費 + 쓸 用 '機'의 대표 뜻은 '틀', '會'의 대표 뜻은 '모이다'임.	어떤 것을 선택함으로써 포기하는 기회의 가치 중에 가장 큰 것. 예 경제 행위에서는 선택의 대가로 지불해야 하는 기회비용 이 반드시 발생한다.	**플러스 개념어** 비용 어떤 것을 선택하기 위해 치르는 돈이나 노력, 시간 등.
편익 편할 便 + 이익 益 '益'의 대표 뜻은 '더하다'임.	어떤 것을 선택함으로써 얻게 되는 이익이나 만족감. 예 판매자는 구매자의 편익 을 향상하기 위해 매장의 불편한 점을 개선하려 한다.	**플러스 개념어** 합리적 선택 가장 적은 비용으로 가장 큰 편익을 얻을 수 있는 대안을 고르는 일.
이윤 이로울 利 + 윤택할 潤	기업이 생산물을 판매해 벌어들인 수입에서 생산할 때 들인 비용을 뺀 것. 예 기업 활동의 최종적인 목적은 결국 더 많은 이윤 을 얻는 것이다.	**플러스 개념어** • 원료비: 원료를 사들이는 데 쓰는 비용. • 임대료: 남에게 물건이나 건물 따위를 빌려준 대가로 받는 돈. • 지대: 생산을 위해 토지를 사용한 대가로 소유자에게 지불하는 비용. • 이자: 남에게 돈을 빌려 쓴 대가로 치르는 일정한 비율의 돈.
자산 재물 資 + 재산 産 '産'의 대표 뜻은 '낳다'임.	개인이나 단체가 소유하고 있는 경제적인 가치가 있는 것으로, 금융 자산과 실물 자산으로 나뉨. 예 자신의 소득과 소비의 규모를 고려하여 일정한 자산 을 확보해야 안정적인 생활을 할 수 있다.	**플러스 개념어** • 금융 자산: 현금, 예금, 주식, 채권 등 • 실물 자산: 부동산, 자동차, 귀금속 등
유동성 흐를 流 + 움직일 動 + 성질 性	자산을 필요할 때 손실 없이 쉽고 빠르게 현금으로 바꿀 수 있는 정도. 예 한국은행에서 시중에 돈을 많이 풀어서 유동성 이 넘쳐 나고 있다.	**플러스 개념어** • 수익성: 투자로 수익을 얻을 수 있는 정도. • 안전성: 원금이 손실되지 않고 보장되는 정도.

🧩 **확인 문제**

1 뜻에 알맞은 단어를 글자판에서 찾아 묶어 보자. (단어는 가로, 세로, 대각선 방향에서 찾기)

❶ 어떤 것을 선택함으로써 포기하는 가치 중에 가장 큰 것.
❷ 개인이나 단체가 소유하고 있는 경제적인 가치가 있는 것.
❸ 사람의 필요와 바람을 채워 주는 구체적인 형태가 있는 물건.
❹ 자산을 필요할 때 손실 없이 쉽고 빠르게 현금으로 바꿀 수 있는 정도.
❺ 인간의 물질적인 욕구에 비해 그 충족 수단이 제한되어 있거나 부족한 상태.
❻ 기업이 생산물을 판매해 벌어들인 수입에서 생산할 때 들인 비용을 뺀 것.

해설 | (1) '사람의 욕구에 비해 이를 채워 줄 자원의 양이 모자란 상태를 자원'의 '희소성'이라고 한다. (2) '공기나 햇빛과 같이 양이 많고 부족함이 없어 누구나 얼마든지 사용할 수 있는 재화'를 '자유재'라고 한다. 사용 가치는 있지만 수없이 있어 교환 가치가 없다.

2 빈칸에 알맞은 단어를 초성을 바탕으로 완성해 보자.

(1) 경제재: 사람들의 욕구에 비해 양이 적어 희 소 성 이 있는 재화.

(2) 자 유 재 : 공기나 햇빛과 같이 양이 많고 부족함이 없어 누구나 얼마든지 사용할 수 있는 재화.

해설 | (1) '어떤 것을 선택하기 위해 치르는 돈이나 노력, 시간 등'을 뜻하는 '비용'이 알맞다. (2) '자산을 필요할 때 손실 없이 쉽고 빠르게 현금으로 바꿀 수 있는 정도'를 뜻하는 '유동성'이 알맞다. (3) '인간의 물질적인 욕구에 비하여 그 충족 수단이 제한되어 있거나 부족한 상태'를 뜻하는 '희소성'이 알맞다. '대중성'은 일반 대중이 친숙하게 느끼고 즐기며 좋아할 수 있는 성질을 뜻한다. (4) '어떤 것을 선택함으로써 포기하는 가치 중에 가장 큰 것'을 뜻하는 '기회비용'이 알맞다. '사회 비용'은 나라나 사회가 부담하는 비용이다. (5) '어떤 것을 선택함으로써 얻게 되는 이익이나 만족감'을 뜻하는 '편익'이 알맞다. 여기서 자장면과 짬뽕의 비용은 같다.

3 문장에 어울리는 단어를 ( ) 안에서 골라 ◯표 해 보자.

(1) 상품이나 서비스를 생산할 때는 토지, 노동, 자본이라는 생산 (비용, 이윤)이 든다.

(2) 화폐는 사회에서 통용되는 일반적인 교환 수단 중에서 가장 구매력이 강하므로 (유동성, 위험성) 또한 가장 높다.

(3) 어떤 자원의 (희소성, 대중성)이 크다는 것은 그 물건을 원하는 사람들의 욕구에 비해 그 물건의 양이 아주 적다는 뜻이다.

(4) 시험 기간에 놀이공원에 놀러 갔을 경우 놀이공원에 간 (기회비용, 사회 비용)은 그 시간에 시험 공부를 해서 얻게 되는 좋은 성적일 것이다.

(5) 같은 가격인 자장면과 짬뽕 중 자장면을 고르는 것은 자장면을 골라서 얻게 되는 (비용, 편익)이 짬뽕을 골라서 얻게 되는 것보다 크기 때문이다.

수학 교과서 어휘

수록 교과서 **수학 3**
Ⅱ. 다항식의 곱셈과 인수분해

✏️ 단어와 그 뜻을 익히고, 빈칸에 알맞은 단어를 써 보자.

계수 관련 있을 係 + 셈 數 '係'의 대표 뜻은 '매다'임.	관련 있는 수로, 상수와 변수로 이루어진 단항식 또는 다항식에서 지정된 변수 이외의 부분. (변하지 않는 일정한 값을 가진 수.) **예** $3x^2$과 같이 수와 문자의 곱으로 이루어진 항에서 문자에 곱해진 수 3은 x^2의 [계수]이다.
다항식 많을 多 + 항목 項 + 수학식 式 '式'의 대표 뜻은 '법'임.	두 개 이상의 단항식의 합으로 이루어진 식. **예** $4x^2-2xy+\cdots$와 같이 몇 개 항의 합으로 이루어진 식은 [다항식]이다.
차수 횟수 次 + 셈 數 '次'의 대표 뜻은 '버금'임.	항에서 문자가 곱해진 개수. **예** x^2-3x-6에서 x^2의 [차수]는 2이고, $-3x$의 [차수]는 1이다.
동류항 같을 同 + 무리 類 + 항목 項	계수가 다르더라도 문자와 차수가 각각 같은 항. **예** 전개식에 문자와 차수가 같은 [동류항]이 있으면 [동류]항끼리 모아서 간단히 정리한다.
교환법칙 서로 交 + 바꿀 換 + 법 法 + 법칙 則 '交'의 대표 뜻은 '사귀다'임.	두 수 또는 두 식의 순서를 바꾸어 계산해도 결과가 같으면 성립하는 법칙. **예** $2x+\sqrt{5}=\sqrt{5}+2x$와 같이 두 항의 순서를 바꾸어 더해도 그 결과가 같으므로 [교환]법칙이 성립한다. • 덧셈의 교환법칙 $\bigcirc+\triangle=\triangle+\bigcirc$ • 곱셈의 교환법칙 $\bigcirc\times\triangle=\triangle\times\bigcirc$ **Tip** 뺄셈과 나눗셈에서는 교환법칙과 결합법칙이 성립하지 않음.
결합법칙 묶을 結 + 합할 合 + 법 法 + 법칙 則	세 수(식) 이상을 계산할 때, 앞의 두 수(식)를 먼저 계산한 결과와 뒤의 두 수(식)를 먼저 계산한 결과가 같으면 성립하는 법칙. **예** $(2x\times3)\times4x=2x\times(3\times4x)$와 같이 앞의 두 식을 먼저 계산한 결과인 $6x\times4x=24x^2$과 뒤의 두 식을 먼저 계산한 결과인 $2x\times12x=24x^2$의 결과가 같으므로 [결합]법칙이 성립한다. • 덧셈의 결합법칙 $(\bigcirc+\triangle)+\square$ $=\bigcirc+(\triangle+\square)$ • 곱셈의 결합법칙 $(\bigcirc\times\triangle)\times\square$ $=\bigcirc\times(\triangle\times\square)$ **Tip** 실수의 곱셈에서도 교환법칙과 결합법칙이 성립함. $m\sqrt{a}\times n\sqrt{b}=mn\sqrt{ab}$
분배법칙 나눌 分 + 나눌 配 + 법 法 + 법칙 則	괄호 밖의 것을 괄호 안에 골고루 분배해 계산해도 그 결과가 같다는 법칙. $(a+b)(c+d)=\underset{①}{ac}+\underset{②}{ad}+\underset{③}{bc}+\underset{④}{bd}$ **예** 두 다항식의 곱은 [분배]법칙을 이용해 정리한다.
전개 펼 展 + 열 開	다항식의 곱을 괄호를 풀어서 합으로 이루어진 하나의 다항식으로 나타내는 일. **예** 분배법칙을 이용하여 $2x(x-2)=2x^2-4x$와 같이 하나의 다항식으로 나타내는 일을 [전개]한다고 한다.

🧊 확인 문제

정답과 해설 ▶ 16쪽

1 뜻에 알맞은 단어를 글자판에서 찾아 묶어 보자.(단어는 가로, 세로, 대각선 방향에서 찾기)

❶ 항에서 문자가 곱해진 개수.
❷ 두 개 이상의 단항식의 합으로 이루어진 식.
❸ 계수가 다르더라도 문자와 차수가 각각 같은 항.
❹ 상수와 변수로 이루어진 단항식 또는 다항식에서 지정된 변수 이외의 부분.
❺ 다항식의 곱을 괄호를 풀어서 합으로 이루어진 하나의 다항식으로 나타내는 일.

해설 | (1) 괄호 밖의 것을 괄호 안에 골고루 분배해 곱해도 결과가 같다는 것은 분배법칙을 쓴 것이다.
　　　(2) 뒤의 식을 먼저 더하여도 결과가 같은 것은 결합법칙을 쓴 것이다.

2 보기를 보고 ( ) 안에서 알맞은 단어를 골라 ◯표 해 보자.

보기
$$(x+1)(x+y-2)\ \boxed{\ \text{㉠}\ }\ \text{법칙}$$
$$=x^2+xy-2x+x+y-2\ \ \text{덧셈의}\ \boxed{\ \text{㉡}\ }\ \text{법칙}$$
$$=x^2+xy+(-2+1)x+y-2$$
$$=x^2+xy-x+y-2$$

(1) 왼쪽 괄호의 x와 1을 각각 오른쪽 괄호 안의 각 항에 분배해 계산한 것이므로 ㉠은 (결합 , ⓧ분배)이/가 알맞다.
(2) 동류항인 $-2x$와 x의 합을 먼저 계산한 것을 보여 주므로 ㉡은 (교환 , ⓧ결합)이 알맞다.

해설 | (2) 수와 문자의 곱으로 이루어진 항에서 문자에 곱해진 수는 그 문자의 '계수'이다.
　　　(3) '동류항'은 문자(x)와 차수(1차)가 같은 항이므로 $-4x$와 $-x$는 동류항이다. 상수항도 동류항이다.
　　　(4) 다항식의 곱을 괄호를 풀어서 합으로 이루어진 하나의 다항식으로 나타내는 일을 '전개'한다고 한다.

3 ( ) 안에 알맞은 단어를 보기에서 찾아 써 보자.

보기

| 계수 | 다항식 | 동류항 | 전개 |

(1) x^2-2x+1은 몇 개 항의 합으로 이루어진 (다항식)이다.
(2) $5x^2+x$에서 x^2의 (계수)은/는 5이고 x의 (계수)은/는 1이다.
(3) $x^2-4x+3+2y^2-x+5$에서 (동류항)은/는 $-4x$와 $-x$, 3과 5이다.
(4) 분배법칙을 이용하여 괄호를 풀어 $(a+2b)(a-3b)=a^2-3ab+2ab-6b^2=a^2-ab-6b^2$과 같이 하나의 다항식으로 나타내는 일을 (전개)한다고 한다.

📝 단어와 그 뜻을 익히고, 빈칸에 알맞은 단어를 써 보자.

기권 공기 氣 + 경계 圈 🔸'圈'의 대표 뜻은 '우리'임.	지구를 둘러싸고 있는 공기층. 예 기권을 이루고 있는 대기는 지표에서 약 1000 km까지 분포한다.
대류권 대할 對 + 흐를 流 + 경계 圈	대류가 활발하고 기상 현상이 나타나는 층. 기체나 액체에서 물질이 이동함으로써 열이 전달되는 현상. 예 대류권에서는 위로 올라갈수록 지표에서 방출하는 에너지가 적게 도달하기 때문에 높이 올라갈수록 기온이 점점 낮아진다.
성층권 성숙할 成 + 층 層 + 경계 圈	오존층이 존재하며 매우 안정한 층. 높이 약 20~30km에 존재하는 오존이 집중적으로 모여 있는 구간. 예 성층권에서는 오존층이 태양에서 오는 자외선을 흡수하여 가열되기 때문에 위로 올라갈수록 기온이 높아진다.
중간권 가운데 中 + 사이 間 + 경계 圈	대류가 활발하고 유성이 나타나는 층. 우주에서 지구로 들어오는 작은 물체가 대기와 마찰해 타면서 빛을 내는 것. 예 중간권에서는 높이 올라갈수록 지표에서 방출하는 에너지가 적게 도달하기 때문에 높이 올라갈수록 기온은 낮아지지만 기상 현상이 일어나지 않는다.
열권 열 熱 + 경계 圈	공기가 매우 희박하고 낮과 밤의 기온 차가 매우 큰 층. 예 열권에서는 태양 에너지에 의해 직접 가열되기 때문에 높이 올라갈수록 기온이 높아진다.
복사 평형 바퀴살 輻 + 쏠 射 + 평평할 平 + 저울대 衡	물체가 흡수하는 복사 에너지 양과 방출하는 복사 에너지 양이 같아 물체의 온도가 일정하게 유지되는 상태. 예 지구가 복사 에너지를 흡수한 만큼 방출하기 때문에 지구의 평균 기온이 거의 일정하게 유지되는 것을 지구의 복사 평형이라고 한다.
온실 효과 따뜻할 溫 + 집 室 + 나타낼 效 + 결과 果	대기가 지구 복사 에너지의 일부를 흡수했다가 지표로 다시 방출하여 지구의 평균 온도를 높이는 현상. 예 대기 중에 포함된 온실 기체의 농도가 증가해 온실 효과가 강화되어 지구의 평균 기온이 상승한다.
지구 온난화 땅 地 + 공 球 + 따뜻할 溫 + 따뜻할 暖 + 될 化	온실 기체의 증가로 온실 효과가 강화되어 지구의 평균 기온이 높아지는 현상. 예 지구 온난화로 인해 지구의 평균 기온이 높아지면 극지방의 빙하가 녹아 해수면이 높아져 육지가 물에 잠기기도 한다.

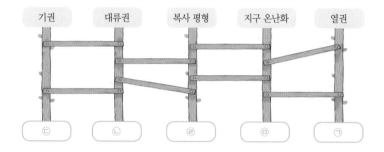

플러스 개념어 지구계의 구성 요소
지권, 수권, 기권, 생물권, 외권이 있음.
Tip '오로라'는 태양에서 방출된 전기를 띤 입자가 지구 대기로 들어오면서 공기 입자와 충돌하여 빛을 내는 현상임.

플러스 개념어 복사 에너지
물체의 표면에서 복사에 의해 방출되는 에너지.
예 물체의 온도가 높을수록 복사 에너지를 많이 방출한다.
Tip '복사'는 물체에서 열이나 전자기파가 방출되는 현상임.

플러스 개념어 온실 기체
온실 효과를 일으키는 기체.
예 대표적인 온실 기체로는 수증기, 이산화 탄소, 메테인이 있다.

확인 문제
정답과 해설 ▶ 17쪽

1 단어의 뜻을 보기에서 찾아 사다리를 타고 내려간 곳에 기호를 써 보자.

보기
㉠ 지구를 둘러싸고 있는 공기층. 기권
㉡ 대류가 활발하고 기상 현상이 나타나는 층. 대류권
㉢ 공기가 매우 희박하고 낮과 밤의 기온 차가 매우 큰 층. 열권
㉣ 온실 기체의 증가로 온실 효과가 강화되어 지구의 평균 기온이 높아지는 현상. 지구 온난화
㉤ 흡수하는 복사 에너지의 양과 방출하는 복사 에너지의 양이 같아 온도가 일정하게 유지되는 상태. 복사 평형

기권 / 대류권 / 복사 평형 / 지구 온난화 / 열권
㉢ ㉡ ㉣ ㉤ ㉠

2 뜻에 알맞은 단어를 보기의 글자를 조합해 써 보자.

보기
과 복 사 실 온 효

(1) 물체의 표면에서 복사로 나오는 에너지. 복사 에너지
(2) 대기가 지구 복사 에너지의 일부를 흡수했다가 지표로 다시 방출하여 지구의 평균 온도를 높이는 현상. 온실 효과

3 ( ) 안에 알맞은 단어를 보기에서 찾아 써 보자.

보기
대류권 성층권 중간권 열권

(1) 대기권에서 가장 기온이 낮은 곳으로 유성이 관측되는 곳인 (중간권)은 수증기가 거의 없어 기상 현상은 나타나지 않는다.
(2) 대류가 일어나지 않아 대기가 안정하여 비행기의 항로로 이용되는 (성층권)은 높이 약 20~30 km에 오존층이 존재하여 자외선을 흡수한다.

해설 | (1) 유성이 나타나는 층은 '중간권'이다. (2) 오존층이 존재하며 대기가 매우 안정한 층은 '성층권'이다. 대류권은 대류가 활발하고 기상 현상이 나타난다. 열권은 공기가 희박하고 낮과 밤의 기온 차가 매우 크며, 오로라가 나타나기도 한다.

국어 교과서 어휘

✎ 단어와 그 뜻을 익히고, 빈칸에 알맞은 단어를 써 보자.

설득 말씀 說 + 얻을 得	여러 가지로 이유를 들어 말해 상대편이 이쪽 편의 이야기를 따르도록 함. 예 반대편을 끈질기게 설득 하여 결국 우리 측의 주장대로 실외로 체험학습을 가게 되었다.	플러스 개념어 **설명** 어떤 일이나 대상의 내용을 잘 알 수 있도록 밝혀 말하는 일.
주장 주관 主 + 베풀 張 '主'의 대표 뜻은 '주인'임.	자기의 의견이나 이론을 내세움. 예 그는 냉철하게 양측이 내세운 주 장 의 옳고 그름을 판단했다.	
근거 뿌리 根 + 근거 據	어떤 의견이 옳음을 뒷받침함. 또는 그 까닭. 예 명백하고 논리적인 근 거 가 없이 주장만 해서는 다른 사람을 설득할 수 없다.	
논증 논할 論 + 증명할 證	이유를 들어 어떤 주장이 틀림없음을 밝히는 일. 예 설득을 목적으로 하는 글을 쓸 때에는 주장을 실현할 수 있는 적절한 논 증 방법을 사용해야 한다.	플러스 개념어 **논증 방법** · 귀납: 구체적인 사례로부터 일반적인 원리나 사실을 이끌어 내는 논증 방법. · 연역: 일반적인 원리로부터 구체적인 사실을 이끌어 내는 논증 방법.
전제 앞 前 + 끌 提	어떤 일이 이루어지기 위해 먼저 내세우는 것으로 결론의 기초가 되는 사실이나 조건. 예 결론이 성립되기 위해서는 앞서 나오는 전 제 가 참이어야 한다.	플러스 개념어 · 대전제: 삼단 논법에서, 대개념을 포함한 전제. 죽는 것 · 소전제: 삼단 논법에서 소개념을 가진 전제. 임금 예 사람은 죽는다. ← 대전제 임금은 사람이다. ← 소전제 그러므로 임금은 죽는다. ← 결론
유추 비슷할 類 + 헤아릴 推 '類'의 대표 뜻은 '무리', '推'의 대표 뜻은 '밀다'임.	같은 종류의 것 또는 비슷한 것과 비교해 다른 모르는 사실을 미루어 추측하는 방법. 예 이전에 일어난 유사한 사건을 통해 앞으로 벌어질 일들을 유 추 해 낼 수 있다.	플러스 개념어 **추론** 미루어 생각해 논하는 일.
편견 치우칠 偏 + 볼 見	한쪽으로 치우친 공정하지 못한 생각. 예 한쪽으로 치우친 편 견 에 사로잡힌 주장을 한다면 아무도 당신의 의견을 따르지 않을 것이다.	플러스 개념어 **색안경** '색안경'은 주관이나 선입견에 얽매여 사물이나 현상을 제대로 보지 못하고 비뚤게 보는 태도를 비유적으로 이르는 말임. 예 색안경을 벗고 그의 참모습을 보아라. Tip '선입견'은 어떤 대상에 대해 이미 마음속에 가지고 있는 박혀 있는 생각이나 관점임.

확인 문제

정답과 해설 ▶ 18쪽

1 뜻에 알맞은 단어를 찾아 선으로 이어 보자.

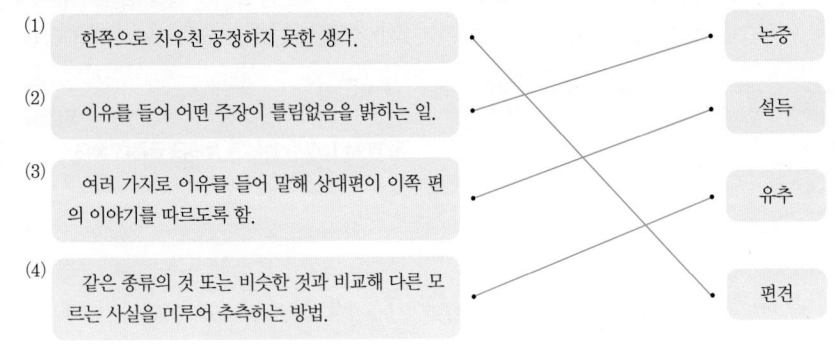

(1) 한쪽으로 치우친 공정하지 못한 생각.

(2) 이유를 들어 어떤 주장이 틀림없음을 밝히는 일.

(3) 여러 가지로 이유를 들어 말해 상대편이 이쪽 편의 이야기를 따르도록 함.

(4) 같은 종류의 것 또는 비슷한 것과 비교해 다른 모르는 사실을 미루어 추측하는 방법.

논증
설득
유추
편견

해설 | (1) 구체적인 사례를 통해 일반적인 원리나 사실을 이끌어 낸 것은 귀납 논증이다.
(2) 한 가지의 것 또는 비슷한 것과 견주어 다른 모르는 사실을 미루어 이끌어 내는 것은 유추이다.
'연역'은 일반적인 원리로부터 구체적인 사실을 이끌어 내는 것이다.

2 ( ) 안에 알맞은 단어를 보기에서 찾아 써 보자.

보기
귀납	연역	유추

(1) 귀뚜라미, 파리, 매미 등은 모두 다리가 여섯 개이다. 따라서 곤충은 다리가 여섯 개이다.

→ 귀뚜라미, 파리, 매미라는 구체적인 사례를 통해 곤충은 다리가 여섯 개라는 일반적인 사실을 이끌어 낸 (귀납) 논증이다.

(2) 황소개구리를 무분별하게 들여와서 토종 개구리 생태계가 위협받듯이 영어를 무분별하게 받아들이면 우리말도 위기에 처할 수 있다.

→ 황소개구리가 토종 개구리의 생태계를 위협한 것으로부터 미루어 무분별하게 받아들인 영어가 우리말을 위기에 처하게 할 것이라는 결론을 이끌어 낸 (유추)이다.

해설 | (1) '(쓰레기 분리수거를 해야 한다는) 자기의 의견이나 이론'을 뜻하는 '주장'이 알맞다. '근거'는 의견이 옳음을 뒷받침하는 까닭이다. (2) '여러 가지로 이유를 들어 말해 상대편(가족)이 이쪽 편(나)의 이야기(외식)를 따르도록 함'을 뜻하는 '설득'이 알맞다. '설명'은 내용을 잘 알 수 있도록 밝혀 말하는 일이다. (3) '어떤 일이 이루어지기 위해 먼저 내세우는 것으로 결론(호랑이는 죽는다.)의 기초가 되는 사실이나 조건'을 뜻하는 '전제'가 알맞다.

3 문장에 어울리는 단어를 ( ) 안에서 골라 ○표 해 보자.

(1) 쓰레기 분리수거를 철저히 해야 한다는 (주장), 근거)에 대부분이 찬성하였다.

(2) 외식을 하러 나가자고 가족들을 (설득), 설명)하기 위해서는 충분한 이유와 함께 나의 입장을 분명히 밝혀야 한다.

(3) "호랑이는 죽는다."를 이끌어 내기 위해서는 "모든 동물은 죽는다.", "호랑이는 동물이다."라는 (전제), 결론)이/가 필요하다.

사회 교과서 어휘

✏️ 단어와 그 뜻을 익히고, 빈칸에 알맞은 단어를 써 보자.

시장 저자 市 + 마당 場 '저자'는 '시장'을 뜻함.	상품을 사고팔고자 하는 사람들이 만나서 거래를 하는 곳. 예 상품에 관한 정보를 가장 잘 알 수 있는 곳은 상품을 사고파는 곳인 시장 이다.	플러스 개념어 **시장의 종류** • 생산물 시장: 생활에 필요한 재화나 서비스가 거래되는 시장. • 생산 요소 시장: 상품을 생산하는 과정에서 필요한 토지, 노동, 자본 등 생산 요소가 거래되는 시장.
분업 나눌 分 + 일 業	생산 과정을 여러 분야로 나누어 맡아서 하는 일. 예 현대 사회에서는 여러 사람이 분업 을 통해 상품을 만들어 낸다.	
수요 구할 需 + 구할 要	어떤 재화나 서비스를 일정한 가격에 사고자 하는 욕구. 예 여름철이 되면 날씨가 더워져서 빙과류에 대한 수요 가 급증한다.	플러스 개념어 **공급** 어떤 재화나 서비스를 일정한 가격에 팔고자 하는 욕구. 예 물건을 사려는 사람보다 공급이 많으면 가격이 내려간다.
균형 가격 고를 均 + 저울대 衡 + 값 價 + 격식 格	시장에서 수요량과 공급량이 일치하여 균형을 이루는 지점의 가격.(=시장 가격) 예 수요량과 공급량에 의해 균형 가격 이 결정된다. Tip 상품의 값은 수요량과 음(−)의 관계이고, 공급량과 양(+)의 관계임.	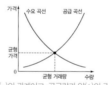
대체재 대신할 代 + 바꿀 替 + 재물 財	서로 대신 쓸 수 있는 관계에 있는 재화. 예 돼지고기와 소고기는 비슷한 효용을 얻을 수 있기 때문에 서로 대체재 라고 할 수 있다.	플러스 개념어 **보완재** 함께 사용할 때 만족도가 더 높아지는 관계에 있는 재화. 예 돼지고기와 상추
원자재 근원 原 + 재물 資 + 재료 材 '材'의 대표 뜻은 '재목'임.	상품을 생산할 때 원료가 되는 재료. 예 원료의 재료인 원자재 가격이 오르면 생산비가 오르기 때문에 상품의 가격이 상승하게 된다.	플러스 개념어 **원-** 일부 명사 앞에 붙어 '본래의' 또는 '바탕이 되는'을 뜻함. 예 원그림, 원줄기, 원위치
생산성 날 生 + 낳을 産 + 성질 性	생산 과정에서 생산 요소를 얼마나 효율적으로 결합하였는가의 정도. 예 생산성 이 높을수록 상대적으로 적은 양의 자원으로 많은 양의 제품을 생산할 수 있다.	

확인 문제

정답과 해설 ▶ 19쪽

1 뜻에 알맞은 단어를 초성을 바탕으로 써 보자.

(1) 상품을 생산할 때 원료가 되는 재료. 원 자 재

(2) 생산 과정을 여러 분야로 나누어 맡아서 하는 일. 분 업

(3) 어떤 재화나 서비스를 일정한 가격에 사고자 하는 욕구. 수 요

(4) 상품을 사고팔고자 하는 사람들이 만나서 거래를 하는 곳. 시 장

(5) 생산 과정에서 생산 요소를 얼마나 효율적으로 결합하였는가의 정도. 생 산 성

해설 | (1) 쓰임새가 비슷해 대신 쓸 수 있는 관계이다. (2) 서로 보완 관계이다.

2 문장에 어울리는 단어를 ( ) 안에서 골라 ○표 해 보자.

(1) 쌀과 밀가루, 콜라와 사이다. 버터와 마가린처럼 서로 대신 쓸 수 있는 관계에 있는 재화를 (⦿대체재), 보완재)라고 한다.

(2) 커피와 설탕, 자동차와 휘발유, 버터와 빵처럼 함께 사용할 때 만족도가 더 높아지는 관계에 있는 재화를 (대체재 , ⦿보완재)라고 한다.

해설 | (1) 소득이 늘어나면 상품을 사고자 하는 욕구인 '수요'가 늘어난다. (2) 공급자들이 값이 오른 뒤 상품을 팔려고 할 것이므로 현재 상품을 팔고자 하는 욕구인 '공급'은 줄어드는 반면 '수요'는 늘어난다. (3) 생산 기술이 향상하면 생산 요소를 더 효율적으로 쓸 수 있다. 따라서 '생산 과정에서 생산 요소를 얼마나 효율적으로 결합하였는가의 정도'를 뜻하는 '생산성'이 높아진다. (4) 소비자가 상품을 살지 말지, 생산자가 어떤 상품을 얼마만큼 만들지 '시장 가격'을 보고 정한다. (5) 금, 구리 따위는 '제품을 생산할 때 원료가 되는 재료', 곧 '원자재'이다.

3 ( ) 안에 알맞은 단어를 보기 에서 찾아 써 보자.

보기

공급	수요	생산성	원자재	시장 가격

(1) 가계의 소득이 늘어나면 상품에 대한 (수요)이/가 증가한다.

(2) 어떤 상품의 가격이 오를 것으로 예상되면 (공급)이/가 감소한다.

(3) 기업의 경영 방식이나 기술 등이 질적으로 향상되어야 (생산성)이/가 향상될 수 있다.

(4) (시장 가격)은/는 소비자와 생산자가 경제 활동을 조절하는 방법을 알려 주는 역할을 한다.

(5) 금, 구리 등 치솟는 (원자재) 가격을 제품 가격에 온전히 반영할 수 없는 기업들은 어려움에 처한다.

✏️ 단어와 그 뜻을 익히고, 빈칸에 알맞은 단어를 써 보자.

인수 원인 因 + 셈 數	원인이 되는 수나 식으로, 하나의 다항식을 두 개 이상의 다항식의 곱으로 나타낼 때 각각의 다항식을 이르는 말. 예 $x^2+2x-3=(x-1)(x+3)$이므로 $x-1$, $x+3$은 x^2+2x-3의 인수 이다.
인수분해 원인 因 + 셈 數 + 나눌 分 + 풀 解	어떤 수나 식을 원인이 되는 수나 식의 곱의 꼴로 나타내는 것으로, 하나의 다항식을 두 개 이상의 인수의 곱으로 나타내는 것. [Tip] 먼저 곱이 상수항이 되는 두 정수를 생각하고, 그 가운데서 합이 x의 계수가 되는 두 정수를 찾음. $$x^2+3x+2 \xrightarrow[\text{전개}]{\text{인수분해}} (x+1)(x+2)$$ 인수분해는 전개의 역과정임. 즉 인수분해된 식을 전개하면 어떤 다항식을 인수분해한 것인지 알 수 있음. 예 다항식 a^2+2a에서 각 항에 공통으로 들어 있는 인수 a를 찾아 괄호 밖으로 묶어 내어 쓰고, 괄호 안은 각 항에서 남은 것을 적어 $a^2+2a=a(a+2)$로 나타내는 것을 인수분해 라고 한다.
완전제곱식 완전할 完 + 온전할 全 + 제곱 + 수학식 式	다항식 전체가 완전한 다항식의 제곱 형태인 식. 예 다항식의 제곱으로 된 식 또는 이 식에 상수를 곱한 식으로 $(x-1)^2$, $-2(x+3y)^2$ 등은 완전제곱식 이다.
방정식 모 方 + 한도 程 + 수학식 式	미지수의 값에 따라 참이 되기도 하고 거짓이 되기도 하는 등식. 예 등식 $3x^2-1=2$에서 $x=1$일 때, $3 \times 1 - 1 = 2$로 참이고, $x=3$일 때, $3 \times 9 - 1 = 26$으로 거짓이므로 등식 $3x^2-1=2$는 x에 대한 방정식 이다. [플러스 개념어] 항등식 식에 들어간 미지수에 어떤 값을 넣어도 언제나 참이 되는 등식임.
이차방정식 둘 二 + 횟수 次 + 모 方 + 한도 程 + 수학식 式	이항: 식의 한 변에 있는 항을 부호를 바꾸어 다른 변으로 옮기는 일 방정식의 우변에 있는 모든 항을 좌변으로 이항하여 정리한 식이 (x에 대한 이차식)=0의 꼴로 나타나는 방정식을 x에 대한 이차방정식이라고 함. 예 $2x^2-1=x^2-3x$에서 이항하여 정리한 식인 $x^2+3x-1=0$은 x에 대한 이차방정식 이다. 일반적으로 x에 대한 이차방정식은 $ax^2+bx+c=0$ $(a, b, c$는 상수, $a \neq 0)$의 꼴로 나타낼 수 있음.
이차방정식의 해 둘 二 + 횟수 次 + 모 方 + 한도 程 + 수학식 式 + 의 + 풀 解	이차방정식을 참이 되게 하는 미지수의 값. (=근) 예 $x=1$을 이차방정식 $x^2-2x+1=0$에 대입하였을 때 참이 되므로 $x=1$은 이차방정식 $x^2-2x+1=0$의 해 이다.
이차방정식의 풀이 둘 二 + 횟수 次 + 모 方 + 한도 程 + 수학식 式 + 의 + 풀이	이차방정식의 해를 모두 구하는 것을 이차방정식을 '푼다'고 한다. 예 이차방정식은 인수분해와 제곱근 등을 이용해 푼다.

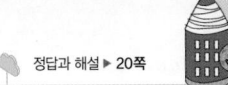
1 뜻에 알맞은 단어를 [보기]의 글자를 조합해 써 보자. (같은 글자가 2번 쓰일 수 있음.)

[보기]
곱 | 방 | 수 | 식 | 완 | 이 | 인 | 전 | 정 | 제 | 차

(1) (x에 대한 이차식)=0의 꼴로 나타나는 방정식. 이 차 방 정 식

(2) 다항식 전체가 완전한 다항식의 제곱 형태인 식. 완 전 제 곱 식

(3) 하나의 다항식을 두 개 이상의 다항식의 곱으로 나타낼 때 각각의 다항식. 인 수

해설 | (1) 다항식의 제곱으로 된 식 $-(x-1)^2$ 또는 이 식에 상수를 곱한 식 $3(x+1)^2$은 '완전제곱식'이다. (2) 하나의 다항식을 두 개 이상의 인수의 곱으로 나타내는 것을 '인수분해'라고 한다. '전개'는 다항식의 곱을 괄호를 풀어서 합으로 이루어진 하나의 다항식으로 나타내는 일이다. (3) 미지수의 값에 따라 참이 되기도 하고 거짓이 되기도 하는 등식은 '방정식'이다.

2 밑줄 친 단어가 알맞으면 ○표, 알맞지 않으면 ✕표 해 보자.

(1) $-(x-1)^2$, $3(x+1)^2$은 완전제곱식이다. (○)

(2) 하나의 다항식을 두 개 이상의 인수의 곱으로 나타내는 것을 전개라고 한다. (✕)

(3) 미지수의 값에 따라 참이 되기도 하고 거짓이 되기도 하는 등식을 방정식이라고 한다. (○)

해설 | (3) $x^2-5x=x^2$을 좌변으로 이항해 정리하면 $x^2-x^2-5x=0$, 곧 $-5x=0$이므로 이차방정식이 아니라 일차방정식이다. (4) $x=1$을 이차방정식 $x^2-3x+1=0$에 대입하면 $1^2-3 \times 1+1=-1 \neq 0$이므로 $x=1$은 $x^2-3x+1=0$의 해가 아니다.

3 설명이 알맞으면 ○표, 알맞지 않으면 ✕표를 따라가며 선을 긋고, 도착한 곳의 기호를 써 보자.

[다항식=다항식×다항식]

출발 → (1) $x^2-9=(x+3)(x-3)$이므로 $x+3$, $x-3$은 x^2-9의 인수이다. ○ → ✕ → (2) $x^2+4x+4=(x+2)^2$으로 나타내는 것은 인수분해한 것이다. ○ → ✕ → ㉠ [$(x+2)(x+2)$]

↓ ○

(3) $x^2-5x=x^2$은 x에 대한 이차방정식이다. ✕ → ✕ → (4) $x=1$은 이차방정식 $x^2-3x+1=0$의 해이다. ✕ → ✕ → ㉡

↓ ○ ↓ ○

㉢ ㉣

(㉡)

과학 교과서 어휘

✏️ 단어와 그 뜻을 익히고, 빈칸에 알맞은 단어를 써 보자.

| 응결
엉길 凝 + 맺을 結 | 공기 중의 수증기가 물로 변하는 현상.
예 겨울철에 실내에 들어왔을 때 안경에 김이 잘 서리는 것은 안경알 주위의 공기가 냉각되어 응결이 일어나기 때문이다. | 플러스 개념어 증발
물 표면에서 물이 수증기로 변하는 현상.
Tip 컵에 담아 둔 물이 줄어들거나 물에 젖은 종이가 마르는 현상은 증발이다. |
|---|---|---|
| 포화 수증기량
가득할 飽 + 화할 和 + 물 水 + 김 오를 蒸 + 공기 氣 + 양 量
'飽'의 대표 뜻은 '배부르다', '量'의 대표 뜻은 '헤아리다'. 임. | 더 이상의 양을 받아들일 수 없이 가득 참.
포화 상태의 공기 1 kg에 들어 있는 수증기의 양(g).
예 기온이 높을수록 포화 수증기량이 많아져 증발이 잘 일어난다. | 플러스 개념어 포화 상태
어떤 공기가 수증기를 최대한 포함하고 있는 상태임. |
| 이슬점
이슬 + 점 點 | 공기가 냉각되어 수증기가 응결하기 시작하는 온도.
예 실제 수증기량이 많을수록 수증기가 물로 되는 이슬점이 높다. | Tip 공기가 차가워져 포화 상태가 될 때의 온도를 이슬점이라고 함. |
| 상대 습도
공기의 건조하고 습한 정도.
서로 相 + 대할 對 + 젖을 濕 + 정도 度 | 포화 수증기량에 대한 실제 수증기량의 비를 백분율로 나타낸 값.
$$상대습도(\%)=\frac{현재\ 공기\ 중의\ 실제\ 수증기량(g/kg)}{현재\ 기온의\ 포화\ 수증기량(g/kg)}\times 100$$
예 수증기량이 많을수록, 기온이 낮을수록 상대 습도가 높아진다. | 플러스 개념어 절대 습도
공기 1 m³에 들어 있는 수증기량을 g으로 나타낸 것으로 수증기량에 비례함. |
| 단열 팽창
끊을 斷 + 열 熱 + 부을 膨 + 부을 脹 | 외부와 열 교환 없이 공기의 부피가 늘어나 온도가 내려가는 현상.
예 공기가 상승할 때 기압의 변화로 인해 단열 팽창이 일어난다. | 플러스 개념어 단열 변화
외부와 열 교환 없이 공기의 부피가 변해 온도가 변하는 현상.
Tip 단열 압축: 공기가 내려갈 때 주변 기압이 높아 공기의 부피가 줄어들어 온도가 올라가는 현상임. |
| 구름 | 수증기가 응결하여 생긴 물방울이나 얼음 알갱이가 하늘에 떠 있는 것.
예 대부분의 구름은 공기가 상승하여 냉각되면서 수증기가 응결되어 생성된다. | 플러스 개념어
・적운형 구름: 위로 솟는 모양의 구름. 좁은 지역에 소나기성 비를 잘 내림.
・층운형 구름: 옆으로 퍼진 모양의 구름. 넓은 지역에 걸쳐 이슬비를 내림. |
| 강수
내릴 降 + 물 水 | 구름에서 지표로 떨어진 비나 눈, 우박 등의 물.
예 구름 속의 물방울들이 커지면 아래로 떨어져서 비나 눈으로 내린 것을 강수라고 한다. | 플러스 개념어
・병합설: 구름 속의 크고 작은 물방울들이 합쳐져서 떨어져 비가 된다는 이론. 열대 지방이나 저위도 지방에서 생성되는 비에 적용할 수 있음.
・빙정설: 구름 속의 얼음 알갱이에 수증기가 달라붙어 커져서 떨어지면 눈, 떨어지다가 녹으면 비가 된다는 강수 이론. 중위도나 고위도 지방에서 생성되는 비에 적용할 수 있음. |

확인 문제

1 단어의 뜻을 보기에서 찾아 사다리를 타고 내려간 곳에 기호를 써 보자.

> **보기**
> ㉠ 공기 중의 수증기가 물로 변하는 현상. 응결
> ㉡ 구름에서 지표로 떨어진 비나 눈, 우박 등의 물. 강수
> ㉢ 포화 수증기량에 대한 실제 수증기량의 비를 백분율로 나타낸 값. 상대 습도
> ㉣ 외부와 열 교환 없이 공기의 부피가 늘어나 온도가 내려가는 현상. 단열 팽창
> ㉤ 수증기가 응결하여 생긴 물방울이나 얼음 알갱이가 하늘에 떠 있는 것. 구름

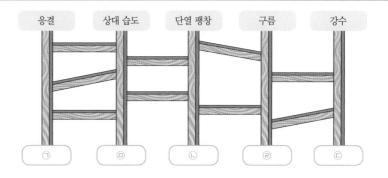

응결	상대 습도	단열 팽창	구름	강수
㉠	㉤	㉡	㉣	㉢

2 뜻에 알맞은 단어를 찾아 선으로 이어 보자.

(1) 포화 상태의 공기 1 kg에 들어 있는 수증기의 양을 g으로 나타낸 것. ——— 이슬점

(2) 공기가 차가워져 수증기가 처음 물로 바뀌는 온도. ——— 포화 수증기량

해설 | (1) 위로 솟은 모양의 구름은 '적운형 구름'이다. 공기가 느리게 상승할 때 옆으로 퍼진 모양의 층운형 구름이 생긴다. (2) 중위도나 고위도 지방에서는 구름 속의 얼음 알갱이에 수증기가 달라붙어 커져서 떨어지면 눈, 떨어지다가 녹으면 비가 된다.

3 설명이 알맞으면 ○표, 알맞지 않으면 ✕표 해 보자.

(1) 공기가 상승하여 구름이 만들어질 때 빠르게 상승하면 위로 솟은 층운형 구름이 생긴다. (✕)

(2) 저위도 지방에서는 구름 속의 크고 작은 물방울들이 합쳐져서 떨어져 비가 된다. (○)

歎(탄), 息(식)이 들어간 단어

歎 탄식할 탄

탄(歎)은 주로 '탄식하다(슬프거나 힘든 일이 있을 때 심하게 한숨을 쉬다.)'라는 뜻으로 쓰여. 탄(歎)이 '칭찬하다'라는 뜻으로 쓰일 때도 있어. 嘆과 같은 자야.

息 숨 쉴 식

식(息)은 주로 '(숨) 쉬다'라는 뜻으로 쓰여. 식(息)이 '살다', '자식'이라는 뜻으로 쓰일 때도 있어.

✏️ 단어와 그 뜻을 익히고, 빈칸에 알맞은 단어를 써 보자.

풍수지탄
바람 風 + 나무 樹 + ~의 之 + 탄식할 歎
👉 '之'의 대표 뜻은 '가다'임

'나무는 고요하고자 하나 바람이 그치지 않고, 자식이 봉양하려 하나 어버이가 기다려 주지 않는다. (樹欲靜而風不止 子欲養而親不待)'에서 유래한 말이야.

부모에게 효도를 다하려고 생각할 때에는 이미 부모가 죽어서 효도할 수 없음을 이르는 말.
📋 어머니가 세상을 떠난 후 더 이상 효도할 수 없는 상황이 된 그는 풍 수 지 탄 의 마음으로 회한의 눈물을 흘렸다.

한탄
한 恨 + 탄식할 歎

분하고 억울하거나 뉘우치는 일이 있을 때 한숨을 쉼. 또는 그 한숨.
📋 학생들은 갑작스런 태풍 때문에 올해 현장 학습을 못가게 되었다고 한 탄 했다.

감탄
느낄 感 + 칭찬할 歎

'탄(歎)'이 '칭찬하다'라는 뜻으로 쓰였어.

훌륭하고 좋은 것에 대해 감동하여 칭찬함.
📋 올림픽에 출전한 선수들의 뛰어난 기술과 다른 선수들에 대한 아름다운 배려에 관중들은 한목소리로 감 탄 했다.

자강불식
스스로 自 + 강할 強 + 아닐 不 + 쉴 息

스스로 힘을 쓰고 몸과 마음을 가다듬어 쉬지 않음.
📋 그는 목표를 이루기 위해 끊임없는 자 강 불 식 의 자세가 중요함을 강조했다.

서식
깃들일 棲 + 살 息

'식(息)'이 '살다'라는 뜻으로 쓰였어.

생물이 일정한 곳에 자리를 잡고 삶.
📋 그 숲은 여러 생물에게 살기 좋은 서 식 환경을 제공하고 있다.

여식
여자 女 + 자식 息

'식(息)'이 '자식'이라는 뜻으로 쓰였어.

딸자식을 이르는 말.
📋 제 여 식 은 소설가입니다.

확인 문제

1 뜻에 알맞은 단어를 빈칸에 써 보자.

	❶한		
❷감	탄		
			❸서
	❹자	강	불	식

가로 열쇠
❷ 훌륭하고 좋은 것에 대해 감동하여 칭찬함.
❹ 스스로 힘을 쓰고 몸과 마음을 가다듬어 쉬지 않음.

세로 열쇠
❶ 분하고 억울하거나 뉘우치는 일이 있을 때 한숨을 쉼. 또는 그 한숨.
❸ 생물이 일정한 곳에 자리를 잡고 삶.

2 상황에 어울리는 한자 성어로 알맞은 것은? (②)

어려서 부모님의 애를 태우던 김철수 씨는 나이가 들어 철이 들면서 부모 생각을 많이 하게 되었다. 그런데 그는 이미 부모님을 여의어서 효도를 하고 싶어도 할 수 없다며 안타까운 마음을 하소연했다.

① 자강불식(自強不息)　　② 풍수지탄(風樹之歎)　　③ 풍전등화(風前燈火)
④ 반포지효(反哺之孝)　　⑤ 맥수지탄(麥秀之歎)

해설 | ② 부모에게 효도를 다하려고 생각할 때에는 이미 부모가 죽어서 효도를 할 수 없음을 이르는 말인 '풍수지탄'이 알맞다. ① '자강불식'은 스스로 힘쓰고 몸과 마음을 가다듬어 쉬지 않는다는 뜻이다. ③ '풍전등화'는 바람 앞의 등불이라는 뜻으로, 사물이 매우 위태로운 처지에 놓여 있음을 비유적으로 이르는 말이다. ④ '반포지효'는 까마귀 새끼가 자라서 늙은 어미에게 먹이를 물어다 주는 효라는 뜻으로, 자식이 자란 뒤에 어버이의 은혜를 갚는 효성을 이르는 말이다. ⑤ '맥수지탄'은 기자(箕子)가 은나라가 망한 뒤에도 보리만은 무성히 잘 자라는 것을 보고 한숨지었다는 데서 나온 말로, 고국의 멸망을 한탄함을 이르는 말이다.

3 밑줄 친 단어의 쓰임이 알맞지 않은 것은? (⑤)

① 우리는 그의 노래 실력에 감탄을 금하지 못했다.
② 그는 만년 후보 신세인 자신을 생각하면 한탄이 절로 나왔다.
③ 우리 동네는 나무가 많아서 새들이 서식하기에 적합한 곳이다.
④ 피고 지고 또 피는 무궁화에서 자강불식하는 우리 민족의 기상을 엿볼 수 있다.
⑤ 아버지께서는 오빠를 데리고 다니며 지인들에게 당신의 여식이라고 소개하셨다.

해설 | '여식'은 '딸자식'을 뜻한다. ① '훌륭하고 좋은 것(노래 실력)에 대하여 감동하여 칭찬함'을 뜻하는 '감탄'이 알맞다. ② 분하고 억울하거나 뉘우치는 일이 있을 때 쉬는 한숨을 뜻하는 '한탄'이 알맞다. ③ '생물(새들)이 일정한 곳(우리 동네)에 자리를 잡고 삶'을 뜻하는 '서식'이 알맞다. ④ '스스로 힘을 쓰고 몸과 마음을 가다듬어 쉬지 아니함'을 뜻하는 '자강불식'이 알맞다.

영문법 어휘

관계 대명사

> 관계 대명사란 말 그대로 두 개의 문장을 관계 지어 한 문장으로 만드는 말이야. 두 문장을 한 문장으로 만들 때, 동일한 대상이나 관련이 있는 대상이 두 문장에 존재해야 해. 서로 관련 있는 앞에 있는 명사를 선행사라고 부르고 뒤에 오는 잇는 말을 관계 대명사라고 해. 선행사가 사람, 사물인지 혹은 대명사가 주격, 목적격, 소유격인지에 따라 관계 대명사와 격이 바뀌어. 이번 회에서는 관계 대명사의 주격, 목적격, 소유격, 그리고 복합 관계 대명사에 대해 공부해 보자.

✏️ 단어와 그 뜻을 익히고, 빈칸에 알맞은 단어를 써 보자.

a relative pronoun – the nominative(subjective) case **주격** **관계 대명사** 주인 主 + 격식 格 + 관계할 關 + 맬 係 + 대신할 代 + 이름 名 + 말 詞	선행사가 사람 또는 사물이고, 뒷부분에서 주어 없이 내용을 연결하고 있는 대명사. • Jane has a friend **who** has a dog.(Jane은 개를 가지고 있는 친구가 있다.) _{선행사(사람) 관계 대명사 동사(단수)} 예 "I go to a restaurant which serves salad.(나는 샐러드를 주는 식당으로 간다.)"에서 which는 주격 관계 대명사이다. **Tip** that은 사람과 사물 모두 쓸 수 있음.
a relative pronoun - the objective case **목적격** **관계 대명사** 눈 目 + 과녁 的 + 격식 格 + 관계할 關 + 맬 係 + 대신할 代 + 이름 名 + 말 詞	선행사가 사람 또는 사물이고, 뒷부분에서 목적어 없이 내용을 연결하고 있는 대명사. • Tom likes the boy **who(m)** I met.(Tom은 내가 만난 소년을 좋아한다.) _{선행사가 the boy이고 주어, 동사 다음에 목적어가 없는 목적격 관계 대명사} 예 "The movie which I like is 'Minari'.(내가 좋아하는 영화는 '미나리'이다.)"에서 which는 목적격 관계 대명사이다.
a relative pronoun - the possessive case **소유격** **관계 대명사** 바 所 + 있을 有 + 격식 格 + 관계할 關 + 맬 係 + 대신할 代 + 이름 名 + 말 詞	앞에 있는 선행사와 뒤에 나오는 명사의 관계가 소유 관계일 때 사용하는 말. • I have a friend **whose** sister is a singer.(나는 누나가 가수인 친구가 있다.) _{whose는 원래 소유격 his / her의 소유 관계 대명사로 바뀜.} 예 "The house whose(of which) roof is red is mine.(지붕이 빨간 집이 내 것이다.)"에서 whose(of which)는 소유격 관계 대명사이다.
compound relative pronoun **복합** **관계 대명사** 겹칠 複 + 합할 合 + 관계할 關 + 맬 係 + 대신할 代 + 이름 名 + 말 詞	~하는 것 관계 대명사 중 who, what, which에 -ever를 붙여 절이 주어나 목적어로 쓰이는 말. • **Whoever** comes first will eat the pizza. _{Whoever comes first가 동사 will eat의 주어로 쓰임.} (누구든 먼저 오는 사람이 피자를 먹을 것이다.) 목적절 예 "You can have whatever you want.(네가 원하는 것은 무엇이든 가질 수 있다.)"에서 whatever는 복합 관계 대명사이다. 💬 복합 관계 대명사는 선행사를 자체에 포함하고 있는 점에 주의!

플러스 개념어 **복합 관계 대명사의 의미**

복합 관계 대명사	명사절
whoever	anyone who ~ (~하는 사람은 누구나)
whatever	anything that ~ (~하는 것은 무엇이든)
whichever	anything that ~ (~하는 것은 어느 것이든)

Tip whenever, wherever, however는 복합 관계 부사임

🧊 확인 문제

1 각 단어에 알맞은 설명을 찾아 선으로 이어 보자.

(1) whoever •

(2) whose •

(3) who / which •

• 소유격 관계 대명사: 선행사와 뒤의 명사가 소유 관계일 때 쓰는 말.

• 주격·목적격 관계 대명사: 뒷부분에서 주어 또는 목적어 없이 선행사와 연결하는 말.

• 복합 관계 대명사: 관계 대명사에 -ever를 붙여서 주어나 목적어로 쓰이는 절을 이끄는 말.

해설 | (1) whoever는 who에 –ever를 붙여 절이 주어나 목적어로 쓰는 말이다. (2) whose는 소유격을 포함하는 것이다. (3) who / which 다음에 주어가 생략되고 동사가 나오는 형태를 주격 관계 대명사라고 한다. 목적격 관계 대명사는 who / which 다음에 목적어가 생략된 형태를 말한다.

2 ( ) 안에 들어갈 단어로 알맞은 것은? (③)

> I know the man.(나는 그 남자를 안다.)
> + His car is parked in the street.(그의 차는 길거리에 세워져 있다.)
> ⇨ I know the man ( ) car is parked in the street.
> (나는 길거리에 차가 세워진 남자를 안다.)

① who   ② which   ③ whose   ④ whatever   ⑤ of which

해설 | 두 문장을 하나로 이으면서 his일 때 관계 대명사 whose를 쓴다. ① who는 주격 또는 목적격일 때 쓴다. ⑤ of which는 선행사가 사물일 때 쓴다.

3 밑줄 친 관계 대명사 중 알맞지 않은 것은? (②)

① Read <u>whichever</u> you like.
(네가 좋아하는 것은 어느 것이든 읽어라.)
② I know a boy <u>of which</u> is a pro-golfer.
(나는 프로골퍼인 소년을 안다.)
③ She is a lawyer <u>who</u> helps the homeless.
(그녀는 노숙자들을 돕는 변호사이다.)
④ Students <u>whose</u> reports are done may leave first.
(자신의 보고서를 끝낸 학생들은 먼저 가도 된다.)
⑤ The people <u>whom</u> I met in Mongol were very kind.
(몽골에서 내가 만난 사람들은 무척 친절했다.)

해설 | ② 관계 대명사 다음에 주어가 없고, 선행사 boy가 사람이므로 who가 와야 알맞다. ① whichever는 anything that(~하는 것은 어느 것이든)의 뜻으로 동사 read의 목적어로 쓰인 복합 관계 대명사이므로 올바르게 쓰였다. ③ 선행사 lawyer가 사람이고 뒤에 주어가 없으므로 who는 알맞다. ④ 두 문장이 결합되기 전 소유격이던 their가 관계 대명사로 결합되므로 소유격 관계 대명사 whose는 알맞다. ⑤ 선행사 people이 사람이며, 관계 대명사 다음에 목적어가 빠져 있으므로 목적격 관계 대명사 whom은 올바르다.

✏️ 2주차 1~5회에서 공부한 단어를 떠올리며 문제를 풀어 보자.

국어

1 빈칸에 알맞은 말을 초성을 바탕으로 써 보자.

> 읽기는 글에 나타난 정보와 독자의 배경지식을 바탕으로 문 제 해 결 을 하는 과정이다.

해설 | 글을 읽을 때 모르는 단어가 나오기도 하고 주제를 미루어 생각하거나 그것이 옳은지 고민해야 하는 경우도 있다. 이럴 때 읽는 이는 자기 머릿속에 이미 들어 있는 배경 지식을 활용하기 마련이다.

국어+사회

2 ( ) 안에 들어갈 단어로 알맞은 것은? (②)

> 기업가 정신은 ( )과 창의성을 바탕으로 기업을 성장시키려는 도전 정신이다.

① 면책　　② 혁신　　③ 편견　　④ 이윤　　⑤ 혁명

해설 | '혁신'은 이제까지 이루어지지 않은 새로운 방법을 도입해 관습, 조직 따위를 새롭게 바꿈을 뜻하는 말로, 기업가들이 새로운 경영 조직을 만들고 새로운 시장을 열어 나가고 새로운 제품을 만드는 창조적인 과정을 말한다.

사회

3 문장에 알맞은 단어를 ( ) 안에서 골라 ○표 해 보자.

> (대체재), 보완재)의 값이 떨어지면, 다른 상품은 수요가 줄어들어 그 값이 떨어진다.

해설 | '대체재'는 서로 대신 쓸 수 있는 관계의 재화로, 한 상품의 값이 떨어지면 그 상품의 수요가 늘어나는 대신 다른 상품의 수요는 줄어든다. '보완재'는 한 상품의 값이 떨어지면 다른 상품의 수요도 늘어나 그 값이 올라간다.

사회

4 빈칸에 공통으로 들어갈 말로 알맞은 것은? (④)

> • □자재: 상품 생산의 원료가 되는 재료.
> • □줄기: 근본을 이루는 줄기.
> • □위치: 본디의 위치.

① 건　　② 대
③ 미　　④ 원
⑤ 중

해설 | 빈칸에는 '본래의' 또는 '바탕이 되는'을 뜻하는 '원'이 들어가야 알맞다.

수학

5 빈칸에 알맞은 단어를 써 보자.

작은 사각형 넓이＋큰 사각형 넓이＝전체 사각형 넓이

$ma + mb \longrightarrow m(a+b)$

인 수 분 해

분 배 법칙을 이용한 전개

해설 | 공통으로 들어 있는 인수를 묶어 내어 인수분해를 한다. 전개는 인수분해의 역과정으로 괄호 밖의 것을 괄호 안에 골고루 곱하는 분배법칙을 이용한다.

수학

6 이차방정식인 것은? (③)

① $x-1=0$　　② $3x^2-4x+1$　　③ $x^2+2x+1=0$
④ $x^3+5x^2+2=0$　　⑤ $6+2x^2=2(x^2+3)$

해설 | 이차방정식은 가장 높은 차수가 이차인 방정식이다. ① 일차방정식이다. ② (x에 대한 이차식)＝0의 꼴로 나타나야 하는데, 이차식만 있어 방정식이 아니다. ④ 삼차방정식이다. ⑤ 우변의 괄호를 풀어 정리해 보면 $2x^2+6$으로 좌변과 같으므로 방정식이 아니라 x에 어떤 값을 넣어도 언제나 참이 되는 항등식이다.

과학

7 ( ) 안에 들어갈 단어로 알맞은 것은? (④)

> ( )은 오존층이 자외선을 흡수해서 높이 올라갈수록 기온이 오르며 안정한 층을 이룬다.

① 기권　　② 열권　　③ 대류권　　④ 성층권　　⑤ 중간권

해설 | 성층권의 오존층이 자외선을 흡수하기 때문에 높이 올라갈수록 기온이 오르고 아래는 차가워 안정한 기층을 이룬다. 성층권에서 자외선을 모아들여 땅 위의 생명체를 보호하는 역할을 한다. ② 열권에서는 태양 에너지의 열을 바로 받아서 높이 올라갈수록 기온이 오른다. ③, ⑤ 대류권과 중간권에서는 지표에서 내보내는 에너지가 적게 다다라서 높이 올라갈수록 기온이 낮아진다.

과학

8 밑줄 친 단어가 알맞으면 ○표, 알맞지 않으면 ✕표 해 보자.

(1) 새벽에 기온이 이슬점보다 낮아지면 응결이 일어난다. (○)

(2) 찬 음료수 캔 표면에 물방울이 맺히는 것은 증발 현상이다. (✕)

(3) 빨래가 마르거나 물걸레로 청소한 바닥이 마르는 현상은 응결이다. (✕)

해설 | (1) 공기가 냉각되어 수증기가 응결하기 시작하는 온도는 '이슬점'이다. (2) 공기 중의 수증기가 물로 변하는 현상은 '응결'이다. (3) 물 표면에서 물이 수증기로 변하는 현상은 '증발'이다.

한자

9 밑줄 친 '탄'과 쓰임이 같은 것을 보기 에서 찾아 기호를 써 보자.

보기
㉠ 감탄(感歎)　　㉡ 풍수지탄(風樹之歎)　　㉢ 한탄(恨歎)

(1) 탐관오리의 가혹한 세금 수탈로 인해 곤궁에 빠진 백성들의 탄성(歎聲)이 그치지 않았다.
(㉡, ㉢)

(2) 고운 단풍이 한눈에 들어오는 풍경에 우리는 탄성(歎聲)을 질렀다. (㉠)

해설 | (1)의 '탄성'은 몹시 한탄하거나 탄식하는 소리를 뜻하는 말로 '탄(歎)'이 '탄식하다'의 뜻으로 쓰였다. (2)의 '탄성'은 몹시 감탄하는 소리를 뜻하는 말로 '탄(歎)'이 '칭찬하다'의 뜻으로 쓰였다. '풍수지탄'은 부모에게 효도를 다하려고 생각할 때에는 이미 부모가 죽어서 효도할 수 없음을 이르는 말로 '탄(歎)'이 '탄식하다'의 뜻으로 쓰였다. '감탄'은 훌륭하고 좋은 것에 대해 감동해 칭찬한다는 말로 '탄(歎)'이 '칭찬하다'의 뜻으로 쓰였다. '한탄'은 분하고 억울하거나 뉘우치는 일이 있을 때 쉬는 한숨을 뜻하는 말로 '탄(歎)'이 '탄식하다'의 뜻으로 쓰였다.

영문법

10 빈칸에 알맞은 단어를 써 보자.

> 두 문장을 관계 지어 한 문장으로 쓸 때, 서로 관련 있는 앞에 있는 명사를 선행사라고 부르고 뒤에 오는 접속사 구실을 하는 말을 관 계 대 명 사 라고 한다.
>
> 예 That is the house.(저것은 집이다.) + You like the house.(너는 그 집을 좋아한다.)
> → That is the house that you like.(저것은 네가 좋아하는 집이다.)

해설 | 예문에서 that은 뒷부분에 목적어 없이 내용을 이어 주고 있는 관계 대명사이다. 선행사는 the house이다.

어휘가 문해력 이다

중학 **3**학년 **1**학기

3주차 정답과 해설

국어 교과서 어휘

✎ 단어와 그 뜻을 익히고, 빈칸에 알맞은 단어를 써 보자.

음운	말의 뜻을 구별해 주는 소리의 가장 작은 단위.	
소리 音 + 소리 韻	예 '불'과 '물'의 뜻이 다른 이유는 'ㅂ'과 'ㅁ'의 음운 차이 때문이다.	

단어	음운
산	ㅅ, ㅏ, ㄴ
수박	ㅅ, ㅜ, ㅂ, ㅏ, ㄱ
개나리	ㄱ, ㅐ, ㄴ, ㅏ, ㄹ, ㅣ

울림소리

발음할 때 코안이나 입안이 울리며 나는 소리. 'ㄴ', 'ㄹ', 'ㅁ', 'ㅇ'과 모든 모음이 울림소리에 속함.

예 'ㄴ', 'ㄹ', 'ㅁ', 'ㅇ'과 모든 모음은 코안이나 입안이 울리며 소리 나는 울림소리이다.

플러스 개념어
• 비음: 'ㄴ', 'ㅁ', 'ㅇ'처럼 입안의 통로를 막고 코로 공기를 내보내며 내는 소리.(=콧소리)

첫소리 'ㄹ'
• 유음: 'ㄹ'처럼 허끝을 잇몸에 가볍게 대었다가 떼거나 허끝을 윗잇몸에 댄 받침 'ㄹ' ← 채 공기를 그 양옆으로 흘려보내면서 내는 소리.(=흐름소리)

안울림소리

발음할 때 코안이나 입안이 울리지 않으며 나는 소리.

Tip 자음을 소리 나는 자리에 따라 나눌 수도 있음.

예사소리	발음 기관의 근육을 긴장시키지 않고 약하게 내는 소리. 예 ㄱ, ㄷ, ㅂ, ㅅ, ㅈ
된소리	발음 기관의 근육을 긴장시키거나 목소리로 나오는 통로를 좁혀 내는 소리. 예 ㄲ, ㄸ, ㅃ, ㅆ, ㅉ
거센소리	발음 기관의 근육을 긴장시켜 숨을 거세게 터뜨리며 내는 소리. 예 ㅊ, ㅋ, ㅌ, ㅍ

예 'ㄱ'과 'ㅍ'은 코안이나 입안이 울리지 않으며 소리 나는 안울림소리이다.

단모음
홀 單 + 어머니 母 + 소리 音

발음할 때 혀나 입술 모양이 고정되어 움직이지 않는 모음.

예 'ㅏ', 'ㅐ', 'ㅓ', 'ㅔ', 'ㅗ', 'ㅚ', 'ㅜ', 'ㅟ', 'ㅡ', 'ㅣ'는 혀나 입술 모양이 고정되어 소리 나므로 단모음에 속한다.

플러스 개념어 이중 모음
발음할 때 혀나 입술 모양이 움직이는 모음. 'ㅑ', 'ㅒ', 'ㅕ', 'ㅖ', 'ㅘ', 'ㅙ', 'ㅛ', 'ㅝ', 'ㅞ', 'ㅠ', 'ㅢ'가 있음.

평순 모음
평평할 平 + 입술 脣 + 어머니 母 + 소리 音

발음할 때 입술이 평평한 상태로 소리 나는 모음.

예 'ㅏ', 'ㅐ', 'ㅓ', 'ㅔ', 'ㅡ', 'ㅣ' 등은 입술이 평평한 상태로 소리 나므로 평순 모음이다.

플러스 개념어 원순 모음
발음할 때 입술이 둥글게 오므려진 상태로 소리 나는 모음. 'ㅗ', 'ㅜ', 'ㅚ', 'ㅟ' 등이 있음.

전설 모음
앞 前 + 혀 舌 + 어머니 母 + 소리 音

발음할 때 혀의 최고점이 앞쪽에 있는 모음.

예 'ㅐ', 'ㅔ', 'ㅚ', 'ㅟ', 'ㅣ'는 혀의 최고점이 앞쪽에 있는 전설 모음이다.

Tip 혀의 높이에 따라 단모음을 나눌 수도 있음.

플러스 개념어 후설 모음
발음할 때 혀의 최고점이 뒤쪽에 있는 모음. 'ㅏ', 'ㅓ', 'ㅗ', 'ㅜ', 'ㅡ' 등이 있음.

확인 문제

정답과 해설 ▶ 26쪽

1 울림소리와 안울림소리에 대한 설명으로 알맞지 않은 것은? (⑤)

① 발음할 때 코안이나 입안이 울리며 나는 소리를 울림소리라고 한다.
② 발음할 때 코안이나 입안이 울리지 않으며 나는 소리를 안울림소리라고 한다.
③ 울림소리 중 비음은 'ㄴ', 'ㅁ', 'ㅇ'처럼 입안의 통로를 막고 코로 공기를 내보내며 내는 소리이다.
④ 안울림소리 중 예사소리는 발음 기관의 근육을 긴장시키지 않고 약하게 내는 소리로, 'ㄱ', 'ㄷ', 'ㅂ', 'ㅅ', 'ㅈ'이 있다.
⑤ 안울림소리 중 거센소리는 발음 기관의 근육을 긴장시키거나 목소리로 나오는 통로를 좁혀 내는 소리로, 'ㄲ', 'ㄸ', 'ㅃ', 'ㅆ', 'ㅉ'이 있다.

해설 | 안울림소리 중 거센소리는 발음 기관의 근육을 긴장시켜 숨을 거세게 터뜨리며 내는 소리로, 'ㅊ', 'ㅋ', 'ㅌ', 'ㅍ'이 있다. 'ㄲ', 'ㄸ', 'ㅃ', 'ㅆ', 'ㅉ'은 된소리이다.

2 단어의 뜻에 알맞은 말을 ( ) 안에서 골라 ○표 해 보자.

(1) 전설 모음: 발음할 때 혀의 최고점이 (앞쪽에), 뒤쪽에) 있는 모음.
(2) 후설 모음: 발음할 때 혀의 최고점이 (앞쪽에 , 뒤쪽에) 있는 모음.
(3) 평순 모음: 발음할 때 입술이 (평평한), 둥글게 오므려진) 상태로 소리 나는 모음.
(4) 원순 모음: 발음할 때 입술이 (평평한 , 둥글게 오므려진) 상태로 소리 나는 모음.

해설 | (3) 'ㅏ', 'ㅐ', 'ㅓ', 'ㅔ', 'ㅗ', 'ㅜ', 'ㅡ', 'ㅣ'는 단모음으로, 발음할 때 혀나 입술 모양이 고정되어 움직이지는 않는 모음이다. (4) 'ㄲ', 'ㄸ', 'ㅃ', 'ㅆ', 'ㅉ'은 발음할 때 코안이나 입안이 울리지 않는 안울림소리 중 된소리이다.

3 설명이 알맞으면 ○표, 알맞지 않으면 ✕표를 따라가며 선을 긋고, 도착한 곳의 기호를 써 보자.

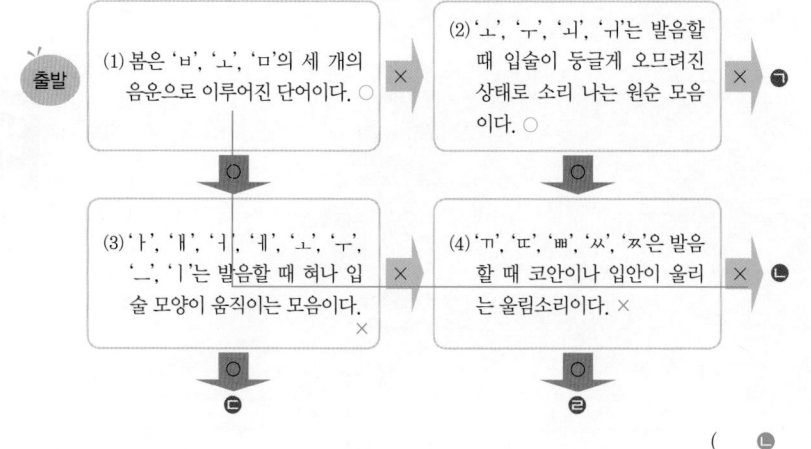

(㉡)

사회 교과서 어휘

✏️ 단어와 그 뜻을 익히고, 빈칸에 알맞은 단어를 써 보자.

물가 물건 物 + 값 價	시장에서 거래되는 여러 물건의 가치를 종합해 평균한 것. 예 집값, 식비, 기름값 따위가 모두 올라 작년보다 올해는 물가 가 많이 올랐다.	플러스 개념어 물가 지수 물가의 변동을 숫자로 나타낸 지표.

국민 경제 지표 나라 國 + 백성 民 + 다스릴 經 + 구제할 濟 + 가리킬 指 + 표 標 '經'의 대표 뜻은 '지나다', '濟'의 대표 뜻은 '건너다'임.	한 나라의 경제 상황을 수치로 나타낸 것. 대표적인 것으로 국내 총생산이 있음. 예 한 국가의 경제 상황을 판단하려면 국민 경제 지표 를 살펴보면 된다.	 국민 경제 지표

국내 총생산 나라 國 + 안 內 + 합할 總 + 날 生 + 낳을 産 Gross Domestic Product	한 나라에서 일정한 기간 내에 새롭게 생산된 최종 생산물의 시장 가치를 합한 것. 예 GDP는 국내 총생산 을 뜻하는 말이다.	플러스 개념어 1인당 국내 총생산 국내 총생산을 그 나라의 인구수로 나눈 것. 한 나라의 평균적인 소득 수준은 1인당 국내 총생산을 통해 알 수 있음.

인플레이션 inflation	물가가 지속적으로 오르는 현상. 예 물가가 올라 인플레이션 이 일어나면 화폐의 가치가 떨어져 일정한 금액으로 살 수 있는 재화와 서비스의 양이 줄어든다.	플러스 개념어 디플레이션 통화량이 줄어듦에 따라 물가가 떨어지고 경제 활동이 침체되는 현상.

통화량 통할 通 + 재화 貨 + 양 量 '量'의 대표 뜻은 '헤아리다'임.	한 나라 안에서 실제로 사용되는 화폐의 양. 예 침체된 소비나 투자를 끌어올리려면 시중에 거래되는 통화 량을 늘려야 한다는 주장이 있다.	

실업 잃을 失 + 일 業	일을 할 수 있는 능력과 의사가 있는데도 일자리를 가지지 못한 상태. 예 일자리를 구하기 힘들어지면서 청년들의 실업 이 증가하고 있다.	

인적 자원 사람 人 + ~의 的 + 재물 資 + 근원 源	국민 경제에 필요한 상품을 생산하는 데 들어가는 인간의 노동력. 예 우리나라에는 각 분야에서 뛰어난 재능을 드러내는 인적 자원이 많다.	

확인 문제

정답과 해설 ▶ 27쪽

1 ( ) 안에 알맞은 단어를 보기 에서 찾아 써 보자.

보기

수치	화폐	생산물	일자리

(1) **통화량**: 한 나라 안에서 실제로 사용되는 (화폐)의 양.

(2) **국민 경제 지표**: 한 나라의 경제 상황을 (수치)(으)로 나타낸 것.

(3) **실업**: 일을 할 수 있는 능력과 의사가 있는데도 (일자리)을/를 가지지 못한 상태.

(4) **국내 총생산**: 한 나라에서 일정한 기간 내에 새롭게 생산된 최종 (생산물)의 시장 가치를 합한 것.

2 빈칸에 알맞은 단어를 써 보자.

> 인 플 레 이 션 은 물가가 지속적으로 오르는 현상으로, 이것이 일어나면 돈을 빌린 사람은 돈을 빌려준 사람보다 유리해지고, 국제 거래에도 영향을 끼친다.

해설 | 인플레이션은 물가가 계속 오르는 현상으로, 빌린 돈의 가치가 떨어져 돈 값을 부담이 줄어들게 된다.

해설 | (1) 한 나라 안에서 실제로 사용되는 화폐의 양을 뜻하는 '통화량'이 알맞다. (2) 일을 할 수 있는 능력과 뜻이 있는데도 일자리를 가지지 못한 상태를 뜻하는 '실업'이 알맞다. (3) 국민 경제에 필요한 상품을 생산하는 데 들어가는 인간의 노동력을 뜻하는 '인적 자원'이 알맞다. (4) 시장에서 거래되는 여러 물건의 값을 종합해 평균한 것을 뜻하는 '물가'가 알맞다.

3 빈칸에 알맞은 단어를 보기 의 글자를 조합해 써 보자.

보기

가	량	물	실	업	인	적	통	화

(1) 금리를 올리면 사람들이 예금을 하게 되므로 증가된 통 화 량 을/를 줄일 수 있다.

(2) 자동화 시스템과 로봇의 도입으로 일자리가 줄어들면서 실 업 이/가 발생하고 있다.

(3) 기업에서는 우수한 인 적 자원을 확보하기 위해 기업의 이미지를 높이려는 노력을 한다.

(4) 최근 치킨, 김밥, 햄버거, 자장면 등의 외식 품목 물 가 이/가 오르면서 서민들의 가계에 큰 부담이 되고 있다.

✎ 단어와 그 뜻을 익히고, 빈칸에 알맞은 단어를 써 보자.

중근 겹칠 重 + 뿌리 根 '重'의 대표 뜻은 '무겁다'임.	중복된 근으로, 이차방정식의 두 해가 중복되어 서로 같을 때, 이 해를 중근이라고 함. 예 $x^2-4x+4=0$에서 좌변을 인수분해하면 $(x-2)(x-2)=0$이므로 참이 되는 x의 값은 $x=2$ 또는 $x=2$가 되어 두 근이 서로 같다. 이때 $x=2$는 이차방정식 $x^2-4x+4=0$의 [중][근]이다. (완전제곱식)=0 꼴로 나타나면 중근을 가져.
근의 공식 뿌리 根 공적인 公 + 수학식 式	이차방정식의 근을 일반적으로 구할 수 있도록 해 주는 공식. x에 대한 이차방정식 $ax^2+bx+c=0(a\neq0)$의 근은 $$x=\frac{-b\pm\sqrt{b^2-4ac}}{2a}\ (단,\ b^2-4ac\geq0)$$ b가 짝수일 때 근의 공식 $$x=\frac{-b'\pm\sqrt{b'^2-ac}}{a}$$ $$\left(b'=\frac{b}{2}\right)$$ 예 $x^2-x-4=0$에서 $a=1$, $b=-1$, $c=-4$이므로 [근]의 [공][식]을 이용하여 근을 구하면 $$x=\frac{-(-1)\pm\sqrt{(-1)^2-4\times1\times(-4)}}{2\times1}=\frac{1\pm\sqrt{17}}{2}\ 이다.$$
함수 상자 函 + 셈 數	두 변수 x, y에 대하여 x의 값이 정해짐에 따라 y의 값이 오직 하나씩 정해지는 관계가 있을 때, y를 x의 함수라고 함. 예 $y=x^2$은 x의 값이 변함에 따라 y의 값이 하나씩 정해지므로 y는 x의 [함][수]이다.
이차함수 둘 二 + 횟수 次 + 상자 函 + 셈 數	y가 x에 대한 이차식 $y=ax^2+bx+c(a, b, c$는 상수, $a\neq0)$로 나타날 때의 함수. 예 $y=\frac{1}{2}x^2$, $y=-3x^2+2x-1$은 모두 x에 대한 [이][차][함][수]이다. $y=ax^2+bx+c$를 $f(x)=ax^2+bx+c$로 나타내기도 한다. a, b, c는 상수이고 $a\neq0$일 때 ① ax^2+bx+c ➡ x에 대한 이차식 ② $ax^2+bx+c=0$ ➡ x에 대한 이차방정식 ③ $y=ax^2+bx+c$ ➡ x에 대한 이차함수
함숫값 상자 函 + 셈 數 + 값	'함수의 값'을 줄인 말로, 함수 $y=f(x)$에서 x의 값에 따라 하나씩 정해지는 y의 값 $f(x)$. 예 함수 $f(x)=-2x^2-x+1$에서 $f(1)=(-2)\times1^2-1+1=-2$이므로 $x=1$일 때의 [함][숫][값]은 -2이다.

🔲 **확인 문제**

정답과 해설 ▶ 28쪽

1 문장에 알맞은 단어를 ( ) 안에서 골라 ○표 해 보자.

(1) $2x^2-3x+1$은 x에 대한
(⭕이차식, 이차방정식 , 이차함수)이다.

(2) $x^2+4x-2=0$은 x에 대한
(이차식, ⭕이차방정식, 이차함수)이다.

(3) $y=-3x^2+x-6$은 x에 대한
(이차식 , 이차방정식 , ⭕이차함수)이다.

해설 | a, b, c는 상수이고 $a\neq0$일 때
(1) ax^2+bx+c는 x에 대한 이차식이다.
(2) $ax^2+bx+c=0$은 x에 대한 이차방정식이다.
(3) $y=ax^2+bx+c$는 x에 대한 이차함수이다.

근의 공식 확인
$$ax^2+bx+c=0\ (a\neq0)$$
$$x^2+\frac{b}{a}x+\frac{c}{a}=0$$
$$x^2+\frac{b}{a}x=-\frac{c}{a}$$
$$x^2+\frac{b}{a}x+\left(\frac{b}{2a}\right)^2=-\frac{c}{a}+\left(\frac{b}{2a}\right)^2$$
$$\left(x+\frac{b}{2a}\right)^2=\frac{b^2-4ac}{4a^2}$$
$$x+\frac{b}{2a}=\pm\frac{\sqrt{b^2-4ac}}{2a}$$
$$x=-\frac{b}{2a}\pm\frac{\sqrt{b^2-4ac}}{2a}$$
$$=\frac{-b\pm\sqrt{b^2-4ac}}{2a}$$

2 ( ) 안에 알맞은 단어를 써 보자.

x에 대한 이차방정식 $ax^2+bx+c=0(a\neq0)$의 근은
$$x=\frac{-b\pm\sqrt{b^2-4ac}}{2a}\ (단,\ b^2-4ac\geq0)$$
이다. 일반적으로 이차방정식의 근을 구할 수 있도록 해 주는 이와 같은 공식을 (근의 공식)이라고 한다.

해설 | 이차방정식을 바꾸지 않고 근을 일반적으로 계수를 이용해 쉽게 구할 수 있게 하기 때문에 '근의 공식'이라고 한다.

해설 | (1) $y=ax^2+bx+c$ (a, b, c는 상수, $a\neq0$)로 나타낼 때의 함수는 모두 x에 대한 이차함수이다.
(2) $f(1)=-3$은 $x=1$일 때 정해지는 값이므로 함숫값이다.
(3) $(x-3)^2=0$에서 $x=3$ 또는 $x=3$이므로 두 근이 서로 같다. 따라서 참이 되는 x의 값 $x=3$은 중근이다.

3 ( ) 안에 알맞은 단어를 [보기]에서 찾아 써 보자.

보기
중근	함숫값	이차함수

(1) $y=-x^2+x-3$, $y=4x^2+2x$는 모두 x에 대한 (이차함수)이다.

(2) 함수 $f(x)=x^2-5x+1$에서 $f(1)=1^2-5\times1+1=-3$이므로 $x=1$일 때의 (함숫값)은/는 -3이다.

(3) $x^2-6x+9=0$에서 좌변을 인수분해하면 $(x-3)(x-3)=0$이므로 참이 되는 x의 값 $x=3$은 이차방정식 $x^2-6x+9=0$의 (중근)이다.

과학 교과서 어휘

수록 교과서 과학 3
Ⅱ. 기권과 날씨

✏️ 단어와 그 뜻을 익히고, 빈칸에 알맞은 단어를 써 보자.

Tip 1기압은 수은 기둥의 높이 76 cm에 해당하는 대기의 압력임.

기압
공기 氣 + 누를 壓
🔍 '氣'의 대표 뜻은 '기운'임.

대기에 의해 생기는 압력.
예 빨대를 빨면 빨대 내부와 외부의 [기압] 차이로 음료수가 빨대로 올라온다.

플러스 개념어 **기압의 단위**
hPa(헥토파스칼)를 사용함.
1기압=1013hPa

고기압
높을 高 + 공기 氣 + 누를 壓

주위보다 기압이 높은 곳.
예 [고기압] 주변은 구름이 없는 맑은 날씨이다.

💬 고기압에서는 하강 기류가 생김.

Tip '일기도'는 기온, 기압, 풍향, 풍속, 고기압, 저기압, 전선 등을 지도에 기호로 표시한 것임.

저기압
낮을 低 + 공기 氣 + 누를 壓

Tip 저기압 내에서는 날씨가 나쁘고 비바람이 강함.
주위보다 기압이 낮은 곳.
예 [저기압] 안에서는 주위보다 기압이 낮으므로 주변에서 공기가 불어 들어온다.

플러스 개념어 **온대 저기압**
온대 지방인 중위도 지역에서 발생하는 저기압으로, 북쪽의 찬 공기와 남쪽의 따뜻한 공기가 만나 발생함.
예 온대 저기압에 온난 전선이 통과하면 따뜻한 공기가 들어와서 기온이 상승하고 날씨가 맑아진다.

바람

두 지점의 기압 차이에 의해 공기가 이동하는 것.
예 지상에서는 기압이 높은 곳에서 낮은 곳으로 [바람]이 불게 된다.

플러스 개념어 **편서풍**
중위도 지역에서 일 년 내내 서쪽에서 동쪽으로 부는 바람.
예 봄마다 찾아오는 황사는 중국 사막의 흙먼지가 편서풍에 실려 우리나라로 날아오는 것이다.

기단
공기 氣 + 덩어리 團
🔍 '團'의 대표 뜻은 '둥글다'임.

기온과 습도가 비슷한 대규모의 공기 덩어리.
예 우리나라의 여름철에 영향을 주는 북태평양 [기단]은 고온 다습한 성질이 있다.

플러스 개념어 **우리나라에 영향을 주는 기단**
• 시베리아 기단 • 양쯔강 기단
• 북태평양 기단 • 오호츠크해 기단

전선
앞 前 + 줄 線

성질이 서로 다른 두 기단의 경계면인 전선면과 지표면이 만나는 경계선.
예 강수 현상은 [전선]을 기준으로 찬 공기가 있는 쪽에서 나타난다.

플러스 개념어 **정체 전선**
세력이 비슷한 두 기단이 만나서 오래 머무는 전선.
예 우리나라에서 초여름에 형성되는 장마 전선은 대표적인 정체 전선이다.

한랭 전선
찰 寒 + 찰 冷 + 앞 前 + 줄 線

찬 기단이 따뜻한 기단 아래로 파고들면서 생기는 전선.
예 [한랭] 전선에서는 찬 공기가 더운 공기를 밀어 올리기 때문에 공기의 상승 운동이 활발하여 적운형 구름이 잘 생긴다.

적운형 구름
찬 기단 / 따뜻한 기단 / 한랭 전선

온난 전선
따뜻할 溫 + 따뜻할 暖 + 앞 前 + 줄 線

따뜻한 기단이 찬 기단 위로 타고 오르면서 생기는 전선.
예 [온난] 전선에서는 경사가 완만한 전선면을 따라 따뜻한 공기가 느리게 상승하므로 층운형 구름이 잘 생긴다.

층운형 구름
따뜻한 기단 / 온난 전선 / 찬 기단

🧩 확인 문제

정답과 해설 ▶ 29쪽

1 문장에 알맞은 단어를 ( ) 안에서 골라 ◯표 해 보자.

(1) 중위도 지역에서 자주 발생하는 저기압은 (◯온대 저기압, 열대 저기압)이다.

(2) 따뜻한 기단이 찬 기단 위로 타고 오르면서 생기는 전선은 (한랭 전선 , ◯온난 전선)이다.

(3) 주위보다 기압이 높은 곳은 (저기압, ◯고기압)이고, 주위보다 기압이 낮은 곳은 (◯저기압, 고기압)이다.

2 뜻에 알맞은 단어를 보기의 글자를 조합해 써 보자. (같은 글자가 2번 쓰일 수 있음.)

보기
| 람 | 바 | 서 | 선 | 전 | 정 | 체 | 편 | 풍 |

(1) 두 지점의 기압 차이에 의해 공기가 이동하는 것. [바][람]

(2) 세력이 비슷한 두 기단이 만나서 오래 머무는 전선. [정][체][전][선]

(3) 중위도 지역에서 일 년 내내 서쪽에서 동쪽으로 부는 바람. [편][서][풍]

(4) 서로 다른 두 기단의 경계면인 전선면과 지표면이 만나는 경계선. [전][선]

Tip 전선 기호

한랭 전선 / 온난 전선 / 정체 전선

해설 (1) 바람은 두 지점의 '기압' 차로 생기므로 그 차가 클수록 바람이 강하게 분다. (2) 찬 기단이 따뜻한 기단 아래로 파고들면서 생기는 전선은 '한랭 전선'이다. 온난 전선이 지나갈 때는 지속적으로 비가 오고, 지난 뒤에는 기온이 올라간다. (3) 성질이 다른 두 기단이 만나는 '전선면' 주변에서는 따뜻한 공기가 상승하여 수증기가 응결되면서 구름이 생기고 강수 현상이 일어난다. (4) 우리나라보다 북쪽 대륙에서 만들어진 '기단'은 한랭 건조하고, 남쪽 바다에서 만들어진 '기단'은 고온 다습하다.

3 ( ) 안에 알맞은 단어를 보기에서 찾아 써 보자.

보기
| 기단 | 기압 | 전선 | 온난 전선 | 한랭 전선 |

(1) 두 지점의 (기압) 차가 클수록 바람이 강하게 분다.

(2) (한랭 전선)이 통과하면 소나기가 오거나 돌풍이 불고, 통과 후에는 기온이 낮아진다.

(3) 성질이 다른 두 기단이 만나는 전선면과 지표가 만나는 선인 (전선)을 경계로 날씨의 변화가 심하다.

(4) 우리나라보다 북쪽에서 만들어진 (기단)은 한랭하고 바다에서 만들어진 (기단)은 다습하다.

3주차 3회

국어 교과서 어휘

수록 교과서 국어 3-1
문법 – 통일 시대의 국어

단어와 그 뜻을 익히고, 빈칸에 알맞은 단어를 써 보자.

통일 시대

합할 統 + 하나 一 + 때 時 + 시대 代
'統'의 대표 뜻은 '거느리다', '代'의 대표 뜻은 '대신하다'임.

남한과 북한으로 갈라져 있는 우리 국토와 민족이 하나가 되는 때.

예 남북한 언어의 차이를 이해하여 [통|일] 시대를 준비해야 한다.

순우리말

우리말 중에서 고유어만을 이르는 말로, 원래부터 있던 말이나 그것에 기초하여 새로 만들어진 말.

예 북한에서는 고유어인 [순|우|리|말]로 된 단어를 많이 쓴다.

플러스 개념어 외래어
다른 나라 말에서 빌려 와서 우리말처럼 쓰는 말. '뉴스', '텔레비전', '컴퓨터' 등이 있음.

순화

순수할 醇 + 될 化
'醇'의 대표 뜻은 '진한 술'임.

잡스러운 것을 걸러서 순수하게 함.

예 남한은 외래어를 많이 쓰고, 북한은 외래어를 순우리말로 [순|화]해 쓴다.

방언

방위 方 + 말씀 言
'方'의 대표 뜻은 '네모'임.

하나의 언어 안에서, 지역(지역 방언)이나 사회 집단(사회 방언)에 따라 나눠 사용하는 말.

예 우리 국민의 4분의 3은 북한 말을 남한의 [방|언]이라고 생각한다고 한다.

두음 법칙

처음 頭 + 소리 音 + 법 法 + 법칙 則
'頭'의 대표 뜻은 '머리'임.

한자어 첫소리에 'ㄴ', 'ㄹ'이 올 때 발음하고 쓰는 것을 꺼려 'ㅇ', 'ㄴ'으로 발음하고 쓰는 것.

예 '老人'을 '로인'이 아니라 '노인'으로 적는 것은 [두|음] [법|칙] 때문이다.

플러스 개념어 발음
사람의 목소리나 말소리를 내는 일.
예 남북한의 언어에는 형태나 발음이 같지만 의미가 다른 경우도 있다.

Tip 억양: 말의 높낮이를 '억양'이라고 함. 우리는 억양을 이용하여 말의 의미를 구별함. "밥 먹어.↘"로 끝을 내려서 말하면 평서문이 되고, "밥 먹어?↗"라고 끝을 올려 말하면 의문문이 됨.

사이시옷

사잇소리 현상이 나타났을 때 단어에 추가하여 쓰는 'ㅅ'의 이름.

예 '이'와 '몸'을 합쳐 단어를 만들 때, '잇몸'이라고 쓰고 이때 쓰이는 'ㅅ'을 [사|이|시|옷]이라고 한다.

플러스 개념어 사잇소리 현상
'이'와 '몸'을 합쳐 '잇몸'을 만들 때, [이몸]이 아니라 [인몸]으로 'ㄴ'이 추가되어 발음됨. 이처럼 두 개의 형태소를 합쳐 합성 명사를 만들 때, 그 사이에 소리가 추가되어 발음하는 것을 '사잇소리 현상'이라고 함.

확인 문제

정답과 해설 ▶ 30쪽

1 단어의 뜻을 찾아 선으로 이어 보자.

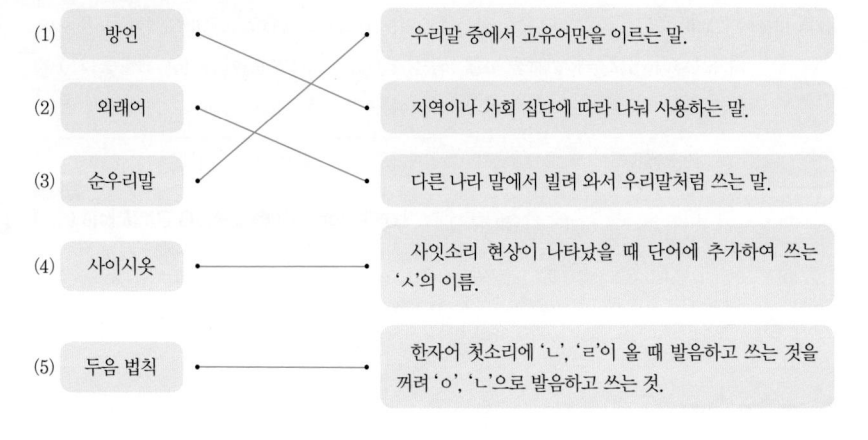

(1) 방언 • — • 지역이나 사회 집단에 따라 나눠 사용하는 말.
(2) 외래어 • — • 다른 나라 말에서 빌려 와서 우리말처럼 쓰는 말.
(3) 순우리말 • — • 우리말 중에서 고유어만을 이르는 말.
(4) 사이시옷 • — • 사잇소리 현상이 나타났을 때 단어에 추가하여 쓰는 'ㅅ'의 이름.
(5) 두음 법칙 • — • 한자어 첫소리에 'ㄴ', 'ㄹ'이 올 때 발음하고 쓰는 것을 꺼려 'ㅇ', 'ㄴ'으로 발음하고 쓰는 것.

해설 | (2) '남한과 북한으로 갈라져 있는 우리 국토와 민족이 하나가 되는 때'를 '통일 시대'라고 한다.

2 밑줄 친 단어가 알맞으면 ○표, 알맞지 않으면 ×표 해 보자.

(1) 사람의 목소리나 말소리를 내는 일을 발음이라고 한다. (○)

(2) 남한과 북한으로 갈라져 있는 우리 국토와 민족이 하나가 되는 때를 남북한 시대라고 한다. (×)

해설 | ① '순우리말'은 '우리말 중에서 고유어만을 이르는 말'이므로, 다른 나라 문물이 들어와 생기게 되는 말은 '외래어'라는 단어가 알맞다. ② '방언'은 '하나의 언어 안에서, 지역 따위에 따라 나눠 사용하는 말'을 뜻하므로 알맞다. ③ '나룻배'는 '나루+배' 사이에 'ㅅ'이 들어간 것으로, '사잇소리 현상이 나타났을 때 단어에 추가하여 쓰는 'ㅅ'의 이름'인 '사이시옷'은 알맞다. ④ '두음 법칙'은 한자어 '女子'의 첫소리가 'ㄴ'으로 발음되는 것을 꺼려 'ㅇ'으로 발음되는 것을 뜻하므로 알맞다. ⑤ '발음'은 '사람이 내는 목소리나 말소리'라는 뜻이므로 알맞다.

3 밑줄 친 단어의 쓰임이 알맞지 않은 것은? (①)

① 외국 문물이 들어오면 순우리말은 생기게 마련이다.
② 이번 방언 조사는 강원도 지역을 대상으로 실시하였다.
③ 남한은 '나룻배', 북한은 '나루배'라고 쓰는 것을 볼 때 남한만 사이시옷을 쓴다.
④ 남한은 [여자], 북한은 [녀자]라고 발음하는 것을 볼 때 남한만 두음 법칙을 따른다.
⑤ '수갑'은 말의 형태나 발음은 같지만, 남한에서는 '죄인의 손에 끼우는 고리'를 뜻하고 북한에서는 '장갑'을 뜻한다.

단어와 그 뜻을 익히고, 빈칸에 알맞은 단어를 써 보자.

국제 거래 나라 國 + 사이 際 + 갈 去 + 올 來	나라 사이에 상품이나 생산 요소 따위를 사고파는 것. 예 나라 사이에 국제 거래가 활발해지면 소비자는 상품을 고를 수 있는 기회가 많아지며, 기업은 더 넓은 다른 나라의 시장을 가질 수 있게 된다.
개방화 열 開 + 놓을 放 + 될 化	경계하거나 금지하던 것을 풀고 자유롭게 드나들거나 교류하게 됨. 예 서로 문화를 공감하는 데 문화의 개방화는 필수 요소이다.
비교 우위 견줄 比 + 견줄 較 뛰어날 優 + 자리 位	한 나라가 다른 나라보다 상대적으로 더 낮은 기회비용으로 상품을 생산할 수 있는 상태. 예 우리나라는 다른 나라와 비교했을 때 반도체 부문에서 비교 우위를 가지고 있다.
지식 재산권 알 知 + 알 識 재물 財 + 낳을 産 + 권리 權 '權'의 대표 뜻은 '권세'임.	지적 활동으로 인해 발생하는 재산에 관한 권리. 예 우리나라는 법률로써 지식 재산권을 보호하고 있다. 플러스 개념어 **저작권** 문학, 예술 등에 속하는 창작물에 대 해 그것을 창작한 사람이 가지는 권리.
세계 무역 기구 세상 世 + 경계 界 + 바꿀 貿 + 바꿀 易 + 틀 機 + 얽을 構	각 나라 사이의 자유로운 무역을 위해 세워진 국제 기구.(WTO) 예 세계 무역 기구는 나라 사이의 무역 마찰을 조 정한다. 플러스 개념어 **자유 무역** 상품이 자유롭게 오갈 수 있도록 관 세 따위 장벽을 없애거나 느슨하게 하는 일. 예 두 나라는 관세를 낮춤으로써 자 유 무역의 길을 열었다.
차관 빌릴 借 + 돈 款 '款'의 대표 뜻은 '항목'임.	한 나라의 정부, 기업, 은행 등이 외국의 정부나 기관에서 돈을 빌리는 것. 예 적자가 심하던 그 기업은 자금을 마련하기 위해 외국에서 차관을 들여왔다.
환율 바꿀 換 + 비율 率	자기 나라 돈과 다른 나라 돈을 교환할 때의 비율. 예 환율은 일반적으로 다른 나라 돈 1단위와 바꾸는 자국 돈의 값으로 나타낸다. 플러스 개념어 **외환 시장** 외국 화폐가 거래되는 시장. 예 환율이 치솟아 수입에 타격을 입 자 외환 시장에 불안감이 감돌고 있다.

확인 문제

정답과 해설 ▶ 31쪽

1 뜻에 알맞은 단어를 보기의 글자를 조합해 써 보자.

보기

개	관	방	외	차	화	환

(1) 외국 화폐가 거래되는 시장. 외 환 시장

(2) 경계하거나 금지하던 것을 풀고 자유롭게 드나들거나 교류하게 됨. 개 방 화

(3) 한 나라의 정부, 기업, 은행 등이 외국의 정부나 기관에게 돈을 빌리는 것. 차 관

2 빈칸에 알맞은 단어를 초성을 바탕으로 완성해 보자.

(1) 지식 재산권: 지 지 활동으로 인해 발생하는 재산에 관한 권리.

(2) 비 교 우 위 : 한 나라가 다른 나라보다 상대적으로 더 낮은 비용으로 효율적으로 상품
을 생산할 수 있는 상태.

해설 | (1) 달러화, 유로화, 엔화 등 외국 화폐가 거래되는 시장을 뜻하므로 '외환'을 써야 알맞다. (2) 우리 돈과 달러화를
교환할 때의 비율을 뜻하므로 '환율'을 써야 알맞다. (3) 그 나라가 다른 나라보다 상대적으로 더 낮은 기회비용으로 철
강 제품을 생산할 수 있는 상태를 뜻하므로 '비교 우위'를 써야 알맞다.

3 ( ) 안에 알맞은 단어를 보기에서 찾아 써 보자.

보기

외환	환율	비교 우위

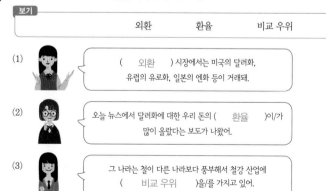

(1) (외환) 시장에서는 미국의 달러화,
유럽의 유로화, 일본의 엔화 등이 거래돼.

(2) 오늘 뉴스에서 달러화에 대한 우리 돈의 (환율)이/가
많이 올랐다는 보도가 나왔어.

(3) 그 나라는 철이 다른 나라보다 풍부해서 철강 산업에
(비교 우위)을/를 가지고 있어.

✏️ 단어와 그 뜻을 익히고, 빈칸에 알맞은 단어를 써 보자.

좌표축

자리 座 + 표 標 + 굴대 軸
굴대는 수레바퀴의 한가운데에 뚫린 구멍에 끼우는 긴 나무 막대나 쇠막대를 뜻함.

좌표를 만드는 기준이 되는 축.

⟨예⟩ 두 수직선이 원점 O에서 서로 수직으로 만날 때, 가로의 수직선을 x축, 세로의 수직선을 y축이라 하고, 이 두 축을 좌표축 이라고 한다.

순서쌍

순서 順 + 차례 序 + 두 雙
'順'의 대표 뜻은 '순하다'임.

수나 문자의 순서를 정하여 짝 지어 나타낸 쌍.

⟨예⟩ 순서가 있는 두 수를 짝 지어 괄호 안에 나타낸 것을 순서쌍 이라고 하고, 점 P에서 x축, y축에 수직으로 직선을 그어 만나는 점이 나타내는 수가 각각 a, b일 때 순서쌍 (a, b)를 점 P의 좌표라고 한다.

좌표평면

자리 座 + 표 標 + 평평할 平 + 면 面
'面'의 대표 뜻은 '낯'임.

좌표축이 정해져 있는 평면으로, x축과 y축으로 이루어져 점을 좌표로 나타내는 평면.

⟨예⟩ x축, y축이 그려져 있는 좌표평면 위에 점 $(2, 1)$을 나타내 보자.

사분면

넷 四 + 나눌 分 + 면 面

좌표평면이 x축과 y축으로 나누어지는 네 부분 중 한 면으로, 각각 시계 반대 방향으로 차례로 제1사분면, 제2사분면, 제3사분면, 제4사분면이라고 함.

⟨예⟩ 좌표평면은 네 부분으로 나누어지는데 점 $(3, 2)$는 제1 사분면 에 속하는 점이고, 점 $(-3, -5)$는 제3 사분면 에 속하는 점이다.

제2사분면 $(-, +)$ | 제1사분면 $(+, +)$
제3사분면 $(-, -)$ | 제4사분면 $(+, -)$

그래프

graph

두 변수 사이의 관계를 좌표평면 위에 점, 직선, 곡선 등으로 나타낸 그림.

⟨예⟩ x의 값이 증가할 때 y의 값이 증가하는 관계는 오른쪽 위로 향하는 그래프로, x의 값이 증가할 때 y의 값이 감소하는 관계는 오른쪽 아래로 향하는 그래프로 나타낸다.

확인 문제

정답과 해설 ▶ 32쪽

1 뜻에 알맞은 단어를 글자판에서 찾아 묶어 보자.(단어는 가로, 세로, 대각선 방향에서 찾기)

그	래	좌	기	안
사	좌	표	평	면
발	분	축	사	순
프	발	면	서	결
평	알	쌍	절	분

❶ 좌표를 만드는 기준이 되는 축.
❷ 수나 문자의 순서를 정하여 짝 지어 나타낸 쌍.
❸ 좌표평면에서 x축과 y축으로 나누어지는 네 평면 중 하나.
❹ 좌표축이 정해진 평면으로, x축과 y축으로 이루어져 점을 좌표로 나타내는 평면.

2 ( ) 안에 알맞은 단어를 [보기]에서 찾아 써 보자.

[보기]
x축 y축   그래프

(1) 두 변수 사이의 관계를 좌표평면 위에 점, 직선, 곡선 등으로 나타낸 그림을 (그래프)(이)라고 한다.

(2) 두 수직선이 원점 O에서 서로 수직으로 만날 때, 가로의 수직선을 (x축), 세로의 수직선을 (y축)(이)라고 한다.

해설 | (1) 두 변수 사이의 관계를 좌표평면 위에 점, 직선, 곡선 등으로 나타낸 그림은 '그래프'이다. (2) 두 수직선이 원점 O에서 서로 수직으로 만날 때, 가로의 수직선은 'x축', 세로의 수직선은 'y축'이다.

해설 | (1) 좌표의 부호가 $(+, +)$이면 제1사분면 위의 점이다. (2) 좌표의 부호가 $(-, +)$이면 제2사분면 위의 점이다. (3) 좌표의 부호가 $(+, -)$이면 제4사분면 위의 점이다. (4) 좌표의 부호가 $(-, -)$이면 제3사분면 위의 점이다.

3 빈칸에 알맞은 숫자를 써 보자.

(1) 점 $(1, 5)$는 x좌표와 y좌표가 모두 양수이므로 제 1 사분면 위의 점이다.

(2) 점 $(-2, 3)$은 x좌표가 음수, y좌표가 양수이므로 제 2 사분면 위의 점이다.

(3) 점 $(4, -1)$은 x좌표가 양수, y좌표가 음수이므로 제 4 사분면 위의 점이다.

(4) 점 $(-1, -1)$은 x좌표와 y좌표가 모두 음수이므로 제 3 사분면 위의 점이다.

✏️ 단어와 그 뜻을 익히고, 빈칸에 알맞은 단어를 써 보자.

속력 빠를 速 + 힘 力	단위 시간 동안 물체가 이동한 거리. $$속력(m/s)=\frac{이동\ 거리(m)}{걸린\ 시간(s)}$$ 예 100km를 2시간에 달린다고 할 때, 달리기의 속력 은 $\frac{100(km)}{2(h)}=50(km/h)$이다.	**플러스 개념어 평균 속력** 물체가 이동한 전체 거리를 걸린 시간 으로 나누어 구함. **평균 속력=** $\frac{전체\ 이동\ 거리량}{걸린\ 시간량}$ Tip 속도: 단위 시간 동안 물체의 위치 변화임.
등속 운동 같을 等 + 빠를 速 + 움직일 運 + 움직일 動 ⌄'等'의 대표 뜻은 '무리', '運'의 대표 뜻은 '옮기다'임.	속력이 일정한 운동. 예 에스컬레이터는 속력이 변하지 않고 일정한 운동을 하 는 등 속 운동 의 예이다.	**플러스 개념어 가속 운동** 속력이 점점 빨라지는 운동임. Tip 물체에 작용하는 중력의 크기는 무게와 같으며 질량에 비례함. 중력의 크기=9.8 × 질량
자유 낙하 운동 스스로 自 + 행할 由 + 떨어질 落 + 아래 下 + 움직일 動	공중에 정지해 있던 물체가 중력만을 받아 지면을 향하여 떨어지는 운동. 예 공중에서 공을 잡고 있다가 놓으면 공은 지표면을 향해 떨어지는 자유 낙하 운동을 하게 된다.	**플러스 개념어 중력** 지구와 물체가 서로 당기는 힘. 예 나무에서 과일이 떨어지는 것은 중 력이 작용하여 나타나는 현상이다.
중력 가속도 무거울 重 + 힘 力 + 더할 加 + 빠를 速 + 정도 度	자유 낙하 운동을 하는 물체의 시간에 따른 속력의 변화 정도. 예 지표면 근처에서 자유 낙하 운동을 하는 모든 물체는 1초 동안 속력이 약 9.8m/s씩 증가한 다. 이때 9.8을 중력 가속도 상수라고 한다.	
일	물체에 힘이 작용하여 물체를 힘의 방향으로 이동 시키는 경우 '일'을 한다고 함. $$일의\ 양=힘 \times 이동\ 거리$$ 예 물체가 떨어질 때에는 중력이 물체에 일을 한다.	**플러스 개념어 1J(줄)** 물체에 1N(뉴턴)의 힘을 작용하여 힘의 방향으로 1m만큼 이동했을 때 한 일의 양임.
위치 에너지 자리 位 + 배치할 置 + 에너지	물체의 위치에 따라 가지는 에너지. $$위치\ 에너지=9.8 \times 질량 \times 높이$$ 예 중력에 의한 위치 에너지의 크기는 물체의 질량 과 높이에 비례한다.	**플러스 개념어 에너지** 일을 할 수 있는 능력. 예 물체에 한 일의 양으로 물체가 가지 고 있던 에너지의 크기를 측정할 수 있다.
운동 에너지 움직일 運 + 움직일 動 + 에너지	운동하는 물체가 가지는 에너지. 질량이 m(kg)인 물체가 속력 $v(m/s)$로 운동할 때, $$운동\ 에너지=\frac{1}{2} \times 질량 \times (속력)^2,\ E_{운동}=\frac{1}{2}mv^2$$ 예 운동 에너지의 크기는 물체의 질량과 속력의 제곱에 비례한다.	

📦 **확인 문제**

정답과 해설 ▶ 33쪽

1 뜻에 알맞은 단어를 보기의 글자를 조합해 써 보자.(같은 글자가 2번 쓰일 수 있음.)

보기

가	도	등	력	상	속	수	중

(1) 속력이 일정한 운동. [등][속] 운동

(2) 자유 낙하 운동을 하는 물체의 시간에 따른 속력의 변화 정도의 값으로 9.8.

[중][력][가][속][도][상][수]

해설 | ⊙ '속력'은 단위 시간 동안 물체가 이동한 거리이다. ⓒ '일의 양'은 물체에 작용한 힘의 크기와 물체가 힘의 방향
으로 이동한 거리의 곱으로 구한다.

2 말의 뜻을 보기에서 찾아 사다리를 타고 내려간 곳에 기호를 써 보자.

보기

⊙ 단위 시간 동안 물체가 이동
   한 거리. 속력
ⓒ 물체에 힘이 작용해 물체를 힘
   의 방향으로 이동시키는 것. 일
ⓒ 공중에 정지해 있던 물체가 중
   력만을 받아 지면을 향하여 떨
   어지는 운동. 자유 낙하 운동

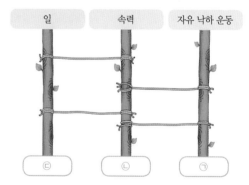

일   속력   자유 낙하 운동

ⓒ   ⓒ   ⊙

해설 | (1) '위치 에너지'는 높은 위치에 있는 물체가 가지는 에너지이므로 나무에 매달린 사과는 위치 에너지를 가지고 있
다. '운동 에너지'는 운동하는 물체가 가지는 에너지이다. (4) 운동하는 수레가 나무 도막과 충돌하면 수레의 운동 에너
지는 나무 도막을 밀어내는 일로 전환된다. 따라서 나무 도막의 이동 거리는 수레의 운동 에너지에 비례한다.

3 밑줄 친 말이 알맞으면 ◯표, 알맞지 않으면 ✕표 해 보자.

(1) 나무에 매달린 사과는 운동 에너지를 가지고 있다. (✕)

(2) 수평한 도로를 달리는 자동차는 운동 에너지를 가지고 있다. (◯)

(3) 위치 에너지의 크기는 보통 지면을 기준면으로 하며, 기준면에서 위치 에너지는 0이다. (◯)

(4) 운동하는 수레가 나무 도막과 충돌하면 수레의 운동 에너지는 나무 도막을 밀어내는 일로 전환된다.

(◯)

한자 어휘

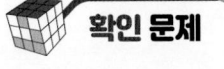

創(창), 針(침)이 들어간 말

創
만들 창

창(創)은 주로 '비롯하다', '시작하다', '처음'이라는 뜻으로 쓰여. 창(創)이 '만들다, '상처, 다치다'라는 뜻으로 쓰일 때도 있어.

針
바늘 침

金(쇠 금) 자와 十(열 십) 자가 결합한 침(針)은 주로 '바늘', '침'이라는 뜻으로 쓰여.

✎ 단어와 그 뜻을 익히고, 빈칸에 알맞은 단어를 써 보자.

초창기
처음 草 + 시작할 創 + 때 期
⤷'草'의 대표 뜻은 '풀'임.

'창(創)'이 '시작하다'라는 뜻으로 쓰였어.

어떤 사업을 일으켜 처음으로 시작하는 시기.
예 그는 식당을 차려 [초][창][기]에는 많은 실수와 어려움을 겪었다.

플러스 개념 -기(期)
'-기'는 일부 명사 뒤에 붙어 '기간', '시기'의 뜻을 나타냄.
예 동절기: 겨울철 기간.
전성기: 힘이나 세력 등이 한창 왕성한 시기.

창안
처음 創 + 생각 案
⤷'案'의 대표 뜻은 '책상'임.

'창(創)'이 '처음'이라는 뜻으로 쓰였어.

어떤 방법이나 물건 등을 처음으로 생각해 냄.
예 1895년에 윌리엄 모건은 테니스 네트를 보고 힌트를 얻어 배구를 [창][안]했다.

법고창신
본받을 法 + 옛 古 + 만들 創 + 새로울 新
⤷'法'의 대표 뜻은 '법'임.

'창(創)'이 '만들다'라는 뜻으로 쓰였어.

옛것을 본받아 새로운 것을 만든다는 뜻으로, 옛것을 바탕으로 하되 그것을 변화시킬 줄 알고, 새로운 것을 만들되 근본을 잃지 않아야 함을 이르는 말.
예 가장 전통적인 것이 세계적인 것이라고 하니, 우리 문화를 외국에 알리려면 [법][고][창][신]하는 태도가 필요하다.

창상
다칠 創 + 다칠 傷

'창(創)'이 '상처'라는 뜻으로 쓰였어.

칼, 창, 총검 따위에 다친 상처.
예 칼날에 베여 [창][상]을 입은 부위를 소독했다.

침소봉대
바늘 針 + 작을 小 + 몽둥이 棒 + 큰 大

바늘만 한 것을 몽둥이만 하다고 말한다는 뜻으로, 작은 일을 크게 부풀려서 말함을 이르는 말.
예 언니는 춤 경연 대회에 참가한 것을 우승이나 한 듯이 [침][소][봉][대]로 자랑했다.

검침
검사할 檢 + 바늘 針

바늘이 가리키는 눈금을 검사한다는 것으로, 곧 얼마나 썼는지 알아보는 것을 뜻해.

전기, 수도, 가스 등의 사용량을 알기 위해 계량기의 숫자를 검사함.
예 도시가스 사용량을 잘못 [검][침]해 요금이 많이 나왔다.

🧊 **확인 문제**

정답과 해설 ▶ 34쪽

1 뜻에 알맞은 단어를 보기 의 글자를 조합해 써 보자.

보기
| 고 | 대 | 법 | 봉 | 소 | 신 | 창 | 침 |

(1) 바늘만 한 것을 몽둥이만 하다고 말한다는 뜻으로, 작은 일을 크게 부풀려서 말함을 이르는 말.
[침][소][봉][대]

(2) 옛것을 본받아 새로운 것을 만든다는 뜻으로, 옛것을 바탕으로 하되 그것을 변화시킬 줄 알고, 새로운 것을 만들되 근본을 잃지 않아야 함을 이르는 말. [법][고][창][신]

> 해설 | (2) '초창기'는 어떤 사업을 일으켜 처음으로 시작하는 시기를 뜻한다. 한 상태에서 새로운 상태로 옮아가는 도중의 시기는 '과도기'이다.

2 단어의 뜻이 알맞으면 ○표, 알맞지 않으면 ✕표 해 보자.

(1) 창안: 어떤 방법이나 물건 등을 처음으로 생각해 냄. (○)
(2) 초창기: 한 상태에서 새로운 상태로 옮아가는 도중의 시기. (✕)
(3) 검침: 전기, 수도, 가스 등의 사용량을 알기 위해 계량기의 숫자를 검사함. (○)

> 해설 | '전성기'와 '초창기'에 쓰인 '-기(期)'는 '기간', '시기'의 뜻을 나타낸다.

3 밑줄 친 '-기'가 공통으로 뜻하는 것은? (④)

• 국가에서 불교를 장려함에 따라 불교가 전성<u>기</u>를 이루었다.
• 그 작가의 초창<u>기</u> 작품에서는 어린 시절에 대한 그리움이 많이 나타난다.

① 일 ② 기운 ③ 물건 ④ 시기 ⑤ 방법

> 해설 | (1) '발명품 경진 대회'라는 말로 보아, 어떤 방법이나 물건 등을 처음으로 생각해 내는 일을 뜻하는 '창안'이 알맞다. (2) '작은 실수를 큰 죄라도 저지른 양'이라는 말로 보아, 작은 일을 크게 부풀려서 말함을 이르는 '침소봉대'가 알맞다. (3) '전기, 수도, 가스 등의 사용량'이라는 말로 보아, 전기, 수도, 가스 등의 사용량을 알기 위해 계량기의 숫자를 검사하는 일을 뜻하는 '검침'이 알맞다.

4 ( ) 안에 알맞은 단어를 보기 에서 찾아 써 보자.

보기
| 검침 | 창안 | 침소봉대 |

(1) (창안)에 뛰어난 학생들이 발명품 경진 대회에 참가했다.

(2) 노론 세력은 세자의 작은 실수를 큰 죄라도 저지른 양 왕에게 (침소봉대)해 왕과 세자의 사이를 멀어지게 만들었다.

(3) 컴퓨터와 통신 기술 등을 이용해 전기, 수도, 가스 등의 사용량을 자동으로 (검침)하는 시스템을 개발하고 있다.

동사원형을 -ing나 -ed의 형태로 바꿔서 시제를 나타내기도 하고 형용사처럼 쓰이기도 하는 것을 분사라고 해. -ing는 '현재분사(진행, 능동)', -ed는 '과거분사(완료, 수동)'라 부르고 있어. 분사구문은 부사절에 있는 접속사와 주어를 생략하고, 동사를 현재분사나 과거분사로 간략하게 쓰는 방식을 말해. 부대상황은 분사구문과 주절에서 하는 행동이 동시에 일어나거나 또는 연속적으로 일어나는 경우에 써. 그럼 이제 분사에 대해 공부해 보자.

✎ 단어와 그 뜻을 익히고, 빈칸에 알맞은 단어를 써 보자.

a present participle
현재분사
지금 現 + 있을 在 + 나눌 分 + 말 詞
☞ '再'의 대표 뜻은 '나타나다'임.

동사원형에 -ing을 붙여 써서 시제에 쓰이거나 형용사처럼 쓰이는 말.

• I see a **falling** leaf.
명사 leaf를 수식하는 현재분사
(나는 **떨어지는** 나뭇잎을 본다.)

예 "The boys dancing on the stage are really serious.(무대 위에서 춤추고 있는 소년들은 정말로 진지하다.)"에서 dancing은 앞에 있는 주어 the boys를 수식하는 현재분사이다.

플러스 개념어 분사가 명사를 수식하는 두 가지 방법
• 분사가 단독으로 쓰일 때는 명사 앞에 옴.
  예 The sleeping boy is my friend.
  (잠자는 소년은 내 친구이다.)
• 분사가 두 단어 이상 구를 이루어 수식할 때는 명사 뒤에서 수식함.
  예 The woman standing in front of me was wearing different shoes.
  (내 앞에 서 있는 여자는 다른 신발을 신고 있었다.)

p.p.
a past participle
과거분사
지날 過 + 갈 去 + 나눌 分 + 말 詞

동사원형에 -ed를 붙여 써서 시제에 쓰이거나 형용사처럼 쓰이는 말.

• They found **hidden** treasure.
명사 treasure를 수식하는 과거분사
(그들은 **숨겨진** 보물을 찾았다.)

예 "A boy named Tom gave me chocolate.(이름이 Tom인 소년이 내게 초콜릿을 주었다.)"에서 named는 A boy를 수식하는 과거분사이다.

플러스 개념어 과거분사의 형태
• 규칙변화형
  예 walk–walked–walked
     study–studied, studied
• 불규칙변화형
  예 go–went–gone
     see–saw–seen

a participial construction
분사구문
나눌 分 + 말 詞 + 얽을 構 + 글월 文

현재분사나 과거분사를 이용해 부사절을 줄여 쓴 형태.

• **Having no money**, I couldn't eat lunch.
Because I had no money를 줄여서 나타낸 분사구문
(돈이 없어서, 나는 점심을 먹을 수 없었다.)

예 "Feeling tired, I slept early.(피곤해서, 나는 일찍 잤다.)"에서 Feeling tired는 Because I felt tired를 줄여서 쓴 분사구문이다.

Tip 과거분사는 Being이나 Having been이 생략됨.

collateral(attendant) circumstances
부대상황
붙을 附 + 띠 帶 + 형상 狀 + 상황 況

두 가지 상황이 동시 동작 또는 연속 동작으로 일어나는 것을 나타내는 말.

• He went away, **waving** good-bye.(그는 손을 흔들며 떠났다.)
(동시 동작) '~하면서, ~한 채'   작별 인사

예 "Opening the can, Tom drank it.(캔을 따서, Tom은 그것을 마셨다.)"에서 Opening the can은 연속 동작을 나타내는 부대상황의 분사구문이다.

확인 문제

1 밑줄 친 부분에 대한 알맞은 설명을 찾아 선으로 이어 보자.

(1) I know the girl playing the piano.(나는 피아노를 <u>치고 있는</u> 소녀를 안다.)

(2) A doll <u>made</u> in China(중국산 인형)

(3) <u>Liking him</u>, I accepted his invitation.(그가 좋아서 나는 그의 초대를 받아들였다.)

(4) <u>Watching TV</u>, I ate fruits.(TV를 보면서 나는 과일을 먹었다.)

• 현재분사를 이용해 부사절을 줄여 쓴 형태.

• 동사의 불규칙변화형으로 형용사처럼 쓰이는 말.

• 동사원형에 -ing를 붙여 써서 형용사처럼 쓰이는 말.

• 두 가지 상황이 동시 동작 또는 연속 동작으로 일어나는 것.

해설 | (1) play에 -ing를 붙여서 형용사처럼 쓰이는 말을 현재분사라고 한다. (2) 과거분사는 동사에 -ed를 붙인 규칙변화형과 불규칙변화형이 있으며, 시제로 쓰이거나 혹은 형용사처럼 쓰이는 말이다. (3) 분사구문은 부사절에서 접속사, 주어, 동사를 분사로 줄여서 나타낸 형태를 가리키는 말이다. (4) 두 가지 상황(TV 보기, 과일 먹기)이 동시 동작으로 일어나는 것을 나타내는 말은 부대상황이다.

해설 | (1) 'As(Because, Since) she was sick'이던 부사절을 줄여 'Being sick'으로 시작하는 분사구문이다. (2) 명사 ships를 뒤에서 수식하는 현재분사이다. (3) 연속 동작의 분사구문이다. 내가 들어왔으므로 entering으로 쓴다. (4) 중고는 '사용된'의 의미이므로 과거분사이다.

2 밑줄 친 부분의 용어가 알맞으면 ○표, 알맞지 <u>않으면</u> ✕표 해 보자.

(1) **Being sick**, she couldn't go to school.(아파서, 그녀는 학교에 갈 수 없었다.)
분사구문   (○)

(2) There were big ships **sailing** on the sea.(바다 위를 항해하는 큰 배들이 있었다.)
현재분사   (○)

(3) **Entering my room**, I turned on the computer.
과거분사   (내 방에 들어와, 나는 컴퓨터를 켰다.)   (✕)

(4) Mom bought a **used** car.(엄마는 중고차를 한 대 사셨다.)
분사구문   (✕)

정답과 해설 ▶ 36쪽

🖊 3주차 1~5회에서 공부한 단어를 떠올리며 문제를 풀어 보자.

국어

1 ( ) 안에 알맞은 단어를 써 보자.

불
물 ─ 말
문

'물'이 '불', '말', '문과 서로 다른 뜻의 단어가 되는 것은
(음운)의 차이 때문이다.

해설 | '물'과 '불'은 첫소리 'ㅁ'과 'ㅂ'이 다르고, '물'과 '말'은 가운뎃소리 'ㅜ'와 'ㅏ'가 다르고, '물'과 '문'은 끝소리 'ㄹ'과 'ㄴ'이 달라 다른 단어가 된다. 이처럼 단어의 뜻을 구별해 주는 소리의 가장 작은 단위를 음운이라고 한다.

국어

2 ( ) 안에 알맞은 단어를 써 보자.

남한은 '나뭇잎', 북한은 '나무잎'이라고 적는다. 이는 남한은 (사이시옷)을 쓰지만 북한은 쓰지 않기 때문이다.

해설 | 합쳐진 두 말 사이에서 소리가 덧날 때, 남한은 사이시옷을 쓰지만 북한은 쓰지 않는다.
Tip 남한은 두음 법칙을 따르지만 북한은 따르지 않는다.

사회

3 보기 에 해당하는 사람으로 알맞은 것은? (⑤)

보기
실업: 일할 뜻과 힘이 있어도 일자리를 가지지 못한 상태.

① 은퇴한 노인　　　　② 퇴사한 전업주부　　　　③ 전공 공부를 하는 대학생
④ 병이 나 회사를 그만둔 사람　　⑤ 겨울 비수기라 일이 없는 제빙업자

해설 | ⑤ 계절이 바뀜에 따라 고용 기회가 줄어들 때 생기는 실업이다. 일할 힘이 없는 어린이나 노약자, 일할 뜻이 없는 학생이나 전업주부 등은 실업자에 들어가지 않는다.

사회

해설 | 국제 거래는 나라 사이에 상품이나 생산 요소 따위를 거래하는 것으로, 이익을 얻을 수 있기 때문에 필요하다.

4 ( ) 안에 들어갈 말로 알맞은 것은? (①)

오늘날 많은 나라가 ( )을/를 하는 까닭은 거래를 통해 더 많은 이익을 얻을 수 있기 때문이다.

① 국제 거래　　② 경제 성장　　③ 비교 우위　　④ 환율 변동　　⑤ 인플레이션

수학

해설 | 이차방정식의 두 해가 겹쳐서 서로 같을 때, 이 해를 중근이라고 한다. 좌변으로 이항해 정리한 식이 완전제곱식이면 중근을 가진다. 근의 공식 $x = \dfrac{-b \pm \sqrt{b^2 - 4ac}}{2a}$ 에서 $b^2 - 4ac = 0$일 때 중근을 가진다. ④ 서로 다른 두 근 $x=1$ 또는 $x=-1$을 가진다. ⑤ $x^2 + 12x + 36 = (x+6)^2 = 0$이므로 $x = -6$이라는 중근을 가진다.

5 이차방정식 중 중근을 갖지 않는 것은? (④)

① $3x^2 = 0$　　　　② $(x-5)^2 = 0$　　　　③ $2(x+8)^2 = 0$
④ $(x-1)(x+1) = 0$　　　⑤ $x^2 + 12x + 36 = 0$

과학

6 밑줄 친 말이 알맞으면 ○표, 알맞지 않으면 ✕표 해 보자.

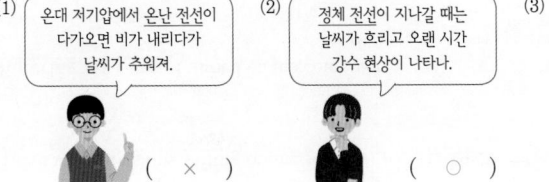

(1) 온대 저기압에서 온난 전선이 다가오면 비가 내리다가 날씨가 추워져. (✕)

(2) 정체 전선이 지나갈 때는 날씨가 흐리고 오랜 시간 강수 현상이 나타나. (○)

(3) 무빙워크, 스키장 리프트 등은 속력이 일정한 운동을 하는 등속 운동의 예야. (○)

해설 | (1) 온대 저기압에서 온난 전선이 다가오면 층운형 구름이 만들어지고 넓은 지역에 약한 비가 오다가, 전선이 지나가면 비가 그치고 날씨가 따뜻해진다.

과학

7 문장에 알맞은 단어를 ( ) 안에서 골라 ○표 해 보자.

(한랭, 온난) 전선에서는 전선면의 기울기가 가팔라 적운형 구름이 잘 생기고, (한랭, 온난) 전선에서는 따뜻한 기단이 찬 기단을 완만하게 타고 올라가 층운형 구름이 잘 생긴다.

해설 | 한랭 전선은 찬 기단이 따뜻한 기단 밑으로 파고들어 따뜻한 기단을 밀어 올리면서 만들어지는 전선으로 적운형 구름이 잘 생긴다. 그리고 온난 전선에서는 따뜻한 공기가 느리게 올라가므로 층운형 구름이 잘 생긴다.

한자

8 한자 뜻의 예로 알맞지 않은 것은? (④)

創 ┌ 시작하다: ① 창업(創業), ② 초창기(草創期)
　　└ 처음: ③ 창조(創造), ④ 창상(創傷), ⑤ 창안(創案)

해설 | '창상(創傷)'의 '창'은 상처라는 뜻이다. ① '창업'은 사업을 시작한다는 뜻이다. ③ '창조'는 없던 것을 처음으로 만든다는 뜻이다.

영문법

9 밑줄 친 부분의 쓰임이 알맞지 않은 것은? (②)

① I'm doing my best.(나는 최선을 다하고 있다.)
② I knocked on the closing window.(나는 닫힌 창문을 두드렸다.)
③ I studied English, listening to music.(나는 음악을 들으면서 영어 공부를 했다.)
④ Look at the man carrying the chairs.(의자들을 나르고 있는 사람을 좀 봐라.)
⑤ Having no where to go, I agreed to stay with him.(갈 데도 없어서, 나는 그와 함께 머무르는 데 동의했다.)

해설 | '닫힌'은 수동의 뜻이므로 과거분사인 closed를 써야 알맞다.

어휘가
문해력
이다

중학 **3**학년 **1**학기

4주차 정답과 해설

✏️ 단어와 그 뜻을 익히고, 빈칸에 알맞은 단어를 써 보자.

토론 칠討 + 논할論	의견이 맞지 않는 어떤 문제에 대하여 여러 사람이 찬성과 반대로 나뉘어 자신의 생각을 말하며 의논하는 일. 예 학생이 화장을 해도 되는가에 대해 찬반 토론을 벌였다.	플러스 개념어 말하기 종류 • 강연: 일정한 주제에 대하여 청중 앞에서 강의 형식으로 말함. • 연설: 여러 사람 앞에서 자기의 주의나 주장 또는 의견을 이야기함. • 발표: 어떤 사실이나 결과, 작품 따위를 세상에 널리 드러내어 알림.
논제 논할論 + 제목題	논설이나 논문, 토론 등의 주제나 제목. 예 토론을 하기 위해서는 먼저 토론에서 다루는 논제가 무엇인지 분명하게 알아야 한다.	
반론 반대할反 + 논할論 ⤷ '反'의 대표 뜻은 '돌이키다'임.	다른 사람의 의견에 대하여 반대하는 주장을 하는 일. 또는 그런 주장. 예 나는 등교 시간을 늦추자는 주장에 반대하기 때문에 반론을 펼쳤다.	플러스 개념어 • 반박: 어떤 의견, 주장, 논설 따위에 반대하여 말함. • 입론: 의논하는 취지 따위의 체계를 세움. 또는 그 의견.
공정성 공평할公 + 바를正 + 성질性	어느 한쪽에게 이익이나 손해가 치우치지 않게 공평하고 올바른 것. 예 토론을 할 때에는 공정성의 측면에서 자신의 주장이 공평하고 정의로운지 점검해야 한다.	플러스 개념어 타당성 어떤 기준에서 사물의 이치에 맞는 옳은 성질.
말하기 불안 말하기 + 아닐不 + 편안할安	여러 사람 앞에서 말할 때 마음이 편하지 아니하고 조마조마한 것. 예 여러 사람 앞에서 말해 본 경험이 없는 나는 말하기 불안을 느껴서 발표에 앞서 손이 떨리고 식은땀이 났다.	
공식적 공적인 것公 + 법식式 + ~한 상태로 되는 的 ⤷ '公'의 대표 뜻은 '공평하다'임.	국가나 공공 기관에서 정하거나 사회에서 널리 인정하는 방식을 따르는 것. 예 사적인 자리가 아닌 공식적인 자리에서 말할 때 말하기 불안을 느끼는 것은 자연스러운 현상이다.	반의어 비공식적(아닐非 + 공적인公 + 법式 + ~한 상태로 되는 的) 국가적으로나 사회적으로 인정되지 않고 사사로운 것을 '비공식적'이라고 함. 예 그는 토론이 끝난 비공식적인 자리에서 자신의 개인적인 입장을 밝혔다.
경청 기울일傾 + 들을聽	다른 사람의 말을 귀를 기울여 들음. 예 다른 사람의 말을 주의 깊게 잘 경청하는 것은 올바른 듣기 전략 중 하나이다.	

확인 문제

정답과 해설 ▶ 38쪽

1 단어의 뜻을 보기에서 찾아 사다리를 타고 내려간 곳에 기호를 써 보자.

보기
㉠ 다른 사람의 말을 귀를 기울여 들음. 경청
㉡ 어느 한쪽에게 이익이나 손해가 치우치지 않게 공평하고 올바른 것. 공정성
㉢ 국가나 공공 기관에서 정하거나 사회에서 널리 인정하는 방식을 따르는 것. 공식적
㉣ 의견이 맞지 않는 어떤 문제에 대하여 여러 사람이 찬성과 반대로 나뉘어 자신의 생각을 말하며 의논하는 일. 토론

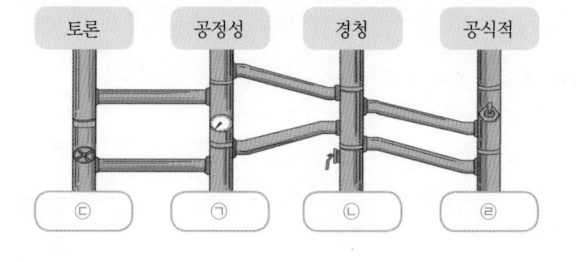

토론	공정성	경청	공식적

| ㉢ | ㉠ | ㉡ | ㉣ |

해설 | '여러 사람 앞에서 말할 때 마음이 편하지 아니하고 조마조마한 것'을 '말하기 불안'이라고 한다.

2 ( ) 안에서 알맞은 단어를 골라 ○표 해 보자.

여러 사람 앞에서 발표를 할 때 사람들이 나를 어떻게 생각할까 걱정되어 너무 긴장되고 떨려.

말하기 (불안, 회의)을/를 느끼고 있구나. 말하기 연습을 많이 해 보면 자신감을 가질 수 있어.

해설 | (1) '토론의 주제나 제목'을 뜻하는 '논제'가 알맞다. (2) '사회에서 널리 인정하는 방식을 따르는 것'을 뜻하는 '공식적'이 알맞다. (3) '상대편의 의견에 대하여 반대하는 주장'을 뜻하는 '반론'이 알맞다. (4) '어느 한쪽에게 이익이나 손해가 치우치지 않게 공평하고 올바른 것'을 뜻하는 '공정성'이 알맞다.

3 빈칸에 알맞은 단어를 보기의 글자를 조합해 써 보자.(같은 글자가 2번 쓰일 수 있음.)

보기
공	논	론	반	성	식	적	정	제

(1) 토론을 하기 전에는 먼저 토론의 주제에 해당하는 논제을/를 구체적으로 정해야 한다.

(2) 대중 앞에서 공식적인 말하기를 할 때에는 듣는 사람의 수준을 고려해야 한다.

(3) 토론을 할 때는 상대편 주장이나 근거가 지닌 약점을 공격하는 반론을/를 통해 자신의 주장이 지니는 강점을 강화하기도 한다.

(4) 시민의 복지와 관련한 조사 결과를 발표할 때에는 내용이 어느 한쪽에게 이익이나 손해가 나지 않게 공정성이/가 있는지를 살펴봐야 한다.

✎ 단어와 그 뜻을 익히고, 빈칸에 알맞은 단어를 써 보자.

주권
주인 主 + 권세 權

국가의 정책을 결정하고 실시하는 최종적인 권력.

예 국가는 국민의 수나 영토의 크기에 상관없이 주 권 을 행사할 수 있다.

강대국
강할 強 + 큰 大 + 나라 國

세계 여러 나라 가운데 군사력이 강하고 영토가 넓어 힘이 센 나라.

예 국제 사회에서는 강 대 국 에 의해서 약소국들의 정책 방향이 결정되기도 한다.

반의어 약소국
정치·경제·군사적으로 힘이 약한 나라.
예 강대국들은 약소국을 식민지로 삼았다.

개발 도상국
열 開 + 필 發 + 길 途 + 윗 上 + 나라 國

선진국에 비하여 경제 개발이 뒤떨어져 이제 막 경제를 발전시키려는 나라.

예 우리나라는 경제 개발이 뒤떨어진 개 발 도 상 국 에서 벗어나 선진국의 지위에 오르게 되었다.

플러스 개념어 선진국
다른 나라보다 정치·경제·문화 등의 발달이 앞선 나라.

국제기구
나라 國 + 사이 際 + 틀 機 + 얽을 構
機의 대표 뜻은 '기.'

국제적인 목적이나 활동을 위해 만든 국제 협력체.

예 세계 보건 기구나 세계 무역 기구와 같은 국 제 기 구 는 국제 사회에서 발생하는 갈등을 조정하는 역할을 한다.

▲ 국제 연합 기

다국적 기업
많을 多 + 나라 國 + 문서 籍 + 피할 企 + 일 業

여러 나라에 계열 회사를 가지고 있으며 세계적인 규모로 상품을 생산하고 판매하는 기업.

예 세계적인 영향력을 가진 다 국 적 기 업 은 매출 규모가 한 나라의 경제를 뛰어넘기도 한다.

비정부 기구
아닐 非 + 정치 政 + 마을 府 + 틀 機 + 얽을 構

정부 간에 의논하여 결정한 것이 아닌, 지역, 국가, 국제적인 협의를 거쳐 조직된 자발적인 시민 단체.(NGO)

예 환경, 인권, 빈곤 등의 다양한 영역에서 활동하고 있는 국제 비 정 부 기 구 는 인류가 처한 문제들을 해결하기 위해 노력하고 있다.

이해관계
이로울 利 + 해로울 害 + 관계할 關 + 맬 係

서로 이익과 손해가 걸려 있는 관계.

예 오랫동안 동맹국이던 국가도 각국의 이 해 관 계 에 따라 적대국이 될 수 있다.

확인 문제

정답과 해설 ▶ 39쪽

1 뜻에 알맞은 단어를 빈칸에 써 보자.

	❶개			❷비	
	발		❸강	정	
	도		대	부	
	상		❹국	제	기	구
❺다	국	적		구	

가로 열쇠
❹ 국제적인 목적이나 활동을 위해 만든 국제 협력체.
❺ 여러 나라에 계열 회사를 가지고 있으며 세계적인 규모로 상품을 생산하고 판매하는 기업. ○○○ 기업.

세로 열쇠
❶ 선진국에 비하여 경제 개발이 뒤떨어져 이제 막 경제를 발전시키려는 나라.
❷ 정부 간에 의논하여 결정한 것이 아닌 지역, 국가, 국제적인 협의를 거쳐 조직된 자발적인 시민 단체. 국제 ○○○ ○○.
❸ 세계 여러 나라 가운데 군사력이 강하고 영토가 넓어 힘이 센 나라.

2 ( ) 안에 알맞은 말을 보기 에서 찾아 써 보자.

보기

주권	이해관계	국제기구	다국적 기업	개발 도상국

(1) 국제 사회는 다른 나라의 간섭을 받지 않는 (주권)을/를 지닌 국가들이 모인 사회이다.

(2) 국제 사회에서 발생하는 경쟁과 갈등은 모두 나라 간의 (이해관계)을/를 둘러싸고 일어난다.

(3) 국경을 넘나들며 경영 활동을 하는 (다국적 기업)(으)로 인해 국가 간의 교류가 늘어나고 있다.

(4) 일부 국가들은 (개발 도상국)의 복지 증진과 경제 발전을 위해서 도움을 주는 활동을 하고 있다.

(5) 국제 연합이나 국제 적십자사 등의 (국제기구)은/는 정치, 경제, 환경 등 다양한 영역에서 활동한다.

해설 | (1) '국가의 정책을 결정하고 실시하는 최종적인 권력'을 뜻하는 '주권'을 써야 알맞다. (2) '서로 이익과 손해가 걸려 있는 관계'를 뜻하는 '이해관계'를 써야 알맞다. (3) '여러 나라에 계열 회사를 가지고 있으며 세계적인 규모로 상품을 생산하고 판매하는 기업'을 뜻하는 '다국적 기업'을 써야 알맞다. (4) '선진국에 비하여 경제 개발이 뒤떨어져 이제 막 경제를 발전시키려는 나라'를 뜻하는 '개발 도상국'을 써야 알맞다. (5) '국제적인 목적이나 활동을 위해 만든 국제 협력체'를 뜻하는 '국제기구'를 써야 알맞다.

3 빈칸에 알맞은 말을 써 보자.

▲ 그린피스   ▲ 국경 없는 의사회

그린피스, 국경 없는 의사회는 정부 간에 의논하여 결정한 것이 아닌, 지역, 국가, 국제적인 협의를 거쳐 조직된 자발적인 시민 단체인 비 정 부 기 구 이다.

해설 | 그린피스나 국경 없는 의사회는 정부 간에 의논하여 결정한 것이 아닌, 지역, 국가, 국제적인 협의를 거쳐 조직된 자발적인 시민 단체인 '비정부 기구'이다.

✏️ 단어와 그 뜻을 익히고, 빈칸에 알맞은 단어를 써 보자.

(물체를 비스듬히 던졌을 때 그) 물체가 올라 갔다가 떨어지면서 그리는 곡선. **포물선** 던질 抛 + 물건 物 + 줄 線	이차함수 $y=ax^2+bx+c$ (a, b, c는 상수, $a \neq 0$)의 그래프와 같은 모양의 곡선. 예 이차함수 $y=2x^2$, $y=-x^2+2x+3$의 그래프와 같은 모양의 곡선을 포물선 이라고 한다.
대칭 마주할 對 + 저울 稱 稱의 대표 뜻은 '일컫다'임.	기준이 되는 점, 선, 면을 사이에 두고 같은 거리에서 마주 보고 있는 경우. 예 $y=x^2$의 그래프는 y축을 기준으로 양쪽의 모양이 같아 대 칭 을 이룬다.
선대칭도형 줄 線 + 마주할 對 + 저울 稱 + 그림 圖 + 모양 形	직선을 사이에 두고 완전히 겹쳐지는 도형. 예 이차함수의 포물선은 대칭축을 중심으로 양쪽의 모양이 서로 같은 선 대 칭 도 형 이다.
축 굴대 軸	포물선이 대칭이 되는 직선. 예 포물선은 선대칭 도형으로 그 대칭축을 포물선의 축 이라고 한다.
꼭짓점 꼭지 + 점 點	서로 만나는 점. 포물선과 축의 교점. 예 이차함수 $y=x^2$의 그래프에서 축의 방정식은 y축이므로 $x=0$이고, 꼭 짓 점 의 좌표는 원점으로 $(0, 0)$이다. Tip 꼭짓점은 볼록한 그래프에서 가장 높거나 낮은 점임.
평행이동은 위치만 옮기는 것으로 모양은 변하지 않음. **평행이동** 평평할 平 + 갈 行 + 옮길 移 + 움직일 動	나란히 있어 아무리 늘여도 서로 만나지 않음. 평행한 이동으로, 평면에서 한 도형 위의 모든 점을 같은 방향으로 같은 거리만큼 이동하는 것. 예 $y=x^2+3$의 그래프는 $y=x^2$의 그래프를 y축의 방향으로 3만큼 평 행 이 동 한 것이다.
x절편 끊을 截 + 조각 片	그래프가 x축과 만나는 점의 x좌표. 예 $y=x^2-4$에서 $y=0$을 대입하면 $0=x^2-4$에서 $x^2=4$이고 $x=\pm 2$이므로 x 절 편 은 2, -2이다.
y절편 끊을 截 + 조각 片	그래프가 y축과 만나는 점의 y좌표. 예 $y=x^2-4$에서 $x=0$을 대입하면 $y=0-4$에서 $y=-4$이므로 y 절 편 은 -4이다.

🧊 확인 문제

📎 정답과 해설 ▶ 40쪽

1 뜻에 알맞은 단어를 보기의 글자를 조합해 써 보자.

보기

대	점	포
꼭	선	칭
짓	축	물

(1) 포물선과 축의 교점. 꼭 짓 점

(2) 이차함수의 그래프와 같은 모양의 곡선. 포 물 선

(3) 기준이 되는 점, 선, 면을 사이에 두고 같은 거리에서 마주 보고 있어 완전히 겹쳐지는 경우. 대 칭

Tip 평행이동한 그래프를 그릴 때 꼭짓점부터 옮기면 쉽게 그릴 수 있다.

2 ( ) 안에 알맞은 말을 보기에서 찾아 써 보자.

보기

축	x절편	y절편	평행이동	선대칭도형

(1) 포물선이 대칭이 되는 직선을 (축)이라고 한다.

(2) 포물선인 $y=x^2$의 그래프는 y축을 대칭축으로 하는 (선대칭도형)이다.

(3) (x절편)은 그래프가 x축과 만나는 점의 x좌표로 함수식에 $y=0$을 대입하여 구한 x의 값이다.

(4) (y절편)은 그래프가 y축과 만나는 점의 y좌표로 함수식에 $x=0$을 대입하여 구한 y의 값이다.

(5) 평면에서 한 도형 위의 모든 점을 같은 방향으로 같은 거리만큼 이동하는 것을 (평행이동)이라고 한다.

해설 | (1) y절편은 그래프가 y축과 만나는 점의 y좌표이다. (2) 이차함수의 그래프와 같은 모양의 곡선을 포물선이라고 한다. (3) 꼭짓점은 그래프와 축이 만나는 좌표이다. (4) 평행이동은 평면에서 한 포물선 위의 모든 점을 같은 쪽으로 같은 거리만큼 옮기는 것이다.

3 빈칸에 알맞은 말을 써 보자.

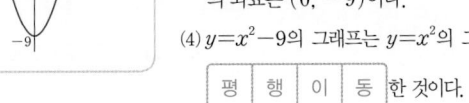

(1) $y=x^2-9$에서 $x=0$을 대입하면 $y=-9$이므로 y 절 편 은 -9이다.

(2) 이차함수 $y=x^2-9$의 그래프와 같은 모양의 곡선을 포 물 선 이라고 한다.

(3) $y=x^2-9$의 그래프에서 축의 방정식은 y축이고, 꼭 짓 점 의 좌표는 $(0, -9)$이다.

(4) $y=x^2-9$의 그래프는 $y=x^2$의 그래프를 y축의 방향으로 -9만큼 평 행 이 동 한 것이다.

수록 교과서 **과학 3**
Ⅳ. 자극과 반응

✏️ 단어와 그 뜻을 익히고, 빈칸에 알맞은 단어를 써 보자.

시각 볼 視 + 깨달을 覺	눈을 통해 빛 자극을 받아들여 물체의 모양, 크기, 색깔 등을 느끼는 감각. 예 시각 의 전달 경로는 '빛 → 각막 → 동공 → 수정체 → 유리체 → 망막의 시각 세포 → 시각 신경 → 대뇌'이다.	**플러스 개념어 눈의 구조와 기능** **각막** 눈의 가장 앞쪽에 있는 투명한 막. **망막** 물체의 상이 맺히는 부분. **동공** 홍채에 뚫려 있는 구멍으로, 빛이 들어가는 부분. **홍채** 눈으로 들어오는 빛의 양을 조절함. **수정체** 볼록 렌즈 모양으로 빛이 굴절되는 정도를 조절함. **유리체** 눈 안을 채우고 있는 무색 투명한 물질.
맹점 눈멀 盲 + 점 點	시각 신경이 지나가는 부위로, 시각 세포가 없는 부분. 예 맹점 에는 시각 세포가 없기 때문에 이곳에 상이 맺히면 물체를 볼 수 없다.	
청각 들을 聽 + 깨달을 覺	귀에서 공기의 진동을 자극으로 받아들여 소리로 느끼는 감각. 예 청각 의 전달 경로는 '소리 → 귓바퀴 → 외이도 → 고막 → 귓속뼈 → 달팽이관의 청각 세포 → 청각 신경 → 대뇌'이다.	
평형 감각 평평할 平 + 저울대 衡 + 느낄 感 + 깨달을 覺	몸의 기울어짐, 회전을 느끼며 몸의 균형을 유지하는 감각. 예 귀에 있는 반고리관과 전정 기관은 몸이 회전하거나 기울어짐을 느끼게 하는 평형 감각 기관이다.	**플러스 개념어** • **반고리관**: 세 개의 반원 꼴의 고리가 직각으로 연결되어 몸의 회전을 느끼게 하는 기관. • **전정 기관**: 귀 안쪽의 일부로 몸의 기울어짐을 느끼게 하는 기관.
달팽이관	귀의 가장 안쪽에 자리하여 달팽이 모양으로 생긴 관으로, 듣기를 담당하는 청각 기관. 예 달팽이관 은 청각 세포가 분포하여 소리 진동을 자극으로 받아들이며, 받아들인 자극을 청각 신경을 통해 대뇌로 전달한다.	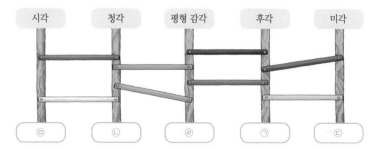
후각 냄새 맡을 嗅 + 깨달을 覺	코를 통해 공기 중에 있는 기체 상태의 화학 물질을 자극으로 받아들이는 감각. 예 후각 은 콧속 윗부분에 분포한 후각 세포를 통해 냄새를 받아들인다.	
미각 맛 味 + 깨달을 覺	맛을 느끼는 감각으로, 혀가 액체 상태의 화학 물질을 자극으로 받아들이는 감각. 예 미각 은 혀 표면의 작은 돌기 옆 부분에 있는 맛봉오리 속 맛세포를 통해 자극을 받아들인다.	
피부 감각 가죽 皮 + 살갗 膚 + 느낄 感 + 깨달을 覺	피부를 통해 받아들이는 다양한 자극을 느끼는 감각. 예 피부 감각 은 피부에 분포하는 여러 가지 감각점에서 자극을 받아들인다.	**플러스 개념어 감각점** 피부에서 자극을 받아들이는 부위로, 점 모양을 띠며 냉점, 온점, 통점, 압점, 촉점 등이 있음. **Tip** 감각점은 부위에 따라 다르게 퍼져 있음.

🧊 **확인 문제**

🟡 정답과 해설 ▶ 41쪽

1 단어의 뜻을 보기 에서 찾아 사다리를 타고 내려간 곳에 기호를 써 보자.

보기
ㄱ 몸의 기울어짐, 회전을 느끼며 몸의 균형을 유지하는 감각. 평형 감각
ㄴ 귀에서 공기의 진동을 자극으로 받아들여 소리로 느끼는 감각. 청각
ㄷ 눈을 통해 빛 자극을 받아들여 물체의 모양, 크기, 색깔 등을 느끼는 감각. 시각
ㄹ 코를 통해 공기 중에 있는 기체 상태의 화학 물질을 자극으로 받아들이는 감각. 후각
ㅁ 맛을 느끼는 감각으로, 혀가 액체 상태의 화학 물질을 자극으로 받아들이는 감각. 미각

시각	청각	평형 감각	후각	미각

| ㅁ | ㄴ | ㄹ | ㄱ | ㄷ |

── 해설 | (4) 볼록 렌즈 모양으로 빛이 굴절되는 정도를 조절하는 것은 '수정체'이고, '유리체'는 눈 안을 채우고 있는 무색 투명한 물질이다. (5) 중력의 자극을 받아들여 몸의 기울어진 정도와 위치의 변화를 느끼게 하는 기관은 '전정 기관'이고, '달팽이관'은 귀의 가장 안쪽에 자리하여 달팽이 모양으로 생긴 관으로 듣기를 담당하는 청각 기관이다.

2 밑줄 친 단어의 쓰임이 알맞으면 ○표, 알맞지 않으면 ✕표 해 보자.

(1) 눈의 가장 앞쪽에 있는 투명한 막은 각막이다. (○)

(2) 홍채에 뚫려 있는 구멍으로, 빛이 들어가는 부분은 동공이다. (○)

(3) 시각 신경이 지나가는 부위로, 시각 세포가 없는 부분은 맹점이다. (○)

(4) 볼록 렌즈 모양으로 빛이 굴절되는 정도를 조절하는 것은 유리체이다. (✕)

(5) 귀 안쪽의 일부로, 몸의 기울어짐을 느끼게 하는 기관은 달팽이관이다. (✕)

── 해설 | (1) '망막'은 물체의 상이 맺히는 곳으로, 시각 세포가 있다. (2) '반고리관'은 세 개의 반원 꼴의 고리가 직각으로 연결되어 몸의 회전을 느끼게 하는 기관이다. (3) 밝기에 따라 '홍채'가 '동공'의 크기를 조절하여 눈으로 들어오는 빛의 양을 조절한다.

3 ( ) 안에 알맞은 단어를 보기 에서 찾아 써 보자.

보기
동공   망막   홍채   반고리관

(1) (망막)에 물체의 상이 맺히면 시각 세포에서 빛을 자극으로 받아들인다.

(2) (반고리관)은/는 몸의 회전 자극을 받아들여 몸이 어느 방향으로 움직이는지를 느낀다.

(3) 어두울 때 (홍채)이/가 축소되면서 (동공)의 크기가 커져 눈으로 들어오는 빛의 양이 증가한다.

수록 교과서 국어 3-1
쓰기 – 쓰기의 본질과 쓰기 윤리

✏️ 단어와 그 뜻을 익히고, 빈칸에 알맞은 단어를 써 보자.

개요
대개 槪 + 요약할 要
⤷ '要'의 대표 뜻은 '요긴하다'임.

전체의 내용을 대강 알 수 있도록 뽑아 정리한 주요 내용.

예 글을 효율적으로 쓰기 위해서는 쓸 내용의 개요를 작성하는 습관이 중요하다.

쓰기 윤리
쓰기 + 인륜 倫 + 다스릴 理

글을 쓰는 과정에서 지켜야 할 올바른 규칙.

예 글을 쓸 때는 내용이 사회적인 가치를 해치지 않는 등 쓰기 윤리를 지켜야 한다.

인용
끌 引 + 쓸 用

자신의 말이나 글을 뒷받침하기 위해 다른 사람의 말이나 글을 끌어다 씀.

예 자신이 쓰고자 하는 글에 다른 사람의 글을 인용할 때에는 출처가 어디인지 분명히 밝혀야 한다.

출처
나올 出 + 곳 處

말이나 글 따위가 생기거나 나온 근거.

예 글쓰기에서 글을 쓴 사람의 허락을 받고 정보의 출처를 밝힌 뒤 바르게 인용했다.

표절
훔칠 剽 + 훔칠 竊
⤷ '剽'의 대표 뜻은 '겁박하다(으르고 협박하다)'임.

다른 사람의 작품 일부를 몰래 가져다가 자기의 글이나 노래 등에 씀.

예 원작자의 허락 없이 남의 글을 표절하는 것은 쓰기 윤리에 어긋난다.

플러스 개념어 **모방**
다른 사람의 작품을 본뜨거나 본받음.
예 모방은 창조의 어머니이다.

왜곡
비뚤 歪 + 굽을 曲

일부러 사실과 다르게 해석하거나 그릇되게 함.

예 남의 글을 자신의 의도에 맞게 왜곡하여 사용한다면 신뢰할 수 없을 것이다.

플러스 개념어
• 과장: 사실보다 지나치게 불려서 나타냄.
• 변형: 모양이나 형태가 달라지거나 달라지게 함.

짜깁기

'짜깁기'는 말 그대로 구멍이 뚫린 부분을 실로 짜서 깁는 것을 말하는데, 이 표현이 글을 쓰는 데로 확대되어 사용된 것이야.

기존의 글이나 영화 등을 편집하여 하나의 완성품으로 만드는 일.

표준 발음
'짜깁기'는 '직물의 찢어진 곳을 본디대로 흠집 없이 짜서 깁다.'의 의미인 '짜깁-'에 접사 '-기'가 결합된 말로 [짜깁끼]로 발음해야 함.

예 그는 다른 사람의 글을 여기저기 짜깁기 한 것을 자신의 글처럼 발표하여 비난을 샀다.

확인 문제

정답과 해설 ▶ 42쪽

1 단어의 뜻을 찾아 선으로 이어 보자.

(1) 표절 •   • 전체의 내용을 대강 알 수 있도록 뽑아 정리한 주요 내용.

(2) 개요 •   • 자신의 말이나 글을 뒷받침하기 위해 다른 사람의 말이나 글을 끌어다 씀.

(3) 왜곡 •   • 기존의 글이나 영화 등을 편집하여 하나의 완성품으로 만드는 일.

(4) 인용 •   • 다른 사람의 작품 일부를 몰래 가져다가 자기의 글이나 노래 등에 씀.

(5) 짜깁기 •   • 일부러 사실과 다르게 해석하거나 그릇되게 함.

2 빈칸에 들어갈 단어를 글자판에서 찾아 묶어 보자. (단어는 가로, 세로, 대각선 방향에서 찾기)

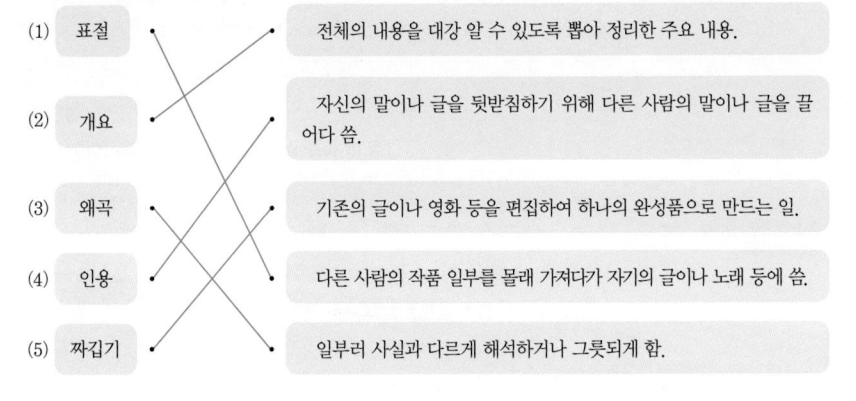

중	짜	방	인	글
학	표	휘	용	처
지	기	절	왜	곡
개	요	자	모	출
단	구	방	어	법

❶ 다른 사람의 글을 _____할 때에는 출처를 분명하게 밝혀야 한다.

❷ 그는 허락 없이 몰래 친구의 글을 _____한 사건으로 인해 곤욕을 치렀다.

❸ 글을 처음 쓸 때 글의 구조나 어휘 등을 그대로 본받아 _____하는 것도 글쓰기 실력을 키우는 좋은 방법이다.

❹ 조사, 관찰한 결과를 과장하거나 사실과 다르게 _____하는 것은 올바른 글쓰기 태도가 아니다.

❺ 본격적으로 글을 쓰기 전에 글의 대략적인 내용을 알 수 있도록 _____을/를 짜 두면 효율적이다.

해설 | ❶ '다른 사람의 글'로 미루어 보아 '자신의 말이나 글을 뒷받침하기 위해 다른 사람의 말이나 글을 끌어다 씀'을 뜻하는 '인용'이 알맞다. ❷ '허락 없이 몰래'로 미루어 보아 '다른 사람의 작품 일부를 몰래 가져다가 씀'을 뜻하는 '표절'이 알맞다. ❸ '그대로 본받아'로 미루어 보아 '다른 사람의 작품을 본뜨거나 본받음'을 뜻하는 '모방'이 알맞다. ❹ '사실과 다르게'로 미루어 보아 '일부러 사실과 다르게 해석함'을 뜻하는 '왜곡'이 알맞다. ❺ '글의 대략적인 내용'으로 미루어 보아 '전체를 대강 알 수 있도록 뽑아 정리한 주요 내용'을 뜻하는 '개요'가 알맞다.

3 문장에 어울리는 단어를 ( ) 안에서 골라 ○표 해 보자.

허락 없이 다른 사람의 글을 표절하지 않고, 연구 결과를 과장하거나 왜곡하지 않으며, 인터넷 등에 허위 내용을 퍼뜨리지 않는 등 (읽기 윤리 , **쓰기 윤리**)를 지켜야 한다.

해설 | '글을 쓰는 과정에서 지켜야 할 올바른 규칙'을 뜻하는 단어는 '쓰기 윤리'이다.

✏️ 단어와 그 뜻을 익히고, 빈칸에 알맞은 단어를 써 보자.

국제 사회 나라 國 + 사이 際 + 모일 社 + 모일 會 ↳ '際'의 대표 뜻은 '가임.	전 세계의 여러 나라가 교류하고 의존하면서 국제적으로 서로 도우며 사는 사회. 예 다수의 나라들로 구성된 [국][제] [사][회] 에서 각 나라들은 사실상 국력에 따라 영향력을 행사하는 정도가 다르다.
외교 바깥 外 + 사귈 交	한 나라가 자국의 정치적 목적이나 이익을 실현하기 위해 다른 나라와 정치적·경제적·문화적 관계를 맺는 일. 예 국가 간의 갈등을 해결하기 위한 [외][교] 는 협상을 한다는 점에서 전쟁과 다르다.
국제법 나라 國 + 사이 際 + 법 法	국제 사회가 함께 번영하기 위해 국가 간 약속에 따라 국가 간의 권리와 의무를 정한 국제 사회의 법. 예 [국][제][법] 은 국제 사회의 분쟁을 해결하기 위해 만든 법이다.
세계 시민 세상 世 + 경계 界 + 저자 市 + 백성 民	지구상의 어느 특정 국가의 국적에서 벗어나 세계를 구성하는 독립된 존재인 시민. 예 지구촌에서 살아가는 우리는 인류 전체의 관점에서 국제 사회 문제를 바라보는 [세][계] [시][민] 의식을 가져야 한다.
극단주의 다할 極 + 끝 端 + 주관 主 + 뜻 義 ↳ '主'의 대표 뜻은 '주관', '義'의 대표 뜻은 '올다'임.	모든 생각이나 행동이 한쪽으로 지나치게 치우치는 태도. 예 자신들만의 주장을 고집하는 두 [극][단][주][의] 단체의 충돌로 인해 세계가 긴장하고 있다.
영유권 거느릴 領 + 있을 有 + 권리 權 ↳ '權'의 대표 뜻은 '권세'임.	한 나라가 일정한 영토에 대해 관할하는 권리. 예 어떤 영토나 주변 바다를 두고 주변국들이 서로 [영][유][권] 을 주장한다면, 대부분 국가 간 분쟁으로 확대된다.
역사 왜곡 지낼 歷 + 역사 史 + 비뚤 歪 + 굽을 曲	역사를 자신들에게 유리하게 사실과 다르게 해석하거나 거짓되게 함. 예 독도가 자기네 영토라고 우기는 일본의 [역][사] [왜][곡] 을 더 이상 방관해서는 안 된다.

🟦 **확인 문제**

정답과 해설 ▶ 43쪽

1 뜻에 알맞은 단어를 보기 의 글자를 조합해 써 보자.

보기
| 교 | 국 | 권 | 극 | 단 | 법 | 영 | 외 | 유 | 의 | 제 | 주 |

(1) 한 나라가 일정한 영토에 대해 관할하는 권리. [영][유][권]

(2) 모든 생각이나 행동이 한쪽으로 지나치게 치우치는 태도. [극][단][주][의]

(3) 국제 사회가 함께 번영하기 위해 국가 간 약속에 따라 국가 간의 권리와 의무를 정한 국제 사회의 법. [국][제][법]

(4) 한 나라가 자국의 정치적 목적이나 이익을 실현하기 위해 다른 나라와 정치적·경제적·문화적 관계를 맺는 일. [외][교]

2 ( ) 안에 알맞은 단어를 보기 에서 찾아 써 보자.

보기
| 외교 | 국제법 | 영유권 | 국제 사회 | 극단주의 |

(1) 일본은 독도에 대한 (영유권)을/를 주장하여 우리나라와 갈등을 빚고 있다.

(2) 국가 간의 합의에 의해 만든 (국제법)은/는 국가들의 행위에 일정한 제약을 준다.

(3) 국제 사회가 공존하려면 폭력을 방지하고 (극단주의) 세력에 가담하지 않도록 해야 한다.

(4) 우리 정부는 국가 간에 일어나는 갈등을 평화롭게 해결하기 위해 다양한 (외교) 정책을 펼치고 있다.

(5) 인류는 공동체 의식을 바탕으로 (국제 사회)의 문제에 관심을 갖고 그 문제를 해결하기 위해 노력해야 한다.

해설 | (1) '한 나라가 일정한 영토에 대해 관할하는 권리'를 뜻하는 '영유권'을 써야 한다. (2) '국제 사회가 함께 번영하기 위해 국가 간 약속에 따라 국가 간의 권리와 의무를 정한 국제 사회의 법'을 뜻하는 '국제법'을 써야 한다. (3) '모든 생각이나 행동이 한쪽으로 지나치게 치우치는 태도'를 뜻하는 '극단주의'를 써야 한다. (4) '한 나라가 자국의 정치적 목적이나 이익을 실현하기 위해 다른 나라와 정치적·경제적·문화적 관계를 맺는 일'을 뜻하는 '외교'를 써야 한다. (5) '전 세계의 여러 나라가 교류하고 의존하면서 국제적으로 서로 도우며 사는 사회'를 뜻하는 '국제 사회'를 써야 한다.

3 ( ) 안에 공통으로 들어갈 단어로 알맞은 것은? (③)

일본은 우리 영토인 독도를 자기 나라 땅이라며 역사 (왜곡)을 하고 있어.

중국은 고조선, 고구려, 발해를 중국 고대 소수 민족의 지방 정권이라며 역사 (왜곡)을 하고 있어.

① 단절   ② 비판   ③ 왜곡   ④ 탐방   ⑤ 협력

해설 | 역사를 사실과 다르게 해석하거나 거짓되게 하는 일을 '역사 왜곡'이라고 한다.

단어와 그 뜻을 익히고, 빈칸에 알맞은 단어를 써 보자.

$y=x^2$의 그래프	원점을 지나고 아래로 볼록한 포물선. 예 $\boxed{y=x^2}$의 그래프는 y축에 대칭이고, 꼭짓점의 좌표는 $(0, 0)$이며, 그래프의 모양은 아래로 볼록하다. 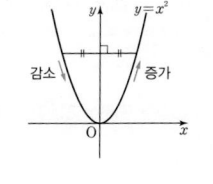
이차함수 $y=ax^2$의 그래프 둘 二＋횟수次＋ 상자函＋셈數	원점을 꼭짓점으로 하고, y축을 축으로 하는 포물선으로 $y=x^2$의 y좌표의 a배임. ① $a>0$이면 아래로 볼록함. ② $a<0$이면 위로 볼록함. ①과 ②의 그래프는 절댓값과 함숫값은 같고 부호는 반대이므로 x축에 대하여 서로 대칭임. 예 $\boxed{y=ax^2}$의 그래프에서 a의 절댓값이 클수록 그래프의 폭이 좁아진다.
이차함수 $y=ax^2+q$의 그래프	이차함수 $y=ax^2$의 그래프를 y축의 방향으로 q만큼 평행이동한 것. 예 $\boxed{y=2x^2+3}$의 그래프는 $y=2x^2$의 그래프를 y축의 방향으로 3만큼 평행이동한 것이다. Tip 점 $(0, q)$를 꼭짓점으로 하고, y축($x=0$)을 축으로 함.
이차함수 $y=a(x-p)^2$의 그래프	이차함수 $y=ax^2$의 그래프를 x축의 방향으로 p만큼 평행이동한 것. 예 $\boxed{y=2(x-1)^2}$의 그래프는 $y=2x^2$의 그래프를 x축의 방향으로 1만큼 평행이동한 것이다. Tip 점 $(p, 0)$을 꼭짓점으로 하고, 직선 $x=p$를 축으로 함.
이차함수 $y=a(x-p)^2+q$ 의 그래프	이차함수 $y=ax^2$의 그래프를 x축의 방향으로 p만큼, y축의 방향으로 q만큼 평행이동한 것. 예 $\boxed{y=2(x-1)^2+3}$의 그래프는 $y=2x^2$의 그래프를 x축의 방향으로 1만큼, y축의 방향으로 3만큼 평행이동한 것이다.

Tip $y=ax^2+bx+c$의 그래프는 $y=a(x-p)^2+q$의 꼴로 고쳐서 그림.

확인 문제

정답과 해설 ▶ 44쪽

1 ( ) 안에서 알맞은 단어를 골라 ○표 해 보자.

(1) $y=x^2$의 그래프는 원점을 꼭짓점으로 하는 (⊙아래로, 위로)볼록한 포물선이고, $y=-x^2$의 그래프는 원점을 꼭짓점으로 하는 (아래로 , ⊙위로)볼록한 포물선이다.

(2) 이차함수 $y=ax^2+q$의 그래프는 이차함수 $y=ax^2$의 그래프를 (x축 , ⊙y축)의 방향으로 q만큼 평행이동한 것이고, 이차함수 $y=a(x-p)^2$의 그래프는 이차함수 $y=ax^2$의 그래프를 (⊙x축 , y축)의 방향으로 p만큼 평행이동한 것이다.

해설 | (1) 이차함수 $y=ax^2+q$의 그래프는 $a<0$이면 위로 볼록하고 y축과 q에서 만난다. (2) 이차함수 $y=a(x-p)^2$의 그래프는 $y=ax^2$의 그래프를 x축의 방향으로 p만큼 평행이동한 것이다. (3) 이차함수 $y=a(x-p)^2+q$의 그래프는 $y=ax^2$의 그래프를 x축의 방향으로 p만큼, y축의 방향으로 q만큼 평행이동한 것이다.

2 설명에 알맞은 그래프를 찾아 선으로 이어 보자.

(1) $y=-x^2+1$의 그래프는 $y=-x^2$의 그래프를 y축의 방향으로 1만큼 평행이동한 것이다.

(2) $y=(x-2)^2$의 그래프는 $y=x^2$의 그래프를 x축의 방향으로 2만큼 평행이동한 것이다.

(3) $y=(x-2)^2+3$의 그래프는 $y=x^2$의 그래프를 x축의 방향으로 2만큼, y축의 방향으로 3만큼 평행이동한 것이다.

✏️ 단어와 그 뜻을 익히고, 빈칸에 알맞은 단어를 써 보자.

신경계 정신 神 + 지날 經 + 묶을 系	감각 기관에서 받아들인 자극을 뇌로 전달하고 각 운동 기관으로 명령을 내리도록 신호를 전달하는 기관. 예 신경계는 뇌, 척수 같은 기관들과 이에 연결된 많은 신경 세포들로 이루어져 있다.
뉴런	신경계를 이루는 신경 세포로, 신경 세포체와 길게 뻗어 나온 신경 돌기로 이루어짐. <table><tr><td>감각 뉴런</td><td>감각 기관을 통해 받아들인 자극을 연합 뉴런에 전달함.</td></tr><tr><td>연합 뉴런</td><td>감각 뉴런을 통해 전달받은 자극을 종합, 판단하여 명령을 내림.</td></tr><tr><td>운동 뉴런</td><td>연합 뉴런의 명령을 받아 반응 기관으로 전달함.</td></tr></table>예 기관에 연결된 하나의 신경 세포를 뉴 런 이라고 하고, 하나 이상의 뉴 런 이 모여서 다발을 이룬 것을 신경이라고 한다.
중추 신경계 가운데 中 + 지도리 樞 + 정신 神 + 지날 經 + 묶을 系 '지도리'는 문짝을 달아 여닫게 하는 쇠붙이 나 나무임.	감각 기관에서 받아들인 자극을 판단하고 반응할 수 있도록 명령하는 신경계로, 뇌와 척수로 이루어짐. 예 중추 신경계에는 많은 연합 신경이 밀집하여 분포한다. <table><tr><td>대뇌</td><td>좌우 2개의 반구로 나누어 있고, 여러 자극을 종합, 분석, 통합해 명령을 내리며 생각, 학습, 상상 등 복잡한 정신 활동을 담당함.</td></tr><tr><td>소뇌</td><td>근육 운동 조절, 몸의 자세, 균형 유지.</td></tr><tr><td>중간뇌</td><td>눈의 조절과 관련된 작용.</td></tr><tr><td>간뇌</td><td>체온과 체액의 농도를 일정하게 유지, 조절.</td></tr><tr><td>연수</td><td>호흡, 심장 박동, 소화액 분비 조절, 기침, 재채기 등 반사의 중추.</td></tr><tr><td>척수</td><td>뇌와 말초 신경 사이의 흥분을 전달하는 통로, 무릎 반사의 중추.</td></tr></table>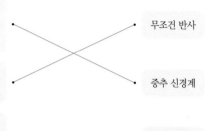
말초 신경계 끝 末 + 나뭇가지 끝 梢 + 정신 神 + 지날 經 + 묶을 系	중추 신경계로 자극을 전달하거나 중추 신경계의 명령을 온몸으로 전달하는 신경계로, 감각 신경과 운동 신경으로 이루어짐. 예 말 초 신 경 계 는 뇌와 척수에서 뻗어 나와 온몸의 조직이나 기관으로 연결된다.
무조건 반사 없을 無 + 가지 條 + 조건 件 + 돌아올 反 + 쏠 射	대뇌의 판단 과정을 거치지 않고 무의식적으로 일어나는 반응. 예 하품, 재채기, 딸꾹질 등은 연수 반사로 자신의 의지와 관계없이 일어나는 반응 중 하나로 무 조 건 반사의 예이다. 플러스 개념어 의식적인 반응 대뇌가 중추가 되어 일어나는 반응임.
호르몬	몸의 특정한 부위에서 분비되어 몸의 여러 기능을 조절하는 화학 물질. 내분비샘 예 호 르 몬 은 혈액을 통해 신호를 전달하고, 신경은 뉴런을 통해 신호를 전달한다.
항상성 항상 恒 + 일정할 常 + 성질 性	몸 안의 환경이 변하더라도 몸의 상태를 일정하게 유지하려는 성질. 예 우리 몸에서 체온 변화를 감지하여 신경과 호르몬을 통해 체온을 조절하는 것은 항 상 성 의 예이다.

확인 문제

정답과 해설 ▶ 45쪽

1 뜻에 알맞은 단어를 찾아 선으로 이어 보자.

(1) 감각 기관에서 받아들인 자극을 판단하고 반응할 수 있도록 명령하는 신경계로, 뇌와 척수로 이루어짐. • — • 무조건 반사

(2) 대뇌의 판단 과정을 거치지 않고 무의식적으로 일어나는 반응. • — • 중추 신경계

(3) 중추 신경계로 자극을 전달하거나 중추 신경계의 명령을 온몸으로 전달하는 신경계로 감각 신경과 운동 신경으로 이루어짐. • — • 말초 신경계

해설 | (1) 근육 운동 조절, 몸의 자세, 균형 유지와 관련된 역할을 하는 곳은 '소뇌'이다. '중간뇌'는 눈의 조절과 관련된 작용을 한다.

2 밑줄 친 말이 알맞으면 ○표, 알맞지 않으면 ✕표 해 보자.

(1) 근육 운동 조절, 몸의 자세, 균형 유지와 관련된 역할을 하는 곳은 <u>중간뇌</u>이다. (✕)

(2) 감각 뉴런을 통해 전달받은 자극을 종합, 판단하여 명령을 내리는 것은 <u>연합 뉴런</u>이다. (○)

(3) 몸의 특정한 부위에서 분비되어 몸의 여러 기능을 조절하는 화학 물질을 <u>호르몬</u>이라고 한다.
(○)

(4) 대뇌와 소뇌 사이에서 몸의 상태를 일정하게 유지하는 역할을 하는 곳은 <u>간뇌</u>이다. (○)

해설 | (1) '연수'는 척수와 연결되어 좌우 신경이 교차되는 부위이며 생명 유지의 중요 역할을 담당하는 곳으로, 자는 동안에도 '연수'가 활동해야 한다. (2) '소뇌'는 근육 운동 조절, 몸의 자세, 균형 유지와 관련된 역할을 하는 곳이므로 운동을 할 때 소뇌가 활동한다. (3) 체내 수분량은 항이뇨 호르몬 분비량의 변화를 통해 조절된다. 체내의 환경이 변하더라도 몸의 상태를 일정하게 유지하려는 성질을 '항상성'이라고 한다. (4) 무조건 반사는 자극에 대해 대뇌의 판단 없이 반응이 일어나는 것이다.

3 ( ) 안에 알맞은 말을 보기에서 찾아 써 보자.

보기

소뇌	연수	항상성	무조건 반사

(1) 자는 동안에도 심장이 뛰고 숨을 쉬게 하려면 (연수)이/가 활동해야 한다.

(2) 운동을 할 때 몸의 자세와 균형을 유지하도록 하는 것은 (소뇌)의 작용이다.

(3) 땀 분비가 증가한 경우에 체내 수분량이 부족하게 되어 호르몬 분비량의 변화를 통해 조절되는 것은 (항상성) 조절의 예이다.

(4) 뜨거운 물체에 닿거나 날카로운 물체에 찔렸을 때 순간적으로 피하는 행동은 척수 반사로, 자신의 의지와 관계없이 일어나는 반응인 (무조건 반사)의 예이다.

한자 어휘

着(착), 手(수)가 들어간 단어

着 붙을 착

착(着)은 주로 '붙다'라는 뜻으로 쓰여. 착(着)이 '(옷을) 입다', '시작하다'라는 뜻으로 쓰일 때도 있어.

Tip '다다르다'라는 뜻도 있음.

手 손 수

수(手)는 주로 '손'이라는 뜻으로 쓰여 '방법', '사람', '재주'라는 뜻으로 쓰일 때도 있어.

Tip '모순'은 중국 초나라의 상인이 창과 방패를 팔면서 창은 어떤 방패로도 막지 못하는 창이라 하고 방패는 어떤 창으로도 뚫지 못하는 방패라 해, 앞뒤가 맞지 않은 말을 했다는 데서 나옴.

✎ 단어와 그 뜻을 익히고, 빈칸에 알맞은 단어를 써 보자.

자가당착
스스로 自 + 집 家 +
칠 撞 + 붙을 着

같은 사람의 말이나 행동이 앞뒤가 서로 맞지 아니하고 모순됨.

예 그는 학급 임원은 솔선수범해야 한다는 자신의 발언과 어긋나는 이기적인 행동을 하여 말과 행동이 모순되는 자가당착 에 빠졌다.

플러스 개념어
• 모순(창 矛 + 방패 盾): 어떤 사실의 앞뒤, 또는 두 사실이 이치에 어긋나서 서로 맞지 않음.
• 이율배반(두 二 + 법 律 + 배반할 背 + 되돌릴 反): 서로 모순되어 양립할 수 없음.

착용
'착(着)'이
'(옷을) 입다'라는
뜻으로 쓰임.

의복, 모자, 신발, 액세서리 등을 입거나, 쓰거나, 신거나 차거나 함.

예 대부분의 학교에서는 등교 시 교복 착용 이 필수이다.

착수
'착(着)'이
'시작하다'라는
뜻으로 쓰임.

어떤 일에 손을 댐. 또는 어떤 일을 시작함.

예 학교 담장을 허무는 공사에 착수 한 지 1주일이 채 지나지 않았다.

수단
방법 手 + 방법 段
'段'의 대표 뜻은 '층계임.

'수(手)'가 '방법'이라는 뜻으로 쓰임.

어떤 목적을 이루기 위한 방법. 또는 그 도구.

예 언어는 사람과 사람 사이의 의사를 전달하는 소통 수단 이다.

고수
높을 高 + 사람 手

'수(手)'가 '사람'이라는 뜻으로 쓰임.

어떤 분야나 집단에서 기술이나 능력이 매우 뛰어난 사람.

예 달리기에서 육상선수인 친구를 이길 고수 는 우리 반에 없다.

동음이의어 고수
(굳을 固 + 지킬 守)
차지한 물건이나 형세 따위를 굳게 지킴.
예 강경한 정책을 그대로 고수했다.

능수능란
능할 能 + 재주 手 +
능할 能 + 빛날 爛

'수(手)'가 '재주'라는 뜻으로 쓰임.

일 따위에 익숙하고 솜씨가 좋다.

예 그는 집안일을 능수능란 하게 해냈다.

확인 문제

정답과 해설 ▶ 46쪽

1 뜻에 알맞은 단어를 빈칸에 써 보자.

❶자	가	당	❷착
			수
	❸고		
❹능	수	능	란

가로 열쇠
❶ 같은 사람의 말이나 행동이 앞뒤가 서로 맞지 아니하고 모순됨.
❹ 일 따위에 익숙하고 솜씨가 좋다.

세로 열쇠
❷ 어떤 일에 손을 댐. 또는 어떤 일을 시작함.
❸ 어떤 분야나 집단에서 기술이나 능력이 매우 뛰어난 사람.

해설 | (1) 동생은 탁구를 한 번도 쳐 본 적이 없으므로 탁구 실력이 형편없을 것이다. 따라서 '어떤 분야나 집단에서 기술이나 능력이 매우 뛰어난 사람'을 뜻하는 '고수'는 알맞지 않다. (2) '동아리 행사 준비에 손을 댐. 또는 그 일을 시작함'을 뜻하는 '착수'가 알맞다. (3) '안전띠를 맴'을 뜻하는 '착용'이 알맞다. (4) '어떤 목적을 이루기 위한 방법 또는 도구'를 뜻하는 '수단'이 알맞다.

2 밑줄 친 단어의 쓰임이 알맞으면 ○표, 알맞지 않으면 ✕표 해 보자.

(1) 동생은 탁구를 한 번도 쳐 본 적이 없는 탁구계의 <u>고수</u>이다. (✕)

(2) 동아리 행사 준비에 <u>착수</u>하기 전에 동아리원들의 만남이 필수이다. (○)

(3) 자동차나 비행기를 타면 자신의 안전을 위하여 안전띠를 <u>착용</u>해야 한다. (○)

(4) 돈을 벌기 위해 온갖 <u>수단</u>과 방법을 가리지 않는 그의 태도에 실망했다. (○)

해설 | '모순'과 '이율배반'은 모두 서로 이치에 어긋나는 경우에 쓰는 단어이다. 따라서 같은 사람의 말이나 행동이 앞뒤가 서로 맞지 아니함을 뜻하는 '자가당착'과 바꾸어 쓸 수 있다. ① '능수능란'은 일 따위에 익숙하고 솜씨가 좋다는 뜻이다. ② '수수방관'은 팔짱을 끼고 보고만 있다는 뜻으로, 간섭하거나 거들지 않고 그대로 버려둠을 이르는 말이다. ④ '자수성가'는 물려받은 재산이 없이 자기 혼자의 힘으로 집안을 일으키고 재산을 모음을 뜻한다. ⑤ '자포자기'는 절망에 빠져 자신을 스스로 포기하고 돌아보지 않음을 뜻한다.

3 밑줄 친 단어와 바꾸어 쓸 수 있는 한자 성어로 알맞은 것은? (③)

• 누나는 외모보다는 마음이 중요하다고 말하면서도 외모를 꾸미는 데 열을 올리는 <u>모순</u>에 빠져 있다.
• 일찍 일어나는 새가 벌레를 잡는다며 학교에 일찍 오라던 친구는 정작 자기는 매일 학교에 지각하는 <u>이율배반</u>의 행동을 하고 있다.

① 능수능란(能手能爛)　　② 수수방관(袖手傍觀)　　③ 자가당착(自家撞着)
④ 자수성가(自手成家)　　⑤ 자포자기(自暴自棄)

문장의 주어가 동작의 주인으로 '~하다'라는 의미를 나타내는 경우를 능동태, 주어가 동작의 대상이 되어 '~하게 되다' 혹은 '~하도록 당하다'의 의미를 가질 때 수동태라고 해. 수동태의 핵심은 동사의 모양이며 'be동사 + 과거분사'로 나타내. 능동태와 수동태, 'by + 행위자' 그리고 수동태의 부정문에 대해 그 뜻과 예를 공부해 보자.

✎ 단어와 그 뜻을 익히고, 빈칸에 알맞은 단어를 써 보자.

the active voice **능동태** ~할 수 있을 能 + 움직일 動 + 모습 態 '能'의 대표 뜻은 '능하다'임.	주어가 목적어를 '~하다'라고 나타내는 형식이 능동태임. 일상적으로 쓰는 문장의 대부분이 능동태임. • Many people **have** smartphones.(많은 사람들이 스마트폰을 가지고 있다.) _{Many people이 have(가지고 있다)의 주체인 능동태} 예 "We are studying English every day.(우리는 매일 영어 공부를 하고 있다.)"에서 We(우리)는 공부하고 있는 주체이므로 이 문장은 능동태이다.
the passive voice **수동태** 받을 受 + 움직일 動 + 모습 態	주어가 동작의 대상이 되어 '~하게 되다', '~하도록 당하다'로 나타내는 것을 말함. • The ball **was hit** by the bat. _{주어인 the ball이 the bat에 의해서 맞게 된 수동태} (그 공은 야구방망이에 맞았다.) 예 "This robot was made by Dr. Kim.(이 로봇은 김 박사에 의해 만들어졌다.)"에서 robot(로봇)은 만들어진 대상이므로 이 문장은 수동태이다.

플러스 개념어
• 기본 형태: 주어 + be동사 + 과거분사 (+by 목적격)
• 수동태 만들기 3단계
1. 능동태의 목적어 → 수동태의 주어
2. 능동태의 동사 → be동사 + 과거분사
3. 능동태의 주어 → by + 목적격(행위자)
예 She opened the door.(능동태)
→ The door was opened by her.(수동태)

the passive voice - a negative sentence **수동태 부정문** 받을 受 + 움직일 動 + 모습 態 + 아니 不 + 정할 定 + 글월 文	수동태에서 부정어 not을 넣어 만든 문장을 말함. 수동태 부정문은 'be동사+not+과거분사'로 나타냄. not의 위치에 주의함. • Tom **was not invited** by Mary. _{be동사 뒤에 not을 넣어 만든 수동태 부정문} (Tom은 Mary로부터 초대를 받지 못했다.) 예 "This picture wasn't taken by my smartphone.(이 사진은 내 스마트폰으로 찍힌 것이 아니다.)"는 be동사 뒤에 not이 놓인 수동태 부정문이다.

플러스 개념어 수동태 의문문
수동태에서 be동사를 주어 앞으로 보내어 만듦.
be동사 + 주어 + 과거분사 + by 목적격(행위자)?
예 Was Tom invited by Mary? (Tom은 Mary로부터 초대받았니?)

the agent of passive verb **by + 행위자** 행할 行 + 할 爲 + 놈 者 '行'의 대표 뜻은 '다니다'임.	수동태 문장에서 동작의 행위자가 누구인지 나타낼 때 사용하는 말. 'by+목적격(행위자)'을 써서 표현함. • The cake was made **by mom**. _{케이크를 만든 행위자는 mom(엄마)} (그 케이크는 엄마에 의해 만들어졌다.) 예 "Bar ice cream was invented by eleven-year-old boy.(막대 아이스크림은 11살 소년에 의해 발명되었다.)"에서 boy는 아이스크림을 만든 당사자이므로 행위자이다.

플러스 개념어 서술어
수동태의 주어가 일반인을 나타낼 때는 you, we, they, people일 때는 'by+행위자'를 생략함. 또한 행위자가 분명하지 않거나 나타낼 필요가 없는 경우도 생략함.
예 The restaurant was closed. (그 레스토랑은 (문이) 닫혔다.)

확인 문제

정답과 해설 ▶ 47쪽

1 설명에 해당하는 부분을 보기에서 찾아 기호를 써 보자.

보기
The computer was not broken by Bob.(그 컴퓨터는 Bob에 의해 망가지지 않았다.)
ⓒ ⓔ ⓓ ㉠ ⓛ
㉠

(1) 부정의 뜻을 나타냄. → (ⓛ)
(2) 수동태에서 동작의 행위자를 구체적으로 나타낼 때 쓰는 말 → (ⓓ)
(3) 주어가 동작의 대상이 되어 '~하도록 당하다'라는 의미로 나타냄. → (㉠)

해설 | (1) not이 함께 쓰이는 경우를 부정문이라고 한다. (2) 「by+행위자」는 수동태에서 동작의 주체를 나타낼 때 쓰는 말이다. (3) 'be동사+과거분사'의 형식이 수동태이다.

해설 | (1) 사고 혹은 다른 무엇에 의해 내 다리가 부러진 것이므로 수동태이다. (2) Tom이 책을 가져왔고 능동형 동사인 brought가 쓰였으므로 능동태이다. (3) 'Was+주어+과거분사 ~?'는 수동태 의문문이다. (4) 수동태에서 동작의 행위자는 'by+행위자'로 쓴다.

2 밑줄 친 부분의 용어가 알맞으면 ○표, 알맞지 않으면 ✕표 해 보자.

(1) My leg **was broken** when I was 10.(10살 때 내 다리가 부러졌다.)
_{수동태} (○)

(2) Tom **brought** this book yesterday.(Tom이 어제 이 책을 가져왔다.)
_{수동태} (✕)

(3) **Was** the window **broken** by Tom?(그 창문은 Tom에 의해서 깨졌니?)
_{수동태 부정문} (✕)

(4) The classroom is cleaned **by students**.(교실은 학생들에 의해 청소된다.)
_{by + 행위자} (○)

해설 | '보이다'는 '보다'의 수동태 표현이므로 'be동사+과거분사'인 is seen으로 바꾸어 나타내고, '안'은 부정어이므로 not을 be동사 뒤에 넣는다.
Tip 3인칭 단수 현재에는 be동사로 is를 씀. see-saw-seen으로 동사 변화를 함.

3 보기의 단어를 이용해 밑줄 친 부분에 알맞은 말을 넣어 문장을 완성해 보자.

보기
see

The full moon is not seen from here.
(여기에서는 보름달이 안 보인다.)

✏️ 4주차 1~5회에서 공부한 단어를 떠올리며 문제를 풀어 보자.

국어
1 ( ) 안에 들어갈 단어로 알맞은 것은? (②)

> 토론에서 다른 사람의 의견이 적절치 못하다는 입장에서 반대 주장을 펴는 일을 ( )(이)라고 한다.

① 결론　　　　② 반론　　　　③ 발표　　　　④ 입론　　　　⑤ 논제 정하기

해설 | 반론은 상대편의 주장과 근거를 반박하는 일이다. ④ '입론'은 토론하는 취지에 대한 자기 편의 주장을 내놓는 일이다.

국어
2 ( ) 안에 공통으로 들어갈 단어로 알맞은 것은? (⑤)

> • 그 명언의 ( )은/는 『명심보감』이다.
> • 그 과제에는 자료에 대한 ( )이/가 없어서 어디서 자료를 가져온 것인지 알기 어려웠다.

① 관찰　　　　② 변형　　　　③ 의미　　　　④ 조사　　　　⑤ 출처

해설 | 말이나 글 따위가 생기거나 나온 근거를 나타내는 '출처'가 알맞다.

사회
3 설명이 알맞으면 ○표, 알맞지 않으면 ×표 해 보자.

(1) 국제 사회에서 각 나라들은 우호 관계를 우선시하므로, 평화를 얻기 위해 끊임없이 돕고 양보한다. (×)

(2) 국제 사회에서 실제로 힘의 논리가 적용되기 때문에 나라의 힘에 따라 주권을 행사하는 정도가 다르다. (○)

해설 | (1) 나라들은 자국의 이익을 우선시해 이해관계로 얽혀 있다. (2) 강대국은 국제 사회에서 큰 영향력을 행사하지만, 약소국은 그렇지 못하다.

사회
4 빈칸에 공통으로 들어갈 단어를 써 보자.

> [　]는 국제 사회에서 한 나라가 자국의 정치적 목적이나 이익을 실현하기 위해 다른 나라와 관계를 맺는 모든 일을 뜻하며, 이로써 자국의 이익을 보호하고 증진하기 위해 세우는 정책을 [　] 정책이라고 한다.

(외교)

해설 | 외교 정책을 통해 나라 사이의 갈등과 분쟁을 평화적으로 풀어 나가기 위해 노력한다.

수학
5 $y=x^2$의 그래프에 대한 설명으로 알맞은 것은? (③)

① 꼭짓점은 $(-1, 1)$이다.
② 위로 볼록한 포물선이다.
③ 제1사분면과 제2사분면을 지난다.
④ $y=-x^2$의 그래프와 y축에 대칭이다.
⑤ x가 음수일 때, x의 값이 커지면 y의 값도 커진다.

해설 | ① 꼭짓점은 $(0, 0)$이다. ② 아래로 볼록한 포물선이다. ④ $y=-x^2$의 그래프와 x축에 대칭이다. ⑤ x가 음수일 때 x의 값이 커지면 y의 값은 작아지고, x가 양수일 때 x의 값이 커지면 y의 값도 커진다.

수학
6 그래프가 위로 볼록하고 y축에 대칭인 이차함수는? (③)

① $y=2x^2$　　　　　　　　　② $y=x^2+6$
③ $y=-x^2+3$　　　　　　　④ $y=-(x+1)^2$
⑤ $y=-x^2+2x-1$

해설 | 그래프가 위로 볼록하고 y축에 대칭이므로 $y=ax^2+q$(단, $a<0$)의 함수를 찾는다.
①, ② 그래프가 y축에 대칭이나 아래로 볼록하다. ④ 그래프가 위로 볼록하나 $x=-1$에 대칭이다.
⑤ $y=-x^2+2x-1=-(x^2-2x+1)=-(x-1)^2$이므로 그래프가 위로 볼록하나 $x=1$에 대칭이다.

과학
7 소리를 듣는 과정 중 청각 세포가 있는 곳은? (⑤)

> 귀는 소리를 듣는 감각 기관으로, 공기의 흔들림을 크게 해 뇌로 전하면 들을 수 있다.
> 듣는 과정은 '소리 → ① 귓바퀴 → ② 외이도 → ③ 고막 → ④ 귓속뼈 → ⑤ 달팽이관 → 청각 신경 → 뇌'이다.

해설 | 달팽이관에 청각 세포가 있어 소리를 자극으로 받아들인다.

과학
8 ( ) 안에서 알맞은 말을 골라 ○표 해 보자.

> 신경계는 신경 세포로 신호를 전한다. 신경계는 호르몬에 비해 전달 속도가 상대적으로 (빠르고, 느리고), 작용 범위가 (넓으며, 좁으며), 효과가 (오래 지속된다, 일시적으로 작용한다).

해설 | 신경계는 빠르고 반응을 곧 일으켜 환경에 빠르게 대응할 수 있도록 우리 몸을 맞춰 나간다. 호르몬의 효과는 신경계에 견주어 느리게 나타나지만, 오래 지속되는 특징이 있다. 미치는 범위는 비교적 신경계가 좁고 호르몬이 넓다.

한자
9 한자 성어에 쓰인 '수(手)'의 뜻으로 알맞은 것은? (④)

능수능란(能手能爛)

① 손　　　　　　　　② 방법
③ 사람　　　　　　　④ 재주
⑤ (바둑이나 장기에서 한 번씩 두는) 번수

해설 | '능수능란'은 일 따위에 익숙하고 솜씨가 좋다는 뜻으로, 이때 수(手)는 재주(솜씨)의 뜻으로 쓰였다.

영문법
10 ( ) 안에서 알맞은 말을 골라 ○표 해 보자.

> A mistake (made , was made) by him.(실수는 그에 의해 저질러졌다.)

해설 | 주어인 mistake(실수)는 저질러진 대상이므로 '~하게 되다(~하도록 당하다)'로 나타내는 수동태로 'be동사 + 과거분사'가 알맞다. Tip 이 문장을 능동태로 바꾸면 'He made a mistake. (그가 실수를 저질렀다.)'가 된다.

정답과 해설

3 주차

어휘 학습 점검

3주차에서 학습한 어휘를 잘 알고 있는지 ✓ 해 보고,
잘 모르는 어휘는 해당 쪽으로 가서 다시 한번 확인해 보세요.

중학 3학년 1학기

4 주차

어휘 학습 점검

4주차에서 학습한 어휘를 잘 알고 있는지 ✓해 보고,
잘 모르는 어휘는 해당 쪽으로 가서 다시 한번 확인해 보세요.

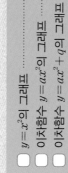